À La Française

À La Française

Katharine M. Clarke
and
Holt Editorial Staff

Holt, Rinehart and Winston, Inc.
New York·Toronto·London·Sydney

Portions of this text based in part on *Écouter et Parler* by Dominic G. Côté, Sylvia Narins Levy and Patricia O'Connor, copyright © 1968, 1962 by Holt, Rinehart and Winston, Inc.

Acknowledgments

We wish to thank the publishers who so willingly granted permission to reproduce the following:

Editions Denoël: pp. 424–429 "La Tombola", from *Joachim a des ennuis* by J. J. Sempé and René Goscinny. (GA)
Editions Gallimard: pp. 430–431 "Nouvelles inquiétantes", from *Contes du vieux-vieux temps* by Henri Pourrat; p. 366 "Déjeuner du matin", p. 390 "Le Message", p. 432 "Familiale", p. 434 "Le Cancre", from *Paroles* by Jacques Prévert; pp. 297–298 "L'Addition", from *Histoires* by Jacques Prévert; p. 433 "Les Mots", from *Instant fatal* by Raymond Queneau. (CB)

Illustration Credits: see page 486.

Table of Contents

8 Changements de décors

9 L'Heure

10 L'Exactitude

11 La Date

1

Le Premier Pas

1. Marie-Claire says hello to Jean-Serge and asks him how he is. Jean-Serge replies that he is O.K. and asks how Marie-Claire is.

Mr. Legrand greets Mrs. Martin and asks her how she is. Mrs. Martin replies that she is well. She thanks Mr. Legrand and asks how he is. **2.**

3. Marie-France asks Jean-François how his mother is feeling today. Jean-François says that as usual his mother is not well.

Mr. Dumas asks about Miss Briand's parents. Miss Briand replies that her mother is all right but that her father is sick. **4.**

Mr. Robert asks his children if they are all right. His daughter Marie-Jeanne says "yes," they are all fine. **5.**

5

Exchanges

1. MARIE-CLAIRE: Bonjour, Jean-Serge. Comment vas-tu?
   JEAN-SERGE: Pas mal. Et toi?

2. MONSIEUR LEGRAND: Bonjour, Madame. Comment allez-vous?
   MADAME MARTIN: Je vais bien, merci. Et vous, Monsieur?

3. MARIE-FRANCE: Est-ce que ta mère va bien aujourd'hui?
   JEAN-FRANÇOIS: Maman? Non, elle va mal, comme toujours.

4. MONSIEUR DUMAS: Vos parents vont bien, Mademoiselle?
   MADEMOISELLE BRIAND: Ma mère va assez bien, mais mon père est malade.

5. MONSIEUR ROBERT: Vous allez bien, les enfants?
   MARIE-JEANNE: Oui, nous allons tous très bien, Papa.

Intonation

Remember that ordinarily statements (**Je vais bien, merci.**) and questions asking for information (**Comment vas-tu?**) end on a falling pitch. However, questions asking for a "yes" or "no" answer (**Est-ce que ta mère va bien aujourd'hui? Vos parents vont bien, Mademoiselle?**) end on a rising pitch.

Language and Culture

Marie-Claire: Hyphenated first names are very common in French-speaking parts of the world.

bonjour is used both as a greeting and in certain regions (for example, French Canada) as a way of saying good-bye. **Bonjour** is usually accompanied by a handshake.

Comment vas-tu? and **Comment allez-vous?** are the usual social formulas for inquiring about someone's health. The difference between the two sentences is that French expresses *you* in two different ways: **tu** is commonly used in addressing members of one's family, children, schoolmates and close friends; **vous** in addressing someone older (except in the family), or someone you know less well. **Vous** is also used when speaking to more than one person. In French Canada **vous** and not **tu** is generally used in addressing one's parents.

Monsieur is used in speaking to a man, **Madame** to a married woman, and **Mademoiselle** to an unmarried woman. These titles are usually used alone, without the last name, when speaking directly to someone.

Maman and **Papa** (the French equivalents for *Mom* and *Dad*) are used in speaking to one's parents. **Mère** et **père** are almost never used in direct address.

Sound and Spelling

Silent Letters

You will notice that many letters appear in written French words which do not represent any sound in the spoken form of the words. This is especially true of letters at the end of words. Consonants written at the end of the word — as in **vas, toujours, parents, vont** — are usually not pronounced. However, the consonants **c, r, f,** and **l** are almost always pronounced at the end of a word (for example: **bonjour, mal**). The word CaReFuL will help you remember these consonants.

The vowel **e** at the end of a word of more than one syllable is not usually pronounced; instead, the word ends in the sound of the consonant preceding it. Contrast **je** with **Serge, Madame, père,** and **Mademoiselle.**

Liaison

When a word ending in a consonant is followed by a word beginning with a vowel, the final consonant is frequently pronounced with the vowel **(Comment_allez-vous ?)**. When this occurs, the final consonant **s** has the sound *z* (as in **nous_allons** and **les_enfants**).

Question–Answer Practice ·

Read aloud the following questions and answers, paying particular attention to intonation. Then with books closed be prepared to answer the questions with any appropriate answer. For example, the question in **Bonjour, Serge. Comment vas-tu ?** *could be answered by any of the following:* **Pas mal; Je vais bien, merci; Assez bien, merci; Assez bien, comme toujours;** *or* **Très mal.**

1. — Bonjour, Serge. Comment vas-tu?*
   — Pas mal. Et toi?
2. — Bonjour, Madame. Comment allez-vous?
   — Je vais bien, merci. Et vous, Monsieur?

---

* In French, direct quotations are frequently introduced by a dash.

3.   — Bonjour, Marc. Comment vas-tu?
      — Assez bien. Et toi?

4.   — Bonjour, Claire. Tu vas bien?
      — Oui, très bien, merci.

5.   — Comment va ta mère aujourd'hui?
      — Pas mal, merci.

6.   — Papa va bien?
      — Oui, assez bien, comme toujours.

7.   — Est-ce que Claire va bien?
      — Non, elle est malade.

8.   — Comment allez-vous, les enfants?
      — Nous allons tous très mal.

9.   — Comment vont vos parents?
      — Papa va bien, mais Maman est malade.

Grammar

A.   *Ask the following "yes-no" questions using* **est-ce que** . . .

      EXAMPLE: Papa va bien?
                   Est-ce que Papa va bien?

1. Tu vas bien?
2. Marie est malade?
3. Vous allez assez bien?
4. Vos parents vont bien?
5. Ta mère est malade?
6. Les enfants vont bien?

B.   *Change the following "yes-no" questions to information questions beginning with the word* **comment.** *Make the necessary changes and omissions.*

      EXAMPLES: Papa va bien?
                  Comment va Papa?

                  Tu vas mal?
                  Comment vas-tu?

1. Maman va bien?
2. Tu vas assez bien?
3. Vous allez très bien?
4. Claire va mal?
5. Vos parents vont bien?

6. Ta mère va mal?
7. Les enfants vont bien?

C. *Ask the people listed below how they are. Follow the examples.*

> EXAMPLES: (Monsieur Moreau) **Comment allez-vous?**
> (Claire) **Comment vas-tu?**

1. Monsieur Dupont
2. Serge
3. Madame Legrand
4. Mademoiselle Breton

5. Cécile
6. Monsieur et Madame Blot
7. Danielle et Marc
8. Claire et Monique

Expanded Practice

Read the following exchanges noticing how the words and expressions you have been using can be recombined. Then choose a partner and be prepared to give a three line exchange with books closed.

1. SERGE: Bonjour, Claire. Tu vas bien?
   CLAIRE: Pas mal. Et toi?
   SERGE: Je vais assez bien, mais mon père est malade.

2. MONSIEUR DUVAL: Comment vas-tu aujourd'hui, Jean-Marc?
   JEAN-MARC: Assez bien, Monsieur. Et vous?
   MONSIEUR DUVAL: Très bien, merci.

3. MONIQUE LAPOINTE: Vos parents vont bien, Cécile?
   CÉCILE HUBERT: Papa va bien, mais Maman va mal, comme toujours.

4. MONSIEUR DAUDET: Comment allez-vous, ta mère et toi?
   JEAN-LUC: Nous allons très bien, merci. Et vous, Monsieur?
   MONSIEUR DAUDET: Bien, merci.

5. GILLES: Est-ce que tu vas bien, Danielle?
   DANIELLE: Oui, je vais assez bien, merci. Et toi?
   GILLES: Pas mal.

6. MONSIEUR MARTIN: Vos enfants vont bien, Madame?
   MADAME LEBRUN: Serge va très bien, mais Christian, Marc, Danielle, Claire et Cécile vont mal.
   MONSIEUR MARTIN: Oh là! là!

6.

Mr. Lebrun asks a little boy what his name is. The boy says his name is Kiki. His big sister Jacqueline explains to Mr. Lebrun that Kiki's real name is Christian and that he is her little brother.

7.

Marc asks Guy, "Are you on your brother's team?" Guy replies that he is not.

8.

Françoise asks Claire and Béatrice whether they are in her sister's class. Claire tells her they are not.

9.

Laurent asks Mrs. Gauthier where his friends are. Mrs. Gauthier replies that they are in the school yard.

13

Exchanges

6. MONSIEUR LEBRUN: Comment t'appelles-tu?
   KIKI: Je m'appelle Kiki, Monsieur.
   JACQUELINE: Il s'appelle Christian. C'est mon petit frère.

7. MARC: Tu es dans l'équipe de ton frère?
   GUY: Non, je ne suis pas dans son équipe.

8. FRANÇOISE: Êtes-vous dans la classe de ma sœur?
   CLAIRE: Non, nous ne sommes pas dans sa classe.

9. LAURENT: Où sont mes camarades, s'il vous plaît?
   MADAME GAUTHIER: Ils sont dans la cour.

Language and Culture

Kiki is a diminutive or nickname for **Christian.** Nicknames are mainly used for small children. French teenagers rarely have nicknames and grown-ups almost never do.

s'il vous plaît is an expression of courtesy like the English *please*. This form is used when speaking to a person or persons addressed as **vous. S'il te plaît** is used when speaking to someone addressed as **tu.**

Sound and Spelling

Acute, grave and circumflex accents

The marks you see over certain letters are called accents. They do <u>not</u>, as the name seems to indicate, show where the stress falls.

The **accent aigu** (ʹ) and the **accent grave** (ˋ) over e (as in **équipe, frère**) indicate different vowel sounds. É is pronounced like the last vowel sound in **allez** and the word **et.** È is pronounced like the vowel sound in **Claire, Serge, merci, appelles, es.** The **accent aigu** (ʹ) occurs only over the vowel e (é). The **accent grave** (ˋ) occurs over e, u, and a, but it is only over e that it indicates a change in sound (contrast the e in **je** and **père**). The grave accent over **u** in **où** merely serves to distinguish **où** meaning *where* from **ou** meaning *or* and indicates no change of vowel sound.

The circumflex accent (ˆ) is the one seen in **plaît** and **êtes.** It occurs over the vowels **a, e, i, o,** and **u.** The circumflex accent over **a, i,** and **u** represents no change in sound. Ê is pronounced like è (for example: **êtes, mère**).

Elision

Notice that the words **te, me, se,** and **la** drop the final vowel (**a** or **e**) when used before a word beginning with a vowel sound. This process is known as elision and the dropped vowel is said to be elided. The final **e** or **a** is dropped and is replaced in writing by an apostrophe (for example: **je m'appelle, t'appelles-tu, il s'appelle, l'équipe**). In the word **si** (*if*) the letter **i** is dropped only before **il (ils)** as in **s'il vous plaît** — <u>never</u> before **elle(s)**.

Oral Exercise

Ask a classmate his name (**Comment t'appelles-tu?**). *He gives his name* (**Je m'appelle ____**) *and asks another student the same question. Practice each of the following questions several times.*

1. — Comment t'appelles-tu?
   — Je m'appelle ____.
   Comment t'appelles-tu? *etc.*

2. — Comment vous appelez-vous?
   — Je m'appelle ____.
   Comment vous appelez-vous? *etc.*

3. — Comment s'appelle ta mère?
   — Elle s'appelle ____.
   Comment s'appelle ta mère? *etc.*

4. — Comment s'appelle ton père?
   — Il s'appelle ____.
   Comment s'appelle ton père? *etc.*

Question–Answer Practice

After practice with these questions and answers, personalize the questions and answers.

1. — Comment t'appelles-tu?
   — Je m'appelle Marie-Claire (Jean-Serge).

2. — Comment vous appelez-vous?
   — Je m'appelle Isabelle Breton (Serge Aragon).

3. — Comment s'appelle toń frère?
   — Il s'appelle Christian.

4. — Et ton père, comment s'appelle-t-il?
   — Il s'appelle Gilles.

5. — Ton père s'appelle Marc?
   — Non, il s'appelle Luc. Mon frère s'appelle Marc.

6. — Est-ce que vous vous appelez Breton?
   — Oui, je m'appelle Isabelle Breton.

7. — Est-ce que tu es dans l'équipe de Jacques?
   — Non, je ne suis pas dans son équipe.

8. — Est-ce que vous êtes dans la classe de ma sœur?
   — Oui, nous sommes dans sa classe.

9. — Est-ce que ta sœur est dans son équipe?
   — Oui, elle est dans son équipe.

10. — Est-ce que Marc et Jacqueline sont dans la cour?
    — Oui, ils sont dans la cour.

11. — Est-ce que mes camarades sont dans son équipe?
    — Non, ils ne sont pas dans son équipe.

12. — Où sont les enfants?
    — Ils sont dans la cour.

13. — Êtes-vous frère et sœur?
    — Non, nous sommes camarades.

14. — Les enfants sont dans la cour?
    — Non, ils sont dans la classe.

Grammar

A. *Express the following questions using the inverted order as shown in the example.*

> EXAMPLE: Vous êtes frère et sœur?
> **Êtes-vous frère et sœur?**

1. Tu es dans l'équipe de mon frère?
2. Il est malade?
3. Vous êtes camarades?
4. Elle est dans la classe de ma sœur?
5. Ils sont dans la cour?

B. *Substitute the appropriate subject pronoun* (**il** *or* **elle**) *for the underlined words.* **Il** *replaces masculine nouns and* **elle** *replaces feminine nouns.*

> EXAMPLES: Comment s'appelle ton père?
> **Comment s'appelle-t-il?**
>
> Comment s'appelle ta mère?
> **Comment s'appelle-t-elle?**
>
> Comment va ta mère?
> **Comment va-t-elle?**

NOTE: In inverted order, a *hyphen + t + hyphen* (**-t-**) is used between a verb that ends in a vowel and the pronoun subject.

1. Comment s'appelle <u>ton frère</u>?
2. Comment va <u>ta mère</u>?
3. Comment va <u>ton père</u>?
4. Comment s'appelle <u>sa sœur</u>?
5. Comment va <u>ton frère</u>?
6. Comment s'appelle <u>ton papa</u>?

C. *Read aloud the following sentences paying special attention to the form of the verb used with each subject.*

1. Tu es dans mon équipe.
2. Nous sommes dans sa classe.
3. Elle est dans la cour.
4. Je suis dans l'équipe.
5. Vous êtes dans sa classe.
6. Il est malade.
7. Guy et Marc sont dans la cour.
8. Ils sont dans mon équipe.
9. Elles sont dans la cour.
10. Anne et François sont dans sa classe.

D. *Change the following sentences using the subject given in parentheses. Make all the necessary changes.*

EXAMPLE: Tu es dans mon équipe. (Il)
    Il est dans mon équipe.

1. Tu es dans mon équipe. (Vous)
2. Je suis dans sa classe. (Nous)
3. Mon frère est dans la cour. (Guy et Marc)
4. Elle est malade. (Il)
5. Nous sommes dans sa classe. (Je)

E. *Change the original sentences in exercise* D *to the negative, using* **ne . . . pas.**

EXAMPLE: Tu es dans mon équipe.
    Tu n'es pas dans mon équipe.

Expanded Practice

Read the following exchanges aloud, half the class reading the questions, the other half the answers. Then a student from the "question" half chooses a partner from the "answer" half who is to answer (books closed) the questions in the first exchange. Any appropriate answer may be given. Continue the same procedure with exchanges 2 and 3.

1. SABINE: Monique est ta sœur?
   JACQUES: Oui, c'est ma petite sœur.
   SABINE: Est-elle dans l'équipe de Jean-Claude?
   JACQUES: Non, elle est dans mon équipe.

2. JEAN-PAUL: Où sont les enfants, s'il vous plaît?
   MADAME BRETON: Ils sont dans la cour.
   JEAN-PAUL: Comment vont-ils?
   MADAME BRETON: Très bien, comme toujours.

3. CAROLINE: Bonjour. Comment t'appelles-tu?
   LAURENT: Je m'appelle Laurent Barrault.
   CAROLINE: Jacques Barrault est ton frère?
   LAURENT: Oui, Jacques est mon petit frère.
   CAROLINE: Comment va-t-il?
   LAURENT: Pas mal.

"*Il n'y a que le premier pas qui coûte.*"

2

En Avant!

1. Mr. Camus asks Miss Leclerc whether there is a tape recorder in the room. She replies that it's on the desk. But one of Miss Leclerc's students doesn't want to give up the tape recorder. "It's ours!" he says.

20

The teacher asks Françoise if she understands. She assures him that she does.

2a.

2b.

Mr. Jérôme tells Françoise to go to the blackboard and write the sentence "I must pay attention to the teacher." But Françoise says there's no chalk.

Exchanges

1. **MONSIEUR CAMUS:** Est-ce qu'il y a un magnétophone ici?
   MADEMOISELLE LECLERC: Oui, il est sur le bureau, Monsieur Camus.
   MICHEL: Eh, là! Attention! Il est à nous, ce «magnéto»!

2a. **LE PROFESSEUR:** Vous ne comprenez pas, Françoise?
    FRANÇOISE: Si, si, Monsieur, je comprends.

2b. **LE PROFESSEUR:** Alors, allez au tableau et écrivez cette phrase: «Je dois écouter le professeur».
    FRANÇOISE: Mais il n'y a pas de craie, Monsieur Jérôme!

Language and Culture

le «**magnéto**» is the shorter, more colloquial form of **le magnétophone.**

si is used instead of **oui,** in answer to a negative question. **Si** like **oui** or **non** is very frequently repeated for emphasis.

le professeur is a high school **(lycée)** teacher. Although **professeur** may refer to either a man or woman teacher, the word **professeur** is always masculine **(le professeur, un professeur).**

Sound and Spelling

The letter **c** represents two sounds in French. **C** followed by **e** or **i** is pronounced like *s* in **Serge (ici, ce). C** followed by **a, o, u** or any consonant except **h** is pronounced *k* (for example: **Camus, comprenez, écouter, craie).** When a cedilla is used under the letter **c (ç),** which only happens when the letter precedes **a, o,** and **u,** the character **ç** represents the same *s* sound (for example: **Françoise).**

In the ending **-tion,** (attention) the **t** is also pronounced like *s* in **Serge.**

Note that **eau, au, ô (bureau, au, Jérôme)** are all pronounced like the *o* sound in **magnéto.**

Question–Answer Practice

1. — Est-ce qu'il n'y a pas de magnétophone ici?
   — Si, il est sur le bureau.

2. — Vous ne comprenez pas la phrase, Jean-Marc?
   — Non, je ne comprends pas.

3. — Est-ce que le magnétophone est à nous?
   — Oui, il est à nous.

4. — Le professeur est dans la classe?
   — Non, il est dans la cour.

5. — Est-ce qu'il y a classe aujourd'hui?
   — Non, le professeur est malade.

6. — Où allez-vous, les enfants?
   — Nous allons dans la cour.

7. — Est-ce que c'est ton petit frère?
   — Non, c'est le frère de Jacques.

8. — Comment s'appelle le professeur?
   — Il s'appelle M. Bouquin.

Grammar

A. *Make the following sentences negative* (**ne . . . pas**).

1. Le magnétophone est sur le bureau.
2. Elle s'appelle Françoise.
3. Je comprends le professeur.
4. Mes camarades sont dans la cour.
5. Vos parents vont bien?
6. Les enfants sont malades?
7. La cour est à nous.
8. Le professeur est au tableau.

B. *Answer the following questions in the affirmative.*

> EXAMPLE: Le professeur n'est pas dans la classe?
> **Si, il est dans la classe.**

1. Les parents ne vont pas bien?
2. Elle ne s'appelle pas Cécile?
3. Tu ne vas pas bien?
4. Vous n'êtes pas dans l'équipe de Jacques?
5. Vous ne comprenez pas?
6. Ils ne sont pas frère et sœur?

C. *Answer the following questions in the affirmative.*

> EXAMPLES: Il va bien?
> **Oui, il va bien.**
>
> Il ne va pas bien?
> **Si, il va bien.**

1. Le professeur est dans la cour?
2. Est-ce que les enfants ne vont pas bien?
3. Vous comprenez cette phrase?
4. Tu n'es pas dans l'équipe de Jacques?
5. Est-ce que tu t'appelles Jean-François?

D. *Give negative answers to the questions in exercise* **C.**

> EXAMPLES: Il va bien?
> **Non, il ne va pas bien.**
>
> Il ne va pas bien?
> **Non, il ne va pas bien.**

E. *Give affirmative answers to the following questions. Use complete sentences.*

> EXAMPLE: Est-ce qu'il y a un magnétophone ici?
> **Oui, il y a un magnétophone ici.**

1. Est-ce qu'il y a un tableau dans la classe?
2. Il y a un Jean-Jacques dans l'équipe?
3. Est-ce qu'il y a un magnétophone dans cette classe?
4. Il y a un professeur dans la cour?
5. Est-ce qu'il y a un camarade de Jean-Paul Baudouin ici?

Expanded Practice

A. *Read the following exchanges and then change the negative questions to the affirmative. (What change will you have to make in the answers?)*

1. LE PROFESSEUR: Isabelle, allez au tableau et écrivez cette phrase.
   FRANÇOISE: Mais, Monsieur . . .
   LE PROFESSEUR: Vous ne comprenez pas la phrase?
   FRANÇOISE: Si, je comprends la phrase mais moi, je ne m'appelle pas Isabelle.

2. LE PROFESSEUR: Attention, les enfants! Nous allons écouter le magnétophone.

JEAN-LOUIS: Monsieur, s'il vous plaît!

LE PROFESSEUR: Vous ne comprenez pas?

JEAN-LOUIS: Si, si, Monsieur, je comprends . . .

LE PROFESSEUR: Alors, vous n'allez pas bien?

JEAN-LOUIS: Si, si, Monsieur, je vais bien . . .

LE PROFESSEUR: Mais alors . . .

JEAN-LOUIS: Je ne suis pas dans la bonne* classe.

B. *Read the following exchanges. Then answer the questions below each exchange by* **oui** *or* **non.**

1. JEAN-CLAUDE: Le professeur n'est pas dans sa classe?

MONSIEUR GRANDIN: Non. Il ne va pas bien.

JEAN-CLAUDE: Il est malade?

MONSIEUR GRANDIN: Oui, très malade. Allez au tableau et écrivez: «Il n'y a pas classe aujourd'hui.»

QUESTIONS

1. Est-ce que le professeur est dans sa classe?
2. Le professeur va mal aujourd'hui?
3. Est-ce qu'il y a classe aujourd'hui?

2. MONSIEUR DUPONT: Il y a un Bertrand Boudin dans cette classe?

MADEMOISELLE LEBRUN: Non, il n'y a pas de Bertrand Boudin, mais il y a un Bernard Bouton.

MONSIEUR DUPONT: Alors, Bernard Bouton est ici?

MADEMOISELLE LEBRUN: Non, il n'est pas ici.

MONSIEUR DUPONT: Je ne comprends pas.

MADEMOISELLE LEBRUN: Bernard Bouton est dans cette classe, mais il est malade aujourd'hui.

QUESTIONS

1. Est-ce qu'il y a un Bertrand Boudin dans cette classe?
2. Est-ce qu'il y a un Bernard Bouton dans cette classe?
3. Est-ce que Bernard Bouton est ici aujourd'hui?
4. Est-ce que Bernard Bouton va bien?

---

* right

3. A man on television says "Good evening, ladies and gentlemen." Mrs. Girard wants to know who he is. Marie-Claire says that she doesn't know. Jean-Charles tells her it's the Prime Minister.

4. Mr. Girard doesn't know what that thing on television is. François tells him it's a motorcycle. Mrs. Girard can't see. She asks where her glasses are. Agnès tells her they're on top of the television set.

5. Marie-Claire is about to leave. She says "goodbye, see you tomorrow" to everyone. Mr. Girard wants to know why she is leaving. Agnès explains that Marie-Claire is going to the movie club with Laurent.

Mr. Girard asks François if he is leaving too and where he is ~~goi~~ng. François says he is going to a meeting. ~~He~~ says "goodbye, see you soon" to everyone.

6.

30

Exchanges

3.   LA TÉLÉVISION: Bonsoir, Mesdames. Bonsoir, Mesdemoiselles.
                     Bonsoir, Messieurs.
     MADAME GIRARD: Qui est-ce?
     MARIE-CLAIRE: Je ne sais pas.
     JEAN-CHARLES GIRARD: C'est le Premier ministre.

4.   MONSIEUR GIRARD: Qu'est-ce que c'est?
     FRANÇOIS GIRARD: C'est une moto.
     MADAME GIRARD: Je ne vois rien. Où sont mes lunettes?
     AGNÈS GIRARD: Elles sont sur la télévision.

5.   MARIE-CLAIRE: Excusez-moi, je dois partir. Au revoir, tout le
                        monde. À demain.
     MONSIEUR GIRARD: Pourquoi part-elle?
     AGNÈS GIRARD: Parce qu'elle va au ciné-club avec Laurent.

6.   MONSIEUR GIRARD: Et toi, François, tu pars aussi? Où vas-tu?
     FRANÇOIS GIRARD: Je vais à la réunion. Au revoir. À bientôt.

Language and Culture

bonsoir is used in the evening to express both *hello* and *goodbye*.

le Premier ministre (*Prime Minister*) is the head of the French cabinet. He is appointed to the post by the president who is elected by the French people. In Canada, the **Premier ministre** is the head of government.

la moto is a very commonly used abbreviation of **la motocyclette** (*motorcycle*), a form of transportation which is very popular among young people in France.

le ciné-club: Le ciné is a colloquial form of **le cinéma**. A **ciné-club** is a club for movie enthusiasts, where film classics are studied. There are **ciné-clubs** almost everywhere in France. High schools frequently have **ciné-clubs.**

au revoir is used at any time of day for *goodbye*. Like all French expressions of greeting or leave-taking, **au revoir** is usually accompanied by a handshake.

Sound and Spelling

The letter **q** is almost always followed by **u** in French. The most common of the few exceptions to this rule is the number **cinq. Qu** always has the sound *k* (for example: **qui, pourquoi, que**).

The vowel sound in **est,** and **elle** is the same sound as the *è* in **Agnès.**

Question–Answer Practice

1. — Pourquoi part-elle?
    — Elle va à une réunion.

2. — Qu'est-ce que c'est?
    — C'est un magnétophone.

3. — Où vas-tu, Isabelle?
    — Je ne sais pas.

4. — Bonsoir, Maman. Comment vas-tu?
    — Pas mal.

5. — Qui est cette jeune fille?
    — C'est la sœur de Gaston.

6. — Pourquoi n'est-elle pas ici aujourd'hui?
    — Parce qu'elle est malade.

7. — Où sont-mes lunettes?
    — Elles sont sur la télévision.

8. — Où allez-vous?
    — Excusez-moi, je suis malade.

9. — Pourquoi êtes-vous ici?
    — Parce qu'il y a une réunion.

10. — C'est ta mère dans la cour, Michel?
    — Oui, excusez-moi, je dois partir.

Expansion

Practice answering the question: **Qui est-ce?**

C'est la mère.   C'est le père.
C'est la sœur.   C'est le frère.
C'est la camarade.   C'est le camarade.
C'est la jeune fille.   C'est le garçon.
C'est la femme.   C'est l'homme.

Practice answering the question: **Qu'est-ce que c'est?**

C'est la télévision.   C'est le ciné-club.
C'est la classe.   C'est le tableau.
C'est la moto.   C'est le magnétophone.
C'est la cour.   C'est le bureau.
C'est la craie.   C'est le livre.
C'est la chaise.   C'est le disque.
C'est la réunion.   C'est le tourne-disque.
C'est la phrase.   C'est le cahier.
C'est l'école.   C'est le stylo.
C'est l'équipe.   C'est l'oiseau.

Note:

1. French nouns are divided in two genders: masculine and feminine.
2. All nouns, even inanimate objects, have gender in French. In most cases, the singular form of the article (sometimes called a "determiner") will indicate gender.
3. The singular forms of the definite article* are **le** (*m*) and **la** (*f*).
4. **L'** is used instead of **le** or **la** before nouns that begin with a vowel and before most nouns that begin with **h,** for example: **l'équipe** (*f*); **l'homme** (*m*).
5. The indefinite article** also shows the gender of the noun. The singular forms of the indefinite article are **un** (masculine) and **une** (feminine), for example: **un disque** (*m*); **une moto** (*f*).

EXERCISE:

In the lists under **Qui est-ce?** and **Qu'est-ce que c'est?** on p. 34, replace the definite articles with the correct form of the indefinite article.

> EXAMPLES: C'est la femme. **C'est une femme.**
> C'est le ciné-club. **C'est un ciné-club.**

Practice questions which begin with **Où est . . .?** *or* **Où sont . . .?**

Où est l'enfant?	Où sont les enfants?
Où est le professeur?	Où sont les professeurs?
Où est la femme?	Où sont les femmes?
Où est la chaise?	Où sont les chaises?
Où est le livre?	Où sont les livres?

Note:

The definite article also shows whether a noun is singular or plural. **Le** and **la** and **l'** are singular forms and **les** is the plural form. Most French nouns add **s** to form the plural. (However, nouns ending in **-eau, -eu** and some nouns ending in **-ou** add **x** instead of **s** to form the plural. For example **le bureau, les bureaux.**)

---

* *the* in English
** *a* or *an* in English

Grammar

Aller and Être

	Aller				Être	
	Singular	Plural			Singular	Plural
1	je vais	nous allons		1	je suis	nous sommes
2	tu vas	vous allez*		2	tu es	vous êtes*
3	il va elle va	ils vont elles vont		3	il est elle est	ils sont elles sont

1. In the tables above are the forms of the present tense of two common verbs, **aller** and **être**. (Verbs are referred to by a form called the infinitive, here **aller** and **être**.) You have already met and used all the forms above.

2. In these tables the verb forms are arranged by person (first, second, and third) and by number (singular and plural). The pronoun subjects for the third person singular (**il / elle**) and the third person plural (**ils / elles**) show gender. **Il** refers to a masculine singular noun; **elle** refers to a feminine singular noun. **Ils** refers to a masculine plural subject, or to a group of both masculine and feminine; **elles** refers to a feminine plural subject.

3. Until now, you have seen and used the verb **aller** mostly in idiomatic expressions of health, for example: **Comment vas-tu?** The basic meaning of this verb is *to go* (to a place), for example: **Je vais à la réunion.**

Exercises

 A. *Change the subject and verb of the following sentences to the plural. Follow the example.*

> EXAMPLE: Il va bien.
> **Ils vont bien.**

1. Où est-il?
2. Comment vas-tu?
3. Je suis dans la classe.

---

* Although it appears in the plural column in a chart of verb forms, **vous,** as you already know, can be either singular or plural.

4. Je vais très mal.
5. Tu es dans son équipe?
6. Elle va au ciné-club.

B. *Complete the following with the correct form of the verb in parentheses.*

EXAMPLES: (être) Je ne _____ pas dans l'équipe.
Je ne suis pas dans l'équipe.

(aller) Comment _____ les enfants?
Comment vont les enfants?

1. (aller) Ma mère _____ mal.
2. (être) Nous _____ dans la classe.
3. (aller) Ma sœur _____ à la réunion.
4. (être) Est-ce que tu _____ malade?
5. (être) Le tourne-disque _____ à nous.
6. (aller) Un garçon _____ au tableau.

C. *Change the definite article to the appropriate indefinite article in each case.*

EXAMPLES: C'est la moto.
C'est une moto.

C'est le professeur.
C'est un professeur.

1. C'est le ciné-club.
2. C'est la femme.
3. C'est le bureau.
4. C'est la jeune fille.
5. C'est la phrase.
6. C'est le garçon.

D. *Change the indefinite article in each sentence to the appropriate definite article.*

EXAMPLES: C'est une moto.
C'est la moto.

C'est un professeur.
C'est le professeur.

1. C'est un disque.
2. C'est une classe.
3. C'est un Premier ministre.
4. C'est une chaise.
5. C'est un tableau.
6. C'est une jeune fille.

For each question choose the appropriate answer from the list at the right.

1. Qui est-ce?	**a.** Non, elle s'appelle Debré.
2. Qu'est-ce que c'est?	**b.** Parce que nous sommes malades.
3. Pourquoi êtes-vous ici?	**c.** Oui, je vais à la réunion.
4. Tu ne vas pas à la réunion?	**d.** Ils vont très bien.
5. Tu vas à la réunion?	**e.** Elles sont sur la chaise.
6. Comment vont vos enfants?	**f.** C'est le Premier ministre.
7. Où sont mes lunettes?	**g.** Oui, il s'appelle Dupré.
8. Le garçon s'appelle Dupré?	**h.** Si, je vais à la réunion.
9. Cette femme s'appelle Dupré?	**i.** C'est un magnétophone.

Dictation / Listening Comprehension

Conversations

As you read the following conversations, and others that you will meet later in this book, you will notice that they seem quite familiar. As a matter of fact, you have already heard, seen, and practiced all of the words and structures used, but in a different context. The conversations will help you to see the many and varied possible recombinations of the elements you have already learned.

1. *It's Thursday afternoon, school is not in session, and Roger is looking for his brother.*

ROGER: Bonsoir, Alice. Est-ce que mon frère est ici?
ALICE: Oui, il est dans la cour avec Benoît.
ROGER: Il doit partir avec moi.
ALICE: Pourquoi?
ROGER: Parce que nous allons à une réunion.
ALICE: Où?
ROGER: À l'école. C'est une réunion de l'équipe. Au revoir, Alice.
ALICE: Au revoir, Roger. À demain.

QUESTIONS

1. Où est le frère de Roger?
2. Où vont Roger et son frère?
3. Est-ce que la réunion est dans la cour?

2. *It's almost time for supper, and Kiki is wondering where his father is.*

KIKI: Pourquoi est-ce que Papa n'est pas ici?
LA MÈRE DE KIKI: Parce qu'il va à la réunion, mon petit.
KIKI: Pourquoi va-t-il à la réunion?
LA MÈRE: Parce qu'il est professeur.
KIKI: Pourquoi est-il professeur?
LA MÈRE: Parce que!

QUESTIONS

1. Est-ce que le père de Kiki est ici?
2. Où va-t-il?
3. Pourquoi va-t-il à la réunion?

3. *Monique is eager to get away from the house, even though her mother isn't feeling well.*

MONIQUE: Excusez-moi. Je dois partir. Au revoir, tout le monde.
MADAME BOUDIN: Ta mère est malade et tu pars? Où vas-tu?
MONIQUE: Comme toujours, je vais au ciné-club avec Laurent.
MADAME BOUDIN: Où est-il?
MONIQUE: Il est dans la cour, sur sa moto.

QUESTIONS

1. Qui doit partir?
2. Qui est malade?
3. Où va Monique? Avec qui?
4. Qui est dans la cour?

4. *Gaston and Hortense are going downtown on the bus.*

HORTENSE: Gaston! Qui est cette femme?
GASTON: Je ne sais pas, Hortense. Je ne vois rien.
HORTENSE: Où sont tes* lunettes?
GASTON: Mais je ne sais pas, Hortense. Je ne vois rien.

OUI OU NON?

1. Gaston demande à Hortense: «Qui est cette femme?»
2. Gaston voit bien.
3. Hortense demande à Gaston: «Où sont tes lunettes?»
4. Gaston sait bien où elles sont.

———————————

* your

La Récréation

Warm-up

1. Listen to the tape or your teacher give the numbers 0–30 in French. Repeat each of the numbers in the pause provided.
2. Practice reading aloud the numbers below.

0   **zéro**

1	**un**	11	**onze**	21	**vingt et un**
2	**deux**	12	**douze**	22	**vingt-deux**
3	**trois**	13	**treize**	23	**vingt-trois**
4	**quatre**	14	**quatorze**	24	**vingt-quatre**
5	**cinq**	15	**quinze**	25	**vingt-cinq**
6	**six**	16	**seize**	26	**vingt-six**
7	**sept**	17	**dix-sept**	27	**vingt-sept**
8	**huit**	18	**dix-huit**	28	**vingt-huit**
9	**neuf**	19	**dix-neuf**	29	**vingt-neuf**
10	**dix**	20	**vingt**	30	**trente**

Les Footballeurs*

1. An announcer and a scorekeeper are chosen.
2. Each student (except announcer and scorekeeper) writes a number (any number from 0–30) in large figures on a sheet of paper, being careful to keep his number hidden from the rest of the class.
3. The players are divided into two teams, **l'équipe de Paris** and **l'équipe de Lyon.**** The two teams line up on opposite sides of the room, still keeping their numbers hidden.
4. The announcer calls out the name of any player on **l'équipe de Paris.** This player steps forward and holds up his number while the announcer asks **Quel numéro est-ce ?** The first player in line on the opposing team, **l'équipe de Lyon** must answer **C'est le numéro ___,** giving the correct answer. If he succeeds within 30 seconds, **l'équipe de Lyon** wins one point. If he fails, any player from **l'équipe de Paris** may answer the question and win one point for his team. The announcer continues calling players by name and asking their numbers, always choosing from the team that has just won a point.
5. When all players have been called, the scorekeeper adds up the score, announces the score of each team (in French), and announces the winner: **Paris (Lyon) a gagné!**

---

  * **Les footballeurs** are soccer players. What is called **le football (or le foot)** in France is in fact soccer and not American football. **Le football** is an extremely popular sport in France, and in all of Europe as well. **Football** games are often televised in France.
  ** **Lyon** is an important French city situated approximately 250 miles south-east of Paris at the juncture of the Rhône and Saône rivers.

3
Les Amis

Un

C'est
ton copain?

Laurent is anxious to meet the new member of the ciné-club.

LAURENT: Tu connais ce type près de la fenêtre?

PAUL: Michel? Oui, je le connais bien. C'est un chic type.

LAURENT: Tu es ami avec lui? Tu vas nous présenter?

PAUL: Oui, nous sommes de bons amis. Allons lui dire bonjour.

Langue et Culture

connais indicates knowing in the sense of being acquainted with a person, place or thing. Compare with **Je ne sais pas,** p. 32, which indicates knowledge of a fact.

le type is a colloquial expression, similar in use to the English *guy*.

ami is used for one's closest friends only. **Copain (copine,** *f*) is the colloquial word used by young people in speaking of their school friends, while **camarade,** *acquaintance,* is used in speaking of classmates — **camarade de classe** or **camarade de club. Ami** has a very special meaning, indicating a deep friendship of long standing. It is rare for a French person to have more than a small circle of **amis.**

Variations

A. *Practice making new dialogue sentences by substituting the new words for the underlined words in each sentence.*

    1. Tu connais ce type près de la fenêtre?
                            la porte?[1]
                            Jean-Paul?

    2. Michel? Oui, je le connais bien.
        Claude?
        Alain?

    3. C'est un chic type.
            un garçon sympathique.[2]

    4. Tu es ami avec lui?
           copain
           camarade

    5. Tu vas nous présenter?
          veux[3]

    6. Allons lui dire bonjour.
           le voir.[4]

B. *With a classmate, make up a new dialogue, filling in the blanks with one of the choices given in parentheses.*

    x: Tu connais ce type près de ___? (la fenêtre / la porte / Jean-Paul)

    y: ___? (Michel / Claude / Alain) Oui, je le connais bien. C'est un ___. (chic type / garçon sympathique)

    x: Tu es ___ avec lui? (ami / copain) Tu vas nous présenter?

    y: Oui, nous sommes de bons amis. Allons ___. (lui dire bonjour / le voir)

---

[1] la porte = *the door*
[2] un garçon sympathique = *a nice boy*
[3] veux = *want*
[4] le voir = *see him*

Grammaire

Exercices Oraux

A. *Repetition*

1. Tu connais ce type?
2. Je connais Madame Baudouin.
3. Vous connaissez ce garçon.
4. Vous connaissez ce livre?
5. Nous connaissons le Premier ministre.
6. Nous connaissons son père.
7. Je ne connais pas Monsieur Bertrand.
8. Tu ne connais pas mon professeur?

B. *Transformation* (Singular → plural)

1. Je connais cette école. → **Nous connaissons cette école.**
2. Tu connais ma sœur? →
3. Je connais Paris. →
4. Tu connais New-York? →
5. Je ne connais pas ton copain. →
6. Tu ne connais pas les jeunes filles? →

C. *Repetition*

1. Marc connaît bien ma sœur.
2. Il connaît ton frère aussi?
3. Claudine ne connaît pas ce garçon.
4. Elle ne le connaît pas.
5. Les jeunes filles connaissent bien Paris.
6. Elles connaissent aussi New-York.
7. Marc et Jean-Luc connaissent Marie-Ange.
8. Ils connaissent aussi son frère.

D. *Transformation* (Plural → singular)

1. Les professeurs connaissent bien Paris. → **Le professeur connaît bien Paris.**
2. Ils ne connaissent pas Jean. → **Il ne connaît pas Jean.**
3. Ils connaissent Monsieur Legrand. →
4. Elles ne connaissent pas Madame Leblanc. →
5. Les hommes ne connaissent pas cette école. →
6. Les amis d'Agnès ne connaissent pas Béatrice. →

E. *Patterned response*

1.

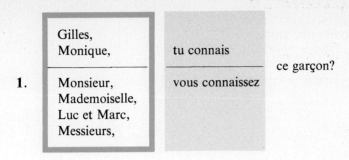

| Gilles, Monique, | tu connais |
| Monsieur, Mademoiselle, Luc et Marc, Messieurs, | vous connaissez |

ce garçon?

2a. Oui, 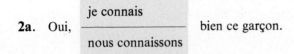 bien ce garçon.

| je connais |
| nous connaissons |

2b. Non, _____ ce garçon.

| je ne connais pas |
| nous ne connaissons pas |

3. Est-ce que

| Marc Jean-Paul Claudine | connaît |
| Luc et Pierre Jean et Monique les jeunes filles | connaissent |

ce type?

4. Oui,

| il elle | connaît |
| ils elles | connaissent |

bien ce type.

Analyse Grammaticale

A. Michel, tu connais ce garçon-là?

1	2	3
Michel Alain	tu connais	
Madame Monsieur	vous connaissez	ce garçon-là
Mesdames Guy et Claude	vous connaissez	

B1. Oui, je connais ce garçon.

1	2	3	4
oui	je nous	connais connaissons	ce garçon

B2. Non, je ne connais pas ce garçon.

1	2	3	4	5	6
non	je nous	ne	connais connaissons	pas	ce garçon

Note that the solid horizontal line in Table A corresponds to the solid horizontal lines in Tables B1 and B2. These lines indicate that what is above the solid line in Table A is answered by what is above the solid line in the B Tables. Similarly, questions formed below the line are answered by words below the lines in the B Tables. Note also that a dotted line indicates a secondary distinction, here distinguishing familiar singular from polite singular.

1. In Table A, column 2, how many forms of the verb are used?

2. Is the first **vous** singular or plural? The second **vous**?

3. In Table B1, are the sentences affirmative or negative? And the sentences in Table B2?

4. In negative sentences, where are the **ne** and **pas** placed in relation to the verb?

5. If questions are formed using the subject **tu** or **vous** (where **vous** is singular), what subject is likely to be used in the answer?

6. If **je** is the likely answer to a question with **tu** or **vous** (singular), what is the likely subject in answer to a question where **vous** is used as a plural?

7. From these observations, we can say that a second-person question often calls for a first-person answer, and that the form of the verb "agrees" with the subject in person and number. Is that true of the following question/answer pairs?

— Comment vas-tu, Paul?
— Je vais très bien, merci.

— Vous allez bien, Madame?
— Oui, merci, je vais assez bien.

— Claudine et Pierre, vous connaissez Guy?
— Non, nous ne le connaissons pas.

Exercices de Contrôle

A. *Answer the following questions in the affirmative. Make complete sentences.*

> EXAMPLE: Laurent, tu connais Monsieur Blot?
> **Oui, je connais bien Monsieur Blot.**

1. Paul, tu es ami avec Jérôme? — *Oui, Je suis ami avec Jérôme*
2. Madame, vous allez bien? — *Je vais bien merci mademoiselle*
3. Alain et Jean-Claude, vous connaissez ce type près de Monsieur Aubert?
4. Monsieur Legrand, vous connaissez ce garçon près de Claire?

B. *Change the following statements from affirmative to negative.*

> EXAMPLE: Je suis ami avec Claude.
> **Je ne suis pas ami avec Claude.**

1. Vous allez bien.
2. Nous sommes de bons amis.
3. Je connais bien Madame Dumas.
4. Nous allons au tableau.
5. Vous connaissez Monsieur Legrand.

C. *Make an affirmative question for which each of the following statements might be an answer.*

> EXAMPLE: Oui, je connais ce garçon-là.
>
> **Tu connais ce garçon-là?**

1. Non, nous ne connaissons pas Mademoiselle Lefranc.
2. Oui, je suis ami avec lui.
3. Non, je ne vais pas bien.
4. Oui, nous sommes de bons copains.
5. Non, vous ne connaissez pas Marianne.
6. Oui, je m'appelle Cécile Mallet.

Mise en Pratique

A. *With a classmate, read the following exchanges, substituting the names of boys you know for each underlined name.*

1. X: Qui est-ce?
   Y: C'est mon camarade Michel.

2. X: Vous connaissez Pierre?
   Y: Oui, je le connais bien. C'est un garçon sympathique.

3. X: Tu es ami avec Marc?
   Y: Oui, nous sommes de très bons amis.

4. X: Tu connais Jean-Paul?
   Y: Non, je ne le connais pas. Qui est-ce?
   X: C'est un copain.

B. *Complete the following dialogue with appropriate words or phrases.*

MADAME DUPUIS: Vous connaissez ce garçon-là?
MONSIEUR ARNAUD: Ce ____ près de la porte?
MADAME DUPUIS: Non, le garçon près de ____.
MONSIEUR ARNAUD: Oui, je le ____ bien.
MADAME DUPUIS: Comment ____?
MONSIEUR ARNAUD: Serge.

«Qu'un ami véritable est une douce chose.»

La Fontaine

Deux

Chacun ses goûts

Jean-Jacques is always glad to air his feelings about Alice.

MARIE-LOUISE:	Alors, comment trouves-tu Alice?
JEAN-JACQUES:	Elle n'est pas trop laide.
MARIE-LOUISE:	Oh! Tu exagères! Elle est très jolie.
JEAN-JACQUES:	Mais surtout pas très aimable.
MARIE-LOUISE:	Tu ne l'aimes pas, alors?
JEAN-JACQUES:	Mais non! Comment peut-on aimer une fille si snob?

Langue et Culture

jolie is used in speaking of women and girls, but the corresponding masculine form, **joli,** is not ordinarily applied to men or boys. It is usually replaced by **beau,** *handsome.*

peut-on here has the meaning of *can you* in a very general sense. The *you* is not any specific person, which would require the use of **tu** or **vous,** but *you* in the general sense of *people, anyone.*

Variations

A. *Practice making new dialogue sentences by substituting the new words for the underlined words in the sentences.*

1. Alors, comment trouves-tu Alice?
    Solange?
    cette fille-là?

2. Elle n'est pas trop laide.
    moche.[1]
    affreuse.[2]

3. Elle est très jolie.
    belle.[3]
    ravissante.[4]

4. Mais surtout pas très aimable.
    chic.
    gentille.[5]

5. Comment peut-on aimer une fille si snob?
    sérieuse?
    ennuyeuse?[6]

B. *With a classmate, make up a new dialogue, filling the blanks with one of the choices given in parentheses.*

X: Alors, comment trouves-tu ———? (Alice / Solange / cette fille-là)

Y: Elle n'est pas trop ____. (laide / moche / affreuse)

X: Oh! Tu exagères! Elle est très ____. (jolie / belle / ravissante)

Y: Mais surtout pas très ____. (aimable / chic / gentille)

X: Tu ne l'aimes pas, alors?

Y: Mais non! Comment peut-on aimer une fille si ____? (snob / sérieuse / ennuyeuse)

---

[1] moche = *hideous*
[2] affreuse = *horrible-looking*
[3] belle = *beautiful*
[4] ravissante = *lovely*
[5] gentille = *nice*
[6] ennuyeuse = *boring*

Grammaire

Exercices Oraux

A. *Repetition and practice*

1. Solange est aimable et son frère est aimable aussi.
2. Monique est sympathique et son frère est sympathique aussi.
3. Alice est snob et son frère est snob aussi.
4. Sabine est ennuyeuse et son frère est ennuyeux aussi.
5. Claire est belle et son frère est beau aussi.
6. Marie-Ange est gentille et son frère est gentil aussi.

B. *Patterns*

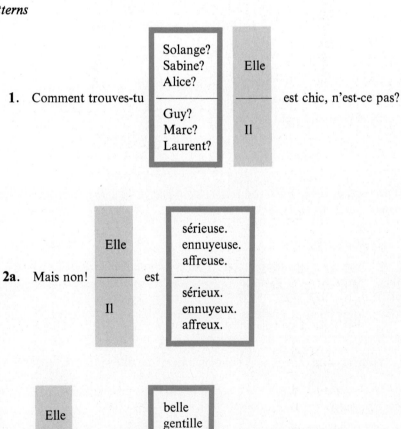

1. Comment trouves-tu

Solange? Sabine? Alice?	Elle
Guy? Marc? Laurent?	Il

est chic, n'est-ce pas?

2a. Mais non!

Elle	est	sérieuse. ennuyeuse. affreuse.
Il		sérieux. ennuyeux. affreux.

2b.

Elle	est surtout	belle gentille
Il		beau gentil

et sympathique.

Analyse Grammaticale

A. Comment trouves-tu Solange?

1	2	3
comment	trouves-tu	Solange cette fille-là
		Guy ce type-là

B. Elle est gentille et très chic.

1	2	3	4	5
elle	est	gentille sérieuse belle	et très	chic sympathique aimable
il		gentil sérieux beau		

1. In Table A, are we speaking to or about Guy and Solange?

2. What words are used in Table B to replace the names used in Table A? What person are these pronouns? Are these pronouns used as subject or as object?

3. What part of speech are the words in columns 3 and 5 of Table B?

4. What words in Table B do these adjectives modify? Whom do they describe?

5. In column 3 of Table B, how many different adjectives are used? How many forms of each adjective are used here?

6. Look at the words **gentille** and **gentil** in column 3, Table B. Are they pronounced alike? Spelled alike? Do they refer to the same person?

7. The differences between **gentil** and **gentille** — sound, spelling — are indications that in French adjectives "agree" with the words they

modify. What other kind of agreement have you learned about? The agreement illustrated here is agreement of gender. Is **gentil** masculine or feminine in gender? What about **gentille**? **beau**? **belle**? **sérieuse**? **sérieux**?

8. The adjectives in column 5, Table B, also agree with the words they modify. Do these adjectives show this agreement by any change in sound or spelling?

9. The following charts review the singular forms of some adjectives you have used:

Masc.	Fem.	Masc. & Fem.
affreux	affreuse	aimable
ennuyeux	ennuyeuse	chic
sérieux	sérieuse	snob
		sympathique
		moche
beau	belle	
gentil	gentille	
bon	bonne	

Exercices de Contrôle

A. *Replace the underlined words by the appropriate form of the adjectives in parentheses. Be sure to make any necessary changes for gender agreement.*

1. Alice est <u>gentille</u>. (aimable)
2. Claire est <u>laide</u>. (ennuyeux)
3. Monique est <u>snob</u>. (affreux)
4. Cette fille-là est <u>ravissante</u>. (beau)
5. Annie est <u>chic</u>. (joli)

B. *Substitute the names given in parentheses for the underlined names. Make any necessary changes in the sentence.*

1. <u>Marie-Louise</u> est moche. (Jean-Louis)
2. <u>Jean-Pierre</u> est chic. (Marie-Claude)
3. <u>Cécile</u> est affreuse. (Jean-Claude)
4. <u>Sabine</u> est snob. (Jean-Paul)
5. <u>Gilles</u> est gentil. (Céline)

C. *Answer the following questions.*

1. Comment trouves-tu Marc?
2. Pourquoi aimes-tu bien Gilles?
3. Comment s'appelle ton copain?
4. Pourquoi n'aimes-tu pas Monique?
5. Comment trouvez-vous Françoise?

Mise en Pratique

A. *With a classmate, read the following exchanges, substituting the names and descriptions of other people for the underlined items.*

1. ALICE: Comment trouvez-vous Marc?
   MONSIEUR LACLOS: Sérieux et très aimable.

2. JEAN-PAUL: Tu connais François?
   MARIE-CLAIRE: Oui, mais je ne l'aime pas. Il est trop snob.

3. PIERRE: Voilà Solange. Elle est très belle.
   ARLETTE: Solange? Belle? Mais elle est affreuse!
   PIERRE: Oh! Tu n'es pas gentille!

4. CHRISTIAN BLOT: Pierre, je vais vous présenter à Marie.
   PIERRE DUC: Marie? Qui est-ce?
   CHRISTIAN BLOT: C'est la jeune fille qui est près de la moto.
   PIERRE DUC: Allons lui dire bonsoir.

B. *Complete the following exchange (3 speakers) with appropriate words or phrases.*

X: Tu connais ____?
Y: Oui, c'est ____.
X: Tu vas nous présenter?
Y: Alors ____, je vais vous présenter.
Z: Bonjour ____.
X: Comment vas-tu aujourd'hui?
Z: ____, merci.

«Tous les goûts sont dans la nature.»

Conversations

1. *Bruno has invited a few friends to a party. Simone arrives with the sand-wiches she has volunteered to bring.*

> BRUNO: Bonsoir, Simone. Comment vas-tu?
> SIMONE: Très bien, Bruno. Merci. Voilà les sandwichs.
> BRUNO: Merci. Tu es gentille.
> SIMONE: Où est Marc?
> BRUNO: Sur la terrasse, avec Alice.
> SIMONE: Alice? Cette fille si ennuyeuse?
> BRUNO: Oh! Tu exagères!
> SIMONE: Non, je la connais bien.

QUESTIONS

1. Comment va Simone?
2. Comment s'appelle l'ami de Bruno?
3. Où est-il?
4. Qui est avec Marc?
5. Qui n'aime pas Alice?
6. Comment la trouve-t-elle?

2. *Bruno's father, Monsieur Laurent, comes home to find the party still going on.*

> MONSIEUR LAURENT: Alors, Bruno. Ça va?
> BRUNO: Ça va très bien. Tu connais Simone?
> MONSIEUR LAURENT: Oui. Bonsoir, Simone. Est-ce que tu vas bien?
> SIMONE: Très bien, merci, Monsieur. Comment allez-vous?
> MONSIEUR LAURENT: Bien, merci.
> BRUNO: Papa, je vais te présenter Alice Morel.
> MONSIEUR LAURENT: Qui est-ce?
> BRUNO: C'est la jolie blonde qui est avec Marc.
> SIMONE: Jolie? Tu exagères! Elle est affreuse!

QUESTIONS

1. Comment va Bruno?
2. Qui dit bonsoir à Simone?
3. Comment va Simone?
4. Comment s'appelle la jolie blonde?

4

Garçons et Filles

Un

La nouvelle

Céline and Bernard are in the school auditorium waiting for a film to begin.

BERNARD : Tiens! Voilà Béatrice qui arrive.

CÉLINE : Béatrice? Qui est-ce? Je ne la connais pas.

BERNARD : C'est une nouvelle camarade de ma sœur. D'après elle, Béatrice est très drôle. Mais moi, je la trouve plutôt bête.

Variations

Make up new dialogues for the three situations below, using the dialogue above as a pattern and substituting for each underlined word an item from the list below.

Béatrice	drôle	bête
Colette	amusante	assommante
Françoise	intelligente	idiote

Dialogue One: Yves, Bruno

On the way to the pool, Yves sees a girl that he recognizes.

Dialogue Two: Claudette, Sylvie

Claudette and Sylvie comment on the girl who has just walked into the cafeteria.

Dialogue Three: Hélène, Mathieu

Hélène is sorry that she pointed out the good-looking girl who has just arrived at the party to her friend Mathieu.

Langue et Culture

assommante is a colloquial expression for **ennuyeuse.**

Grammaire

Exercices Oraux

A. *Repetition and practice*

1. Solange est petite.   Jean-François est petit.
2. Isabelle est laide.   Jacques est laid.
3. Cécile est assommante.   Jean-Paul est assommant.
4. Monique est intelligente.   Guy est intelligent.
5. Cette phrase est amusante.   Ce livre est amusant.
6. Cette phrase est idiote.   Ce livre est idiot.
7. Colette est copine avec Marie.   Paul est copain avec Jean-Luc.

B. *Patterned response*

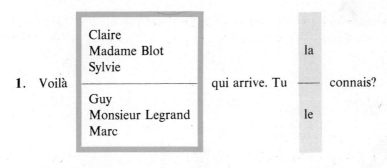

1. Voilà [Claire / Madame Blot / Sylvie / Guy / Monsieur Legrand / Marc] qui arrive. Tu [la / le] connais?

2a. Oh, je [la / le] connais, mais je ne l'aime pas.

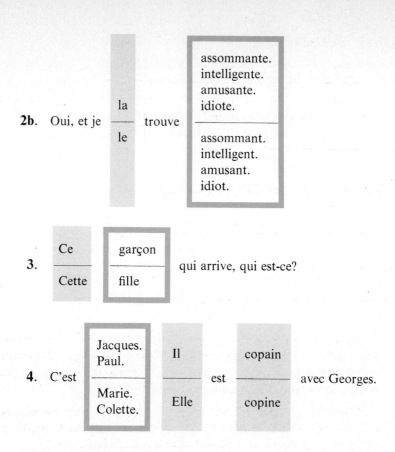

2b. Oui, et je $\dfrac{\text{la}}{\text{le}}$ trouve

| assommante. |
| intelligente. |
| amusante. |
| idiote. |
| assommant. |
| intelligent. |
| amusant. |
| idiot. |

3. $\dfrac{\text{Ce}}{\text{Cette}}$ $\dfrac{\text{garçon}}{\text{fille}}$ qui arrive, qui est-ce?

4. C'est $\dfrac{\text{Jacques. Paul.}}{\text{Marie. Colette.}}$ $\dfrac{\text{Il}}{\text{Elle}}$ est $\dfrac{\text{copain}}{\text{copine}}$ avec Georges.

Analyse Grammaticale

A. Voilà Sylvie qui arrive. Tu la connais?

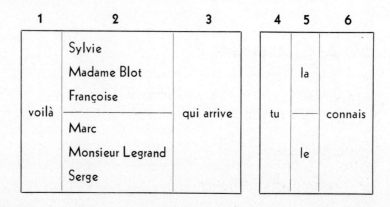

1	2	3	4	5	6
voilà	Sylvie Madame Blot Françoise ——— Marc Monsieur Legrand Serge	qui arrive	tu	la ——— le	connais

B1. Oui, je la connais, mais je ne l'aime pas.

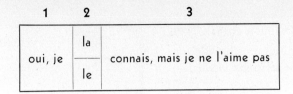

1	2	3
oui, je	la ⎯ le	connais, mais je ne l'aime pas

B2. Non, je ne la connais pas. Elle est amusante?

1	2	3		4	5	6
non, je ne	la ⎯ le	connais pas		elle ⎯ il	est	amusante amusant

1. What is the subject of **connais** in Table A? How are the pronouns in column 5 used? Are these pronouns subjects or objects? What words do these object pronouns replace? Do they show agreement for gender? Which form is feminine and which masculine?

2. In Table B1, column 3, what function does **l'** have? What words does it stand for? What happens to the **a** of **la** or the **e** of **le** before a verb beginning with a vowel? Does **l'** show gender by its form?

3. Notice the position of **ne** in Table B2. What kind of words come between **ne** and the verb?

4. What is indicated by the difference in spelling between **amusante** and **amusant**? Is there a difference in pronunciation? Some other adjectives that follow this pattern (add **e** to form the feminine) are **intelligent, assommant, ravissant, petit, laid, idiot.**

Exercices de Contrôle

A. *Change the following statements from affirmative to negative.*

1. Je connais bien mon professeur.
2. Nous sommes de bons amis.
3. Vous la connaissez?
4. Tu l'aimes bien?
5. Christian est dans mon équipe.

B. *Answer the following questions, using pronouns to replace the underlined nouns.*

> EXAMPLES: Tu connais Michel?
> **Oui, je le connais.**
>
> Comment trouvez-vous Sabine?
> **Je la trouve intelligente.**

1. Est-ce que tu connais Colette?
2. Comment trouves-tu Jean-Marc?
3. Vous connaissez Monsieur Aubert?
4. Tu vois la fenêtre?
5. Aimes-tu Michel?
6. Est-ce que tu vois le magnétophone?
7. Comment trouvez-vous Marie-Claire?

C. *Substitute the words in parentheses for the underlined nouns. Make all necessary changes for agreement.*

> EXAMPLE: Ce garçon est très intelligent.   (fille)
> **Cette fille est très intelligente.**

1. Monsieur Charpentier est amusant.   (Madame Charpentier)
2. Cette chaise est laide.   (bureau)
3. Ce livre est assommant.   (réunion)
4. C'est un petit garçon.   (fille)
5. C'est une phrase idiote.   (livre)

D. *Replace each underlined adjective by another adjective opposite in meaning. Follow the example.*

> EXAMPLE: Michel est drôle.
> **Michel est assommant.**

1. Monique est intelligente.
2. Jean-Paul est assommant.
3. Guy est affreux.
4. Claire est ravissante.
5. Sabine est laide.

Mise en Pratique

With a classmate, read the following exchanges. Then re-read them, changing the underlined name to the name given in parentheses and making other necessary changes.

1. JEAN-LOUP : Comment trouves-tu Claudette?   (Alain)
   MARIE-CLAIRE : Je ne la connais pas bien, mais je la trouve intelligente.
   JEAN-LOUP : Moi, je la trouve plutôt assommante.

2. GILLES : C'est Claire qui arrive?   (Bruno)
   FRANÇOIS : Je ne sais pas. Je ne connais pas Claire. Qui est-ce?
   GILLES : C'est une amie de ma sœur. Elle est très drôle et pas trop moche.

3. DANIELLE : Tu connais mon frère Thierry?   (ma sœur Annick)
   MICHÈLE : Non, je ne le connais pas. Il est avec toi?
   DANIELLE : Oui, c'est le garçon qui est près de Jean-Marc.
   MICHÈLE : Il est très beau.
   DANIELLE : Oh, il n'est pas trop laid.
   MICHÈLE : Tu vas nous présenter?
   DANIELLE : Pourquoi pas? Allons lui dire bonjour.

«Qui se ressemble, s'assemble.»

Deux

Les fiancés

Two of Véronique's old friends are talking about her.

JACQUES: Tiens! Voilà Véronique et Serge. Ils sont fiancés, n'est-ce pas?

CHANTAL: Oui, et depuis, ils ne nous disent plus jamais bonjour. Je les trouve très mal élevés.

JACQUES: Oh, l'amour les rend <u>distraits</u>.

CHANTAL: Mais qu'est-ce que Véronique trouve à ce grand <u>paresseux</u>?

JACQUES: Je ne sais pas. En tout cas, ils ont l'air de s'adorer.

CHANTAL: ...quand ils ne se disputent pas!

Variations

Make up new dialogues for the three situations below, using the dialogue above as a pattern and substituting for each underlined word an item from the list below.

distraits	paresseux	s'adorer
étourdis	égoïste*	s'aimer beaucoup
	mal élevé	s'entendre parfaitement

Dialogue One: Mlle Paris, Mme Lefranc

Two town gossips, sitting on a park bench, comment on a couple that passes by.

Dialogue Two: M. Miret, M. Boursin

On their way home from the wheat fields, two neighbors of Véronique's family meet Véronique and Serge.

Dialogue Three: Marie-Claude, Bernard

Bernard does not understand what Véronique sees in Serge.

Langue et Culture

fiancés: Before Véronique and Serge became engaged, their social life was quite different from that of their American counter-parts. In France, young people do not "go steady" until the age of 16, 17 or older. They more often go out in groups of friends. At parties, of course, the usual pairing-off occurs.

Note that the word **fiancé** is used in the dialogue both as a noun (**les fiancés**) and as an adjective (**ils sont fiancés**). Both the noun and adjective have the same four forms: **fiancé, fiancée, fiancés, fiancées.**

n'est-ce pas is an interrogative expression. Attached to a statement, **n'est-ce pas** asks for confirmation of that statement. We use a similar technique in English when we say: *You're coming, aren't you?* or *It's a nice day, isn't it?*

M., Mme and **Mlle** are the abbreviations for **Monsieur, Madame** and **Mademoiselle.** Note that unlike **M., Mme** and **Mlle** do not require a period.

---

* The **tréma** (¨) in **égoïste** indicates that the vowels **oi**, usually pronounced as one sound (**moi, toi,** etc.) are pronounced as two distinct sounds in this word.

Grammaire

Exercices Oraux

A. *Patterns*

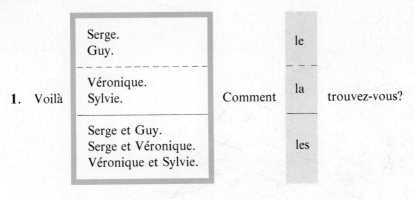

1. Voilà | Serge. / Guy. / Véronique. / Sylvie. / Serge et Guy. / Serge et Véronique. / Véronique et Sylvie. | Comment | le / la / les | trouvez-vous?

2. Serge? / Véronique? / Serge et Véronique? / Véronique et Sylvie? | Il / Elle | est / sont | Ils / Elles | assez | distrait. / distraite. / distraits. / distraites.

B. *Transformation*

1. Il est paresseux.   →   **C'est un garçon paresseux.**
2. Elle est amusante.   →   **C'est une fille amusante.**
3. Il est sympathique.   →
4. Elle est ravissante.   →
5. Elle est sérieuse.   →
6. Il est distrait.   →
7. Elle est intelligente.   →

C. *Transformation*

1. Elles sont distraites.   →   **Ce sont des filles distraites.**
2. Ils sont aimables.   →   **Ce sont des garçons aimables.**
3. Ils sont paresseux.   →
4. Elles sont assommantes.   →
5. Elles sont sympathiques.   →

Analyse Grammaticale

A. Voilà Véronique. Tu la connais bien?

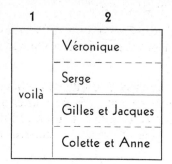

1	2		3	4	5
voilà	Véronique		tu	la	connais bien
	Serge			le	
	Gilles et Jacques				
	Colette et Anne			les	

B1. Oui, elle est mal élevée.　　　　**B2.** Oui, c'est une fille amusante.

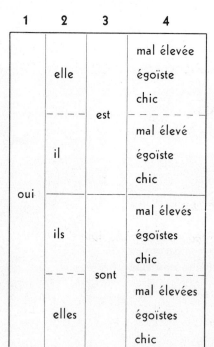

1	2	3	4
oui	elle	est	mal élevée
			égoïste
			chic
	il		mal élevé
			égoïste
			chic
	ils	sont	mal élevés
			égoïstes
			chic
	elles		mal élevées
			égoïstes
			chic

1	2	3
oui	c'est	une fille amusante
		un garçon amusant
	ce sont	des* garçons amusants
		des* filles amusantes

1.　In column 4 of Table A, how many forms of the direct object pronoun are used? What gender is **le?** What gender is **la?** Are these two words singular or plural? Is **les** singular or plural? Does this word show a change of form to indicate gender? What is the plural of **le?** Of **la?**

---

* **Des** is the plural of the indefinite articles **un** and **une**.

2. In Table B1, column 3, what is the difference between **est** and **sont?**

3. In Table B1, column 4, how many different forms of **mal élevé** are used? Are these forms pronounced the same or differently? How many forms of **égoïste** are used? How many forms of **chic?**

4. In Table B2, what is the subject of the verbs in column 2? Why is **c'** used with **est** while **ce** is used with **sont?** Does the pronoun **ce** change its form to show gender or number?

5. Compare Table B1 with Table B2, and note that the subject pronouns **il, elle, ils** and **elles** are used with forms of the verb **être** when an adjective alone follows the verb, and that **ce** is used if a noun follows the verb **être.** How are the nouns in Table B2 used — subjects or predicate nouns?

Exercices de Contrôle

A. *Change the following sentences to the plural.*

> EXAMPLE: Je suis distrait.
> **Nous sommes distraits.**

1. Je connais les jeunes filles.
2. La jeune fille est amusante.
3. Le garçon est mal élevé.
4. Elle est copine avec nous.
5. La sœur de Jean-Paul est assommante.

B. *Answer the following questions, using pronouns to replace nouns.*

> EXAMPLE: Vous connaissez Guy?
> **Oui, je le connais.**

1. Tu connais Véronique et Serge?
2. Comment trouves-tu ce disque?
3. Connaissez-vous cette fille-là?
4. Tu vois ce livre?

C. *Replace the underlined adjectives by their opposites.*

1. Ils sont bêtes.
2. Elles sont ravissantes.
3. Il est bien élevé.
4. Marie-Claude est belle.

D. *Replace the underlined words by the words in parentheses. Make the necessary changes.*

> EXAMPLE: Monique est assommante. (Gilles)
> **Gilles est assommant.**

1. Elles sont distraites. (ils)
2. Marc est paresseux. (Claire)
3. Marie-Claude? Je ne la connais pas. (Christian)
4. Les disques? Je ne les vois pas. (le magnétophone)
5. La chaise? Je la trouve affreuse. (le stylo)

E. *For each sentence, make two new sentences by substituting the words given in parentheses for the underlined words. Make all necessary changes.*

1. Marie-Ange est distraite. (Laurent / vos frères)
2. Ma sœur est snob. (les camarades / ce garçon-là)
3. Guy est aimable. (Marie-José / Véronique et Serge)

Mise en Pratique

A. *With a classmate, read the following exchanges. Then re-read them, changing the underlined words to the words given in parentheses.*

1. JEAN-LUC: Tiens, voilà Serge! Tu le connais bien? (Daniel et Robert)
   FRANÇOISE: Oui, il est mal élevé.

2. SERGE: Je trouve Françoise paresseuse. (Jean-Luc)
   VÉRONIQUE: Oui, et égoïste aussi.

3. MARIE-FRANCE: Qui est ce garçon? (ces* garçons)
   JEAN-CLAUDE: C'est un bon ami de ma sœur.
   MARIE-FRANCE: Comment le trouves-tu?
   JEAN-CLAUDE: Affreux!

---

* **ces** is the plural form of **ce** and **cette**. It is used with both masculine plural and feminine plural nouns.

B. *Think about your best friend, and then about someone you don't like. Choosing among the adjectives given, answer the questions below.*

aimable	sympathique	étourdi	joli
bête	chic	distrait	ravissant
drôle	affreux	amusant	mal élevé
égoïste	ennuyeux	assommant	bien élevé
moche	paresseux	idiot	beau
snob	sérieux	intelligent	gentil

1. Pourquoi êtes-vous copain (copine) avec ____?
Parce qu'il (elle) est ____, ____, et ____, *etc.*

2. Pourquoi n'aimez-vous pas ____?
Parce qu'il (elle) est ____, ____, et ____, *etc.*

«*Il m'aime un peu, beaucoup, passionnément, à la folie, pas du tout. Il m'aime un peu . . .*»

Conversations

1. *On her way to the market, Mme Duclos stops to talk to Cécile.*

    MME DUCLOS: Cécile, tu as l'air bien distraite aujourd'hui. Ça ne va pas?
    CÉCILE: Oh! Nous nous disputons toujours, Jean-Pierre et moi.
    MME DUCLOS: Mais tu as l'air de l'adorer...
    CÉCILE: Oui, mais c'est un grand égoïste!

    ## VRAI OU FAUX?

    1. Cécile a l'air distraite aujourd'hui.
    2. Cécile et Mme Duclos se disputent toujours.
    3. Cécile a l'air d'aimer Jean-Pierre.
    4. D'après Mme Duclos, Jean-Pierre est très égoïste.

2. *Later Mme Duclos meets Jean-Pierre at the market.*

    MME DUCLOS: Bonjour, Jean-Pierre. Comment vas-tu aujourd'hui?
    JEAN-PIERRE: Très mal! Nous nous disputons toujours, Cécile et moi.
    MME DUCLOS: Tu ne l'aimes pas?
    JEAN-PIERRE: Si, mais elle est distraite, égoïste, paresseuse...

    ## VRAI OU FAUX?

    1. Jean-Pierre va très bien aujourd'hui.
    2. Jean-Pierre et Cécile s'entendent parfaitement.
    3. Jean-Pierre n'aime pas Cécile.
    4. D'après Jean-Pierre, Cécile est distraite, égoïste et paresseuse.

Résumé Grammatical

A. Adjectives

1.

	Singular	Plural
Masc.	aimable	aimables
Fem.	aimable	aimables

Adjectives which end in **-e** (**aimable**) have one spoken form, with no sound change to show gender or number agreement. These adjectives have two written forms: the singular, and the plural, which is formed by adding **-s** to the singular form. Adjectives like **aimable: bête, drôle, égoïste, moche, sympathique, malade.**

2.

	Singular	Plural
Masc.	affreux	affreux
Fem.	affreuse	affreuses

Adjectives ending in **-eux** (**affreux**) have two spoken forms, one for masculine and one for feminine. There is no sound change between singular and plural. These adjectives have three written forms: a masculine (singular or plural) ending in **-eux**; a feminine singular ending in **-euse,** and a feminine plural ending in **-euses.** Adjectives like **affreux: ennuyeux, paresseux, sérieux.**

3.

	Singular	Plural
Masc.	étourdi fiancé distrait	étourdis fiancés distraits
Fem.	étourdie fiancée distraite	étourdies fiancées distraites

Adjectives ending in **-i** or **-é** (**étourdi, fiancé**) have one spoken form. Those ending in a consonant (**distrait**) have two spoken forms: a feminine (singular or plural) ending in a consonant sound, and a masculine (singular or plural) which lacks this final sound. All these adjectives have four written forms: a masculine singular ending in **-i, -é,** or a consonant, a feminine singular ending in **-e,** a masculine plural ending in **-s,** and a feminine plural ending in **-es.** Adjectives like **étourdi, fiancé, distrait: joli, mal élevé, amusant, assommant, idiot, intelligent, petit, laid, ravissant.**

4.

	Singular	Plural
Masc.	beau gentil	beaux gentils
Fem.	belle gentille	belles gentilles

The adjectives **beau** and **gentil** have two spoken forms, one for each gender. There is no sound change to show number agreement. They have four written forms. Adjective like **beau: nouveau;** adjective like **gentil: bon (bonne).**

5. A few adjectives, like **snob** and **chic,** have one spoken form and one written form, serving for both genders and numbers.

B. Verb: present of **connaître**

connaître

je **connais**	nous **connaissons**
tu **connais**	vous **connaissez**
il/elle **connaît**	ils/elles **connaissent**

Exercices Écrits

A. *Answer the following questions in the affirmative.*

> EXAMPLE: Est-ce que je connais ton frère?
> **Oui, tu le connais.**

1. Véronique et Serge connaissent ta sœur?
2. Vous connaissez le Premier ministre?
3. Est-ce que Jean-Claude connaît Alice?
4. Benoît et toi, vous connaissez les filles?
5. Tu connais ma sœur?

B. *Rewrite the following sentences, replacing the underlined adjectives by the appropriate form of the adjectives given in parentheses.*

> EXAMPLE: Pauline est <u>sympathique</u>. (gentil)
> **Pauline est gentille.**

1. Ma sœur est <u>égoïste</u>. (distrait)
2. Luc est <u>sympathique</u>. (paresseux)
3. Mme Duclos est très <u>aimable</u>. (sérieux)
4. Paul et Cécile sont <u>fiancés</u>. (chic)
5. Ces deux filles sont <u>snob</u>. (amusant)

C. *Rewrite the following sentences, using the subjects given in parentheses. Make the necessary changes.*

> EXAMPLES: Paul et Guy sont malades. (ma sœur et moi)
> **Ma sœur et moi, nous sommes malades.**
>
> Je le connais bien. (elle)
> **Elle le connaît bien.**

1. Tu connais Michel? (vous)
2. Nous sommes amis avec lui. (vous)
3. Ils sont paresseux. (elle)
4. Ma sœur connaît ce livre? (vos parents)
5. Ta sœur est sympathique. (ta sœur et toi)
6. Tu connais le Premier ministre? (il)
7. Mon frère et moi, nous sommes paresseux. (Thibaut et Michel)

D. *Rewrite the following sentences, using* **C'est, Ce sont, Il (Elle) est, Ils (Elles) sont.** *Follow the examples.*

> EXAMPLES: Anne est très gentille.
> **Elle est très gentille.**
>
> Gilles est un chic type.
> **C'est un chic type.**

1. Jean-Claude et Mathieu sont de bons copains.
2. Serge et Véronique ne sont pas fiancés.
3. Hélène est très étourdie.
4. Pauline est une jolie fille.
5. Paul et Pierre sont de gentils garçons.
6. Ma sœur n'est pas toujours drôle.

Dictée / Compréhension

La Récréation

Je vous présente mes amis

les cheveux
les yeux
le nez
la bouche
la peau
les oreilles

La tête

Il est brun, grand et mince.
les cheveux bruns

les cheveux longs

Elle est blonde, petite et grosse.

Il est blond, de taille moyenne musclé.

les cheveux blonds

les cheveux longs

les cheveux courts

SABINE BERGER

BRUNO CLAVEL

CLAUDE LE GOFF

Qui est-ce?

Study the illustrations below carefully. Now write the numbers 1–5 down a sheet of paper. You will hear five descriptions. Next to each number on your paper write the name of the person described.

LOUIS

JULIE

PENDA

AÏCHA

MARC

Maigret* and the Eyewitness

The "Mona Lisa" has disappeared from the Louvre.** A passerby saw someone leave the museum with a large mysterious package. This witness has been called in by police inspector Maigret. A pair of students play the roles of Maigret and the eyewitness. Maigret asks the witness to describe the suspect. The eyewitness then carefully describes one of the students in the class. Maigret decides which student fits the description given by the eyewitness and announces ___ **est le voleur!** (___ *is the thief!*). If Maigret is wrong, he is demoted and any amateur detective in the class may volunteer to solve the mystery. The game continues with other students in the roles of Maigret and the eyewitness.

---

* Inspector Maigret is a fictional detective created by novelist Georges Simenon who has written some fifty novels about this famous French sleuth.

** **Le musée du Louvre** is a famous art museum in Paris. The "Mona Lisa" by Leonardo Da Vinci is the most famous painting in the Louvre and perhaps the most famous and valuable painting in the world.

Exposés

A. *Follow the three descriptions below as you hear them on tape. Practice reading them aloud. Be prepared to answer simple factual questions based on these descriptions.*

1. Je m'appelle Guy. Mon copain s'appelle Jean-Marc. Jean-Marc est petit, laid et très gros. Il est mal élevé, paresseux et distrait, mais il est aussi amusant et très intelligent. Je l'aime bien.

2. Marianne est la fiancée de Jacques. C'est une grande blonde aux yeux bleus. Elle est très mince et elle a la peau blanche. Tout le monde la trouve ravissante et sympathique.

3. Je m'appelle Cécile. Je suis petite. J'ai les cheveux roux et les yeux verts. D'après Maman, je suis très belle. D'après mes amis, je suis surtout gentille et sérieuse. D'après mon petit frère, je suis moche et ennuyeuse.

B. *Bring in a picture of someone you would like to describe. This may be a snapshot of a friend or relative, or a picture of a famous person of historical or contemporary interest. Using the descriptions above as a guide, prepare a short oral description of the picture you have chosen. (If you prefer, you may describe yourself.) Your description should answer the following questions:*

Comment s'appelle-t-il (elle)?
Comment est-il (elle)?   (mince, les yeux bleus, *etc.*)
Comment le (la) trouvez-vous?   (drôle, il a l'air intelligent, *etc.*)
Pourquoi est-ce que vous l'aimez bien ou ne l'aimez pas?

5
Frères et Sœurs

Un

L'amour fraternel

Jacques and Alice discover they have something in common—a problem!

ALICE: Est-ce que tu as des frères et des sœurs?
JACQUES: J'ai <u>deux frères</u> et une petite sœur.
ALICE: <u>Pauvre Jacques</u>! Moi aussi, j'ai une petite sœur. Elle <u>parle</u> sans arrêt.
JACQUES: Ma sœur aussi a la langue bien pendue! Elle ennuie tout le monde.

Variations

Make up new dialogues for the three situations below, using the dialogue above as a pattern and substituting for each underlined word or phrase an item from the list below.

<u>deux frères</u>	<u>pauvre Jacques</u>	<u>parle</u>
un grand frère	je te plains	bavarde
trois frères		pose des questions

Dialogue One: Éliane, Pauline

At lunch in the school cafeteria, Éliane finds herself sitting next to a new student, Pauline. Éliane is making conversation.

Dialogue Two: Denis, Corinne

Denis is trying to be polite to Corinne, who is the daughter of his father's boss. Suddenly the conversation becomes more animated.

Dialogue Three: Jean-Paul, Pierre

Two new roommates, both away from home for the first time, are comparing notes about their families. Both are really very homesick!

Grammaire

Exercices Oraux

A. *Repetition and practice* (Singular — plural)

1. J'ai une petite sœur.   Nous avons une petite sœur.
2. J'ai un grand frère.   Nous avons un grand frère.
3. J'ai une télévision.   Nous avons une télévision.
4. Tu as la langue bien pendue.   Vous avez la langue bien pendue.
5. Tu as des frères?   Vous avez des frères?
6. Tu as une moto?   Vous avez une moto?
7. Il a des amis?   Ils ont des amis?
8. A-t-il des enfants?   Ont-ils des enfants?
9. Elle a un magnétophone.   Elles ont un magnétophone.

B. *Transformation* (Singular → plural)

1. J'ai une réunion.   →   **Nous avons une réunion.**
2. Il a une moto.   →
3. J'ai un magnétophone   →
4. Est-ce que tu as des disques?   →
5. Elle a des frères?   →
6. Tu as une télévision?   →

C. *Transformation* (Plural → singular)

1. Est-ce qu'ils ont des enfants? → **Est-ce qu'il a des enfants?**
2. Vous avez un tourne-disque? →
3. Ont-elles une télévision? →
4. Nous avons des camarades. →
5. Les professeurs ont une réunion. →

D. *Patterns*

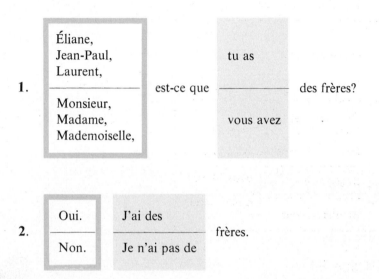

1.
| Éliane, Jean-Paul, Laurent, ————— Monsieur, Madame, Mademoiselle, | est-ce que | tu as ————— vous avez | des frères? |

2.
| Oui. ———— Non. | J'ai des ————————— Je n'ai pas de | frères. |

Analyse Grammaticale

A. Est-ce que tu as un frère?

1	2	3	4	
est-ce que	tu	as	un frère	
	vous	avez	une sœur	
est-ce qu'	il/elle	a	des	{ frères
	ils/elles	ont		sœurs }

B1. Non, je n'ai pas de frère.

1	2	3	4	5	6
non	je	n'	ai	pas de	frère
	nous		avons		sœur
	il/elle		a		frères
	ils/elles		ont		sœurs

B2. Oui, j'ai un frère.

1	2	3	4
oui	j'	ai	un frère
	nous	avons	une sœur
	il/elle	a	deux* frères
	ils/elles	ont	deux* sœurs

Tables A, B1 and B2

1. Look at the verb forms in column 3 of Table A and column 4 of Table B1. These are the forms of the present of the verb **avoir.** Which two forms are pronounced alike?

2. You have already learned the singular indefinite articles **un** and **une** (Table A, column 4). Which form is used with masculine singular nouns, which form with feminine singular nouns? What is the plural indefinite article (Table A, column 4)? Does **des** show agreement in gender or is it used with both masculine and feminine plural nouns?

3. Now look at Table B1, column 5. What is the form of the indefinite article in negative sentences? Does **de** show agreement of gender? Is the negative indefinite article used with singular as well as plural nouns?

4. Note that in Table B2, column 4, you might use the indefinite article **des** instead of a number if you don't know how many brothers or sisters there are.

---

* trois, quatre, cinq, etc.

Exercices de Contrôle

A. *Complete the following sentences with the correct form of the verb* **avoir.**

1. Est-ce que vous ____ des frères?
2. J'____ trois frères.
3. Tu n'____ pas de sœurs?
4. Claire ____ quatre frères.
5. Guy et Jacques n'____ pas de sœur?
6. Nous ____ deux télévisions.

B. *Answer the following questions by complete sentences. (Give an affirmative answer.)*

1. Tu as des sœurs?
2. Est-ce que Marc a des frères?
3. Avez-vous des copains?
4. Est-ce qu'Éliane a un frère?
5. Est-ce que nous avons une réunion?
6. Ont-elles des amis ici?

C. *Complete the following sentences using the correct form of the indefinite article.*

1. Guy n'a pas ____ sœurs.
2. Je n'ai pas ____ frère.
3. Tu as ____ frère?
4. Mes frères ont ____ belle moto.
5. Est-ce que vous avez ____ frères?

D. *Change the following sentences to the negative.*

EXAMPLE: Elle a un frère.
Elle n'a pas de frère.

1. J'ai une sœur.
2. Tu as des sœurs?
3. Vous avez des frères?
4. Nous avons des enfants.
5. Ils ont des cahiers.

«*Que tous les hommes soient frères, c'est le rêve des gens qui n'ont pas de frères.*»

Mise en Pratique

Read the first exchange aloud with a classmate. Then re-read it, making the change indicated below the exchange. Follow the same procedure with the rest of the exchanges. Be sure to make all the necessary changes!

1. PIERRE: Est-ce que tu as des frères?
   ALICE: Oui, j'ai des frères.
   Change: give a negative answer.

2. JEAN-MARC: Je ne comprends pas. Tu n'aimes pas ton frère?
   MARIE-LOUISE: Si, je l'aime bien mais nous ne nous entendons pas. Il me trouve égoïste, et je le trouve paresseux.
   Change: substitute **sœur** *for* **frère.**

3. FRANÇOISE: Elle m'ennuie, cette sœur avec toutes ses questions!
   AGNÈS: Je te plains! Moi aussi, j'ai une petite sœur.
   Change: substitute **frère** *for* **sœur.**

4. GUY: Vous n'avez pas de copain?
   MARC: Si, j'ai un copain. Il est sympathique.
   Change: ask the question in the affirmative. Use **est-ce que.**

5. LAURENT: Est-ce que tu as un frère qui s'appelle Marc? C'est lui qui est fiancé avec Pauline Bernard?
   CLAUDINE: Oui. Tu connais Pauline? Elle est très aimable. Marc l'adore.
   Change: substitute **vous** *for* **tu.**

Deux

Quel âge a-t-il?

Georges and Guy are starting home from school. Georges envies
Guy who is going off to play soccer with his older brother.

GEORGES: Où vas-tu maintenant, <u>mon vieux</u>? <u>Au stade</u>?
GUY: Oui, je dois aller y retrouver mon frère. Il <u>joue
au foot</u> avec ses amis.
GEORGES: Tu as un frère? Quel âge a-t-il?
GUY: Il a <u>vingt</u> ans.
GEORGES: Quelle chance tu as d'avoir un frère plus âgé!
GUY: Ton frère est plus jeune que toi?
GEORGES: Oui, c'est un <u>gosse</u>.

Variations

*Make up new dialogues for the three situations below, using the dialogue above as a
pattern and substituting for each underlined word or word group any appropriate item
below.*

<u>mon vieux</u>	<u>au stade</u>	<u>joue au foot</u>	<u>vingt</u>	<u>gosse</u>
ma vieille	au gymnase	joue au volley	dix-neuf	bébé
	à la piscine	nage	vingt et un	

Dialogue One: Jacques, Jean-Paul

As Jacques is opening the gate at Jean-Paul's house, he bumps into Jean-Paul who is dashing off somewhere.

Dialogue Two: Anne, Marie-Ange

As Anne is on her way to do an errand, she meets Marie-Ange hurrying in the opposite direction. Anne is more interested in Marie-Ange's brother than in her errand!

Dialogue Three: Christian, Cécile

Christian and Cécile are finishing their lunch.

Langue et Culture

le foot: Many English words have been incorporated into the French language in recent years, even when a perfectly good French word exists. Specialists in the French language have been very vocal in their disapproval of this use of English words, which they call **le "franglais" (français + anglais).** Another example of **"franglais"** is **le meeting,** which is frequently used instead of **la réunion.**

Grammaire

Exercices Oraux

A. *Practice the numbers from 30–99. Note that 30–39, 40–49, and 50–59 follow the pattern of 20–29 which you have already learned (p. 40).*

30	trente	51	cinquante et un	72	soixante-douze
31	trente et un	52	cinquante-deux	80	quatre-vingts
32	trente-deux	60	soixante	81	quatre-vingt-un
40	quarante	61	soixante et un	82	quatre-vingt-deux
41	quarante et un	62	soixante-deux	90	quatre-vingt-dix
42	quarante-deux	70	soixante-dix	91	quatre-vingt-onze
50	cinquante	71	soixante et onze	92	quatre-vingt-douze

B. *Count aloud:*

1. by two's from **2–60.**
2. by three's from **60–99.**

C. *Repetition and substitution* (Possessive adjectives: first, second, and third person singular)

  1. Je dois retrouver mon <u>frère</u>. (sœur / copain / mère / père / professeur)
  2. Ton <u>frère</u> est plus âgé que toi? (sœur / père / mère / professeur / copain)
  3. Jean-Pierre retrouve sa <u>sœur</u> au stade. (professeur / frère / mère / père / copain)

D. *Repetition and practice* (Possessive adjectives: **votre, notre, leur**)

  1. Votre frère part avec Jacques? Votre sœur part avec Jacques?
     Votre père part avec Pierre? Votre mère part avec Pierre?
     Votre papa part avec Hélène? Votre maman part avec Hélène?

  2. Notre père part avec Nicole. Notre mère part avec Nicole.
     Notre frère part avec Jean. Notre sœur part avec Jean.
     Notre papa part avec Alain. Notre maman part avec Alain.

  3. Ils sont avec leur frère. Ils sont avec leur sœur.
     Ils sont avec leur père. Ils sont avec leur mère.
     Elles sont avec leur papa. Elles sont avec leur maman.

E. *Substitution*

  1. Vous avez votre <u>tourne-disque</u> aujourd'hui? (moto / magnétophone / classe / réunion)
  2. Nous avons notre <u>réunion</u> aujourd'hui. (classe / moto / magnéto / tourne-disque)
  3. Ils vont retrouver leur <u>père</u> à la piscine. (frère / mère / copain / professeur / sœur)

F. *Substitution* (Subject — possessive reference)

> EXAMPLE: J'aime bien mon père. (Jean-Claude/les filles)
> **Jean-Claude aime bien son père.**
> **Les filles aiment bien leur père.**

J'aime bien mon père. (tu / les jeunes filles / les garçons / moi, je)

G. *Question — affirmative answer*

  1. Tu vois ma moto? **Oui, je vois ta moto.**
  2. Votre frère est au stade, les enfants?
  3. Est-ce qu'elle a sa télévision?
  4. Notre professeur est à la réunion?
  5. Ils vont à leur ciné-club?
  6. Est-ce que son tourne-disque est dans la classe?

Analyse Grammaticale

A1. Tu as un frère?

1	2	3
tu	as	
vous	avez	un frère une sœur
il/elle	a	
ils/elles	ont	

A2. Quel âge a ton frère?

1	2	3
quel âge a	ton	frère
	ta	sœur
	votre	frère/sœur
	son	frère
	sa	sœur
	leur	frère/sœur

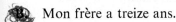 Mon frère a treize ans.

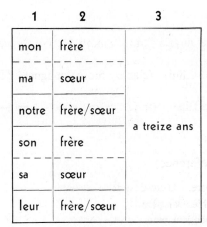

1	2	3
mon	frère	
ma	sœur	
notre	frère/sœur	a treize ans
son	frère	
sa	sœur	
leur	frère/sœur	

1. Look at the question in Table A2, and the answer in Table B. What verb is used in asking and telling age? Remember that **ans** must always be used with the number in giving age. (Table B, column 3).

2. Look at columns 2 and 3 of Table A2 and columns 1 and 2 of Table B. The words in column 2 of Table A2 and column 1 of Table B are possessive adjectives. Do they come before or after the nouns? Like other adjectives you have already studied, possessive adjectives always agree in gender and number with the noun they modify. Note that **notre, votre** and **leur** use the same form for masculine and feminine singular.

Possessive adjectives always show the possessor:

mon, ma — first person singular   **(je)**
ton, ta — second person singular   **(tu)**
son, sa — third person singular   **(il) (elle)**
notre — first person plural   **(nous)**
votre — second person plural   **(vous)**
leur — third person plural   **(ils) (elles)**

Exercices de Contrôle

A. *Complete the following.*

1. Quel âge ____ vous?
2. J'____ quatorze ans.
3. Quel âge ____ ta sœur?
4. Elle a treize ____.
5. Tu ____ un frère?
6. Quel ____ a-t-il? Dix-huit____?

B. *Complete the following sentences. Choose the appropriate form of the possessive adjective from those given in parentheses.*

> EXAMPLES: Où est ____ bureau?   (ton / ta)
> **Où est ton bureau?**
>
> Madame, quel âge a ____ père?   (votre / ton)
> **Madame, quel âge a votre père?**

1. Jean-Claude est dans la cour avec ____ moto.   (son / sa)
2. Kiki, comment va ____ mère aujourd'hui?   (ta / votre)
3. ____ livre est sur la télévision.   (ton / ta)
4. Pierre et ____ copain vont au gymnase.   (sa / son)
5. Les enfants vont à l'école avec ____ grand-père.   (leur / sa)
6. ____ professeur va à la réunion avec nous.   (ta / votre)
7. Est-ce que tu as ____ stylo?   (ma / mon)

C. *Use the words given in parentheses as the new subjects. Make the possessive adjectives agree in person with the new subject.*

> EXAMPLE: Je vais retrouver mon frère au stade.   (Jean-Jacques)
> **Jean-Jacques va retrouver son frère au stade.**

1. Il aime bien sa sœur.   (ils)
2. Vous ne comprenez pas votre professeur?   (tu)

3. Ils sont avec leur mère. (elle)
4. Nous sommes dans notre classe. (je)
5. Il a sa moto dans la cour. (elles)
6. Béatrice va voir sa mère demain. (vous)
7. Je suis plus jeune que mon frère. (nous)

D. *In the following sentences replace the underlined words by the words given in parentheses. Make all necessary changes.*

> EXAMPLE: Béatrice arrive avec sa sœur. (frère)
> **Béatrice arrive avec son frère.**

1. Où est ton stylo? (classe)
2. C'est la nouvelle camarade de ma sœur. (frère)
3. Il ne dit plus bonjour à son copain Bernard. (copine Agnès)
4. Vous n'allez pas au cinéma avec votre fiancé? (fiancée)
5. Il a l'air d'adorer notre mère. (père)
6. Ils se disputent toujours avec leur professeur. (mère)
7. Où vas-tu avec ma moto? (magnétophone)

«Un frère est un ami donné par la nature»

Mise en Pratique

A. *Complete the following exchanges and then read aloud with a classmate.*

1. MME LECLERC: Quel âge as-tu?

    ROBERT: ____.

    MME LECLERC: ____ ans? Tu as l'air d'être plus ____!

2. M. BLOT: Vos parents sont jeunes, n'est-ce pas?

    M. LENOIR: Assez jeunes. ____ père est plus ____ que ____ mère.

    M. BLOT: Quel ____ a ____ mère?

    M. LENOIR: Je ____ sais pas. Elle ne dit pas son âge.

B. *Make sentences from the elements given and then read the exchange aloud with a classmate. In this type of exercise you are to supply the correct form of the elements which are always given in the following way:*

adjectives — masculine singular
verbs — infinitive
articles and prepositions — often omitted.

    EXAMPLES; Je / avoir / quinze / ans. / Mon / grand / sœur / avoir / vingt / an.
    J'ai quinze ans. Ma grande sœur a vingt ans.

    Comment / trouver / tu / nouveau / étudiant / étranger? Elle / être / très / gentil.
    Comment trouves-tu la nouvelle étudiante étrangère? Elle est très gentille.

MONIQUE: Qui / être / ce / garçon? / Tu / le / connaître?

ARLETTE: Oui / je / le / connaître. / Ce / être / nouveau / professeur / de / français.

MONIQUE: Il / être / beau / et / il / avoir / air / sympathique. / D'après toi / quel / âge / avoir / il?

ARLETTE: Oh / 23 / an. / Mais / moi / je / le / trouver / moche.

MONIQUE: Tu / être / idiot!

C. *With a classmate make up an exchange in which you ask his age, his father's and mother's age, whether he has brothers and sisters, and, if so, how many, and their ages.*

Conversation

While choosing a bouquet of flowers Mme Revel talks with the young florist, Mlle Lefranc.

MLLE LEFRANC:	Et comment vont vos filles, Madame?
MME REVEL:	Très bien... Elles se disputent sans arrêt, comme toujours.
MLLE LEFRANC:	Pourquoi ne s'entendent-elles pas?
MME REVEL:	Alice croit[1] que tout le monde préfère[2] sa sœur Béatrice parce que Béatrice est plus jeune, plus jolie, plus blonde qu'elle...
MLLE LEFRANC:	Et Béatrice? Est-elle jalouse[3] aussi?
MME REVEL:	Oh, oui! Béatrice est jalouse d'Alice parce qu'Alice va à l'école, parce qu'elle a un professeur, des livres, des cahiers, un bureau...
MLLE LEFRANC:	Mon Dieu![4] Et mon fiancé qui parle d'avoir dix enfants!
MME REVEL:	Alors, bonne chance!

QUESTIONS

1. Qui se disputent sans arrêt?
2. D'après Alice, pourquoi tout le monde préfère-t-il sa sœur, Béatrice?
3. Pourquoi Béatrice est-elle jalouse de sa sœur Alice?
4. Qui parle d'avoir dix enfants?
5. D'après vous, est-ce que Mlle Lefranc veut avoir dix enfants?

---

[1] *thinks*
[2] *prefers*
[3] *jealous*
[4] interjection conveying shock and dismay

6

La Famille

L'étranger))

Françoise meets Pierre in the bookstore. Pierre is a great joker, but perhaps this time he really does have important news.

PIERRE: Tu sais, notre famille vient de s'agrandir.

FRANÇOISE: Tu veux rire!

PIERRE: Mais non. Nous avons un étudiant étranger chez nous.

FRANÇOISE: D'où vient-il?

PIERRE: Du Canada.

FRANÇOISE: Combien de temps va-t-il rester chez vous, ce Canadien?

PIERRE: Toute l'année scolaire.

Variations

Make up a new dialogue for the three situations below, using the dialogue given above as a pattern and substituting for each underlined word any appropriate item in the list below.

tu veux rire	du Canada	rester chez	ce Canadien
tu plaisantes	de France	vivre avec	ce Français
tu te moques de moi	des États-Unis		cet Américain
	du Québec		ce Québecois
	d'Haïti		cet Haïtien

Dialogue One: Étienne, Bernard

Étienne and Bernard have not seen each other all vacation. At the café they are catching up on the summer happenings.

Dialogue Two: Denise, Annick

Annick has been wondering why Denise always seems so busy lately. Now she finds out why.

Dialogue Three: Marie-José, Jean-Paul

On the way to the movies, Marie-José tells Jean-Paul the big news. Jean-Paul is interested, but not very enthusiastic.

On parle français

Grammaire

Exercices Oraux

A. *Repetition*

    1. Je viens de France.
    2. Tu viens du Canada?
    3. L'étudiant vient du Maroc.
    4. Nous venons de Paris.
    5. Vous venez des Antilles?
    6. Les étudiants viennent des États-Unis?

B. *Repetition and practice* (Question — answer)

    1. Tu viens de France?   Oui, je viens de France.
    2. Vous venez des Antilles?   Oui, nous venons des Antilles.
    3. Est-ce que cet étudiant vient du Maroc?   Oui, il vient du Maroc.
    4. Est-ce que Gisèle vient du Canada?   Oui, elle vient du Canada.

5. Est-ce que les étudiants viennent de Paris?   Oui, ils viennent de Paris.
6. Est-ce que les jeunes filles viennent de Québec?   Oui, elles viennent de Québec.

C. *Transformation* (Singular → plural)

1. Je viens de Montréal.   →   **Nous venons de Montréal.**
2. Tu viens des États-Unis.   →
3. Il vient du Canada.   →
4. Elle vient de Paris.   →

D. *Patterns*

1.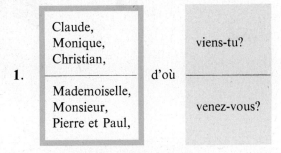

2.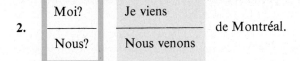

3.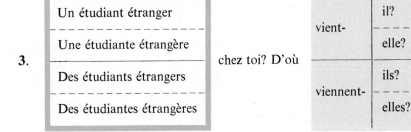

4.

De	France.
Du	Canada.
Des	Antilles.

Analyse Grammaticale

A. D'où viens-tu?

1	2	3
d'où	viens	-tu
	venez	-vous
	vient	l'étudiant étranger
		l'étudiante étrangère
	viennent	les étudiants étrangers
		les étudiantes étrangères

B. Je viens de France.

1	2	3	4
je	viens	de	France
nous	venons		Belgique
il	vient	d'	Algérie
elle			Haïti
ils	viennent	du	Canada
			Sénégal
elles		des	États-Unis
			Antilles

Tables A and B

Look at column 2 of Tables A and B. These are the forms of the present of the verb **venir.** Which forms are pronounced the same? What is the difference in pronunciation between **il vient** and **ils viennent**?

Table B

1. Look at columns 3 and 4. With feminine singular names of countries, provinces, etc. **(la France, la Belgique)** the preposition **de** is used alone (the article **la** is *not* used). Examples: **de France, de Belgique.** When feminine singular place names begin with a vowel or **h,** the preposition **de** becomes **d'.** Examples: **d'Algérie, d'Haïti.**

2. With masculine singular names of countries, provinces, etc. **(le Canada, le Sénégal)** the contraction **du (de + le)** is used **(du Canada, du Sénégal).**

3. With plural (masculine or feminine) names of countries, provinces, etc. **(les États-Unis, les Antilles)** the contraction **des (de + les)** is used **(des États-Unis, des Antilles).**

NOTE:
The preposition **de** alone is also used with most names of cities to express *from.*

Exercices de Contrôle

A. *Complete the following.*

1. Je _viens_ de Paris.
2. _viens_ viens-tu?
3. Nous _venons_ un étudiant étranger chez nous.
4. D'où _vient_-il?
5. Est-ce qu'elles _viennent_ du Maroc ou de Tunisie?
6. Pierre et Paul _viennent_ de Montréal.
7. D'où venez-_vous_?

B. *Complete the following sentences. Choose the correct item from the words in parentheses.*

1. Denise vient de ____. (Antilles, Paris, Canada)
2. Roger et Gilles viennent des ____. (Antilles, Paris, Canada)
3. Nous venons du ____. (Antilles, Paris, Canada)
4. Mon copain Luc vient ____ Montréal. (de, du, des)
5. Moi, je viens ____ États-Unis. (de, du, des)
6. L'étudiant étranger vient ____ Sénégal. (de, du, des)

C. *In the following sentence replace **Belgique** with each of the place names listed. (See map, pp. 104–5). Be sure to use the correct prepositional form.*

Je viens de <u>Belgique</u>.

1.	Sénégal	4.	Guinée	7.	Antilles
2.	Maroc	5.	Tunisie	8.	États-Unis
3.	Canada	6.	France	9.	Haïti

D. *Answer the following questions in the negative and substitute the information given in parentheses.*

EXAMPLE: Vous venez des Antilles? (Sénégal)
Non, je viens du Sénégal.

1. Est-ce que tu viens du Maroc? (Tunisie)
2. Viennent-ils du Canada? (États-Unis)
3. Est-ce que ta camarade vient de Paris? (Montréal)
4. Ton professeur vient de France? (Belgique)
5. D'où venez-vous? D'Haïti? (Maroc)
6. D'où viennent vos livres? Du Canada? (France)

Mise en Pratique

A. *Read the following exchange aloud with a classmate and then re-read it, substituting* **mon frère Aimé** *for* **ma sœur Gisèle.** *Be certain to make all necessary changes. Also substitute another French-speaking country or region for* **Canada,** *being careful to use the correct prepositional form.*

CÉCILE: Monique, tu ne connais pas ma sœur Gisèle, n'est-ce pas?

MONIQUE: Tu te moques de moi. Tu n'as que des frères!

CÉCILE: Mais non, Gisèle est ma nouvelle sœur. C'est l'étudiante étrangère qui va rester chez nous toute l'année scolaire.

MONIQUE: Quelle chance tu as! D'où vient-elle?

CÉCILE: Du Canada. Elle est très sympathique. Nous l'adorons. La voilà! Allons lui dire bonjour.

B. *Read the following exchange aloud with a classmate, and then, with another classmate, make up a short exchange between Valérie and Aimé in which Valérie asks the questions, she's dying to ask, and Aimé answers them. "Valérie" may ask other questions as well.*

VALÉRIE: Voilà Jean-Claude qui arrive! Qui est ce grand garçon avec lui?

GUY: Tu ne le connais pas? C'est Aimé.

VALÉRIE: Et qui est Aimé?

GUY: C'est l'étudiant étranger qui est chez Jean-Claude.

VALÉRIE: Oh, tu nous présentes? Il a l'air d'être sympathique. D'où vient-il? Quel âge a-t-il?

GUY: Écoute. Allons lui dire bonjour et tu lui poses toutes ces questions.

«C'est l'affection qui fait la parenté.»

Deux

Ah, les enfants!

Aimé, *the foreign student staying with Jean-Claude, is learning more about his French family.*

AIMÉ: Tu sais, j'aime bien ta famille. Ton oncle et ta tante me plaisent beaucoup.

JEAN-CLAUDE: Tu leur plais aussi. Ils te trouvent très spirituel.

AIMÉ: J'en suis content. Combien d'enfants ont-ils?

JEAN-CLAUDE: Ils n'ont qu'une fille, Chantal. Ma cousine n'a ni frère ni sœur. Ses parents lui donnent tout ce qu'elle veut.

AIMÉ: Oh, ça explique pourquoi elle est si gâtée!

JEAN-CLAUDE: Les filles uniques sont souvent comme ça.

Variations

Make up new dialogues for the three situations below, using the dialogue above as a pattern and substituting for each underlined word or word group any item in the list below. When substituting fils *for* fille *be sure to make all the necessary changes in gender.*

spirituel	fille, Chantal	cousine	donnent	veut	gâtée	filles
drôle	fils, Laurent	cousin	offrent	demande	insupportable	fils
«sympa»					agaçante	

Dialogue One: Guy, Marc

> Guy and Marc have just seen Marc's aunt and uncle off at the airport. They are driving back home.

Dialogue Two: Berthe, Cécile

> Berthe finds out why Cécile is not looking forward to her visit at her uncle and aunt's.

Dialogue Three: Roger, Gisèle

> Gisèle's fiancé, Roger, is finding out about her relatives.

Langue et Culture

j'aime bien ta famille: The expression **aimer bien** means *to like*, as opposed to **aimer** (*to love*). However, in the negative, the adverb **bien** is not used and the sense of **aimer** (*to like* or *to love*) is determined by the context. EXAMPLES: **1) J'aime bien ta famille. Je n'aime pas ta famille. 2) Véronique aime son fiancé. Véronique n'aime pas son fiancé.**

la famille usually refers to a larger circle than the immediate family, often including second cousins, great-aunts, and even godmothers (**marraines**) and godfathers (**parrains**), who are not necessarily blood relations.

plaisent: The verb **plaire** is very frequently used to express the same idea as **aimer bien**. Notice that in the following pairs of sentences, the subject of the verb **plaire (ton oncle et ta tante** in 1; **tu** in 2) is the person(s) liked, while **me** and **leur** indicate *by whom*. EXAMPLES: **1) Ton oncle et ta tante me plaisent.** = J'aime bien ton oncle et ta tante. **2) Tu leur plais.** = Ils t'aiment bien.

«sympa» (invariable adjective) is the colloquial short form of **sympathique**.

fils: Nouns ending in **s** in the singular remain unchanged in the plural.

Grammaire

Exercices Oraux

A. *Question — answer* (Direct object: first and second person)

1. Il me trouve très amusant? **Oui, il te trouve très amusant.**
2. Il nous présente? **Oui, il vous présente.**
3. Est-ce qu'il me voit?
4. Elle me trouve spirituel?
5. Il nous trouve insupportables?
6. Elle vous présente à sa sœur?
7. L'amour te rend distrait?

B. *Answer the questions in exercise* **A** *in the negative.*

1. Il me trouve très amusant? **Non, il ne te trouve pas très amusant.**
2. Il nous présente? **Non, il ne vous présente pas.**

C. *Question — answer* (Direct object: third person)

1. Elle présente Suzanne à sa sœur? **Oui, elle la présente à sa sœur.**
2. Est-ce que tu vois le tableau? **Oui, je le vois.**
3. Ils donnent les disques à Marc? **Oui, ils les donnent à Marc.**
4. Est-ce que tu aimes les enfants?
5. Tu aimes bien cette étudiante étrangère?
6. Est-ce que vous avez vos livres?
7. Vous connaissez mon fils?
8. Est-ce que les enfants ont les cahiers?

D. *Answer the questions in exercise* **C** *in the negative.*

1. Elle présente Suzanne à sa sœur? **Non, elle ne la présente pas à sa sœur.**
2. Est-ce que tu vois le tableau? **Non, je ne le vois pas.**

E. *Question — answer* (Indirect object: first and second person)

1. Tu ne me présentes pas Marc?   **Si, je te présente Marc.**
2. Est-ce qu'ils vous donnent les cahiers?   **Oui, ils nous donnent les cahiers.**
3. Est-ce que Jean-Marc te plaît?
4. Tu ne nous présentes pas ton copain?
5. Ils me donnent les disques?
6. Ma moto vous plaît, les copains?
7. Elle me présente M. Bernard?
8. Ils me donnent un magnétophone?

F. *Repetition and practice* (Indirect object: third person)

1. Tu présentes ton frère à Marie-Ange?   Oui, je lui présente mon frère.
2. Il présente François à Jean-Claude?   Oui, il lui présente François.
3. Tu présentes Jean-Jacques à tes cousins?   Oui, je leur présente Jean-Jacques.
4. Ils donnent la moto à Guy et à Hélène?   Oui, ils leur donnent la moto.
5. Elle plaît à ton frère?   Oui, elle lui plaît.

G. *Substitution* (Indirect object pronouns)

1. Ils donnent la moto à François.   **Ils lui donnent la moto.**
2. Marie-Ange plaît à vos copains?   **Marie-Ange leur plaît?**
3. Vous écrivez souvent à votre fils?
4. Tu plais beaucoup à ma sœur.
5. Les enfants présentent le professeur à leur mère.
6. Vos copains plaisent à votre oncle et à votre tante?
7. Marc présente sa cousine à vos copains?

H. *Substitution* (Direct and indirect object pronouns)

1a. Je présente Marie-Claire à mon frère.   **Je la présente à mon frère.**
1b. Je présente Marie-Claire à mon frère.   **Je lui présente Marie-Claire.**
2a. Vous écrivez une lettre à vos cousins?   **Vous l'écrivez à vos cousins?**
2b. Vous écrivez une lettre à vos cousins?   **Vous leur écrivez une lettre?**
3a. M. et Mme Dubois offrent la moto à leur fils.
3b. M. et Mme Dubois offrent la moto à leur fils.
4a. Ils donnent un magnétophone à Marc et à Guy.
4b. Ils donnent un magnétophone à Marc et à Guy.
5a. Tu présentes ton fiancé au professeur?
5b. Tu présentes ton fiancé au professeur?
6a. Les enfants offrent les livres à Mme Martin. d o
6b. Les enfants offrent les livres à Mme Martin. i o
7a. M. Pompidou présente les professeurs au Premier ministre.
7b. M. Pompidou présente les professeurs au Premier ministre.

Analyse Grammaticale

A1. Aimé me trouve «sympa»?

1	2	3
Aimé	me nous	trouve "sympa"

A2. Tu me présentes Aimé?

1	2	3
tu	me nous	présentes Aimé

B1. Oui, il te trouve «sympa».

1	2	3
oui, il	te vous	trouve "sympa"

B2. Bien sûr, je te présente Aimé.

1	2	3
bien sûr, je	te vous	présente Aimé

C. Serge? Tu le trouves insupportable?

1	2	3	4	5
Serge Chantal	tu	le la	trouves	insupportable
Guy et Hélène Chantal et Claire		les		insupportables

D. Oui, parce qu'on lui donne tout ce qu'il demande.

1	2	3	4	5
oui, parce qu'on	lui	donne tout ce qu'	il elle	demande
	leur		ils elles	demandent

Tables A1, A2, B1 and B2

1. Look at column 2 of each table. Are these pronouns used as subjects, or as objects? What are the subjects of the four sentences?

2. What person are the object pronouns of Tables A1 and A2? What person are the object pronouns of Tables B1 and B2?

3. In Tables A1 and B1, the words **me, nous, te** and **vous** are used as direct objects of the verb. Where are direct object pronouns placed in relation to the verb?

4. What noun in column 3 of Table A2 and Table B2 is used as a direct object? Where are direct object nouns placed in relation to the verb?

5. Since **Aimé** is the direct object in Tables A2 and B2, what words serve as indirect object in those tables? (Remember that indirect objects tell *to whom*, while direct objects tell *whom* or *what*.)

6. Where are the indirect object pronouns **me, te, nous,** and **vous** placed in relation to the verb?

7. When first or second person objects are used, is there any difference in form between direct and indirect object pronouns?

Tables C and D

1. In Table C, what words serve as direct object pronouns?

2. What person are the direct object pronouns **le, la** and **les?** Which ones are singular? Which one is plural? In the singular forms, is there any distinction to show gender? Does the plural form show any gender distinction?

3. What words in Table D serve as object pronouns?

4. What person are the object pronouns **lui** and **leur?** These pronouns serve as indirect objects. What position do they have in relation to the verb?

5. With third person indirect object pronouns, is there any distinction between singular and plural forms? Is there any gender distinction?

6. With first and second person object pronouns, there is no difference in form between direct and indirect objects. Is this true of third person object pronouns?

7. What is the position of all object pronouns? (In negative sentences, **ne** precedes the object pronoun. Examples: **Aimé ne me trouve pas «sympa». Je ne leur présente pas Aimé.**)

Exercices de Contrôle

A. *Answer the following questions affirmatively.*

      EXAMPLES: Tu me présentes?
               Oui, je te présente.

              Il vous parle de la réunion?
               Oui, il nous parle de la réunion.

1. Tu me trouves insupportable?
2. Les enfants vous plaisent?
3. Vous me comprenez, Madame?
4. Ton petit cousin te pose souvent des questions?
5. Vous nous écrivez de Paris?

B. *Replace the underlined words with the appropriate form of the direct object pronoun.*

      EXAMPLE: Marie-José présente Marc à sa tante.
              Marie-José le présente à sa tante.

1. Claire présente les étudiants au professeur.
2. Marc présente son copain à Éliane.
3. Tu n'aimes pas ce garçon?
4. Je trouve Monique très ennuyeuse.
5. Il ne présente pas sa sœur à Madame Leclerc.

C. *Replace the underlined words with the appropriate form of the indirect object pronoun.*

      EXAMPLE: Marie-José présente Marc à sa tante.
              Marie-José lui présente Marc.

1. Le professeur présente Guy à M. et Mme Leclerc.
2. Je présente mes copains à l'étudiant étranger.
3. Vous plaisez beaucoup à mon père et à ma mère.
4. Tu ne présentes pas l'équipe au professeur?
5. Pierre et Marie-France plaisent beaucoup à ma mère.
6. Claude présente sa fiancée à son oncle et à sa tante.
7. Nous ne plaisons pas beaucoup au Premier ministre.

D. *Replace the underlined words with the appropriate pronoun object (direct or indirect).*

1. Il présente son copain à son père.
2. Tu n'aimes pas ta sœur?
3. Je présente Marc à ma mère.
4. Est-ce que vous ne trouvez pas les enfants idiots?
5. Il présente ses parents à M. Reverdy et Mme Laurencin.
6. Tu vas présenter les enfants au Premier ministre.
7. Jean-Claude ne plaît pas beaucoup à ma cousine.

E. *For practice using the negative expressions* **ne . . . que** *and* **ne . . . ni . . . ni,** *complete the following sentences.*

1. Jean-Pierre _____ a ni frère ni sœur.
2. Je n'ai _____ une cousine.
3. Mon père _____ a qu'un frère.
4. Ma cousine n'a _____ père _____ mère.
5. Vous _____ avez ni fille ni fils, Madame?

«Lorsque l'enfant paraît, le cercle de famille applaudit à grands cris.»

Victor Hugo

Mise en Pratique

A. *Complete the following exchanges and read aloud with a classmate.*

GUY: Ton oncle et tante _ont_ une fille, n'est-ce pas? Tu me présentes à ta cousine?

MARC: Oui, mais... tu sais, elle est fille unique...

GUY: ...et je ne plais pas à _ton_ oncle et à _ta_ tante?

MARC: Si, tu _leur_ plais, mais tu sais, les filles uniques sont très gâtées.

GUY: Attention, mon vieux, je suis fils _unique_, moi aussi!

MARC: C'est vrai, et tu es insupportable! Viens, je _te_ présente à _ma_ cousine!

B. *Read the following narrative and then make it into an exchange between Agnès and Jean-Luc.*

Agnès demande à Jean-Luc qui est ce monsieur près de la porte.

Jean-Luc lui dit que c'est son oncle, qu'il est très drôle et très gentil, et que tout le monde l'adore.

Agnès demande à Jean-Luc si son oncle a des enfants.

Jean-Luc répond que sa tante et son oncle ont cinq filles et cinq fils.
Agnès dit «Tu veux rire! »

Jean-Luc dit que c'est vrai et propose à Agnès d'aller dire bonjour à ses dix cousins.

C. *With a classmate, complete the following exchange. Then substitute* **cousine** *for* **cousin** *in this exchange, making all necessary changes.*

VOUS: Je trouve ton petit cousin très gâté. Il est ____!

VOTRE CAMARADE: Je le sais bien! Il bavarde sans arrêt, et quelles questions il peut poser!

VOUS: Mais ton oncle et ta tante sont très ____. Je ne comprends pas pourquoi leur fils est si ____.

VOTRE CAMARADE: Mais tu sais bien que mon cousin est fils unique.

VOUS: Tu as de la chance! Avec deux ou trois petits garçons comme ça dans la famille...

D. *With a classmate, create an exchange about your (or his/her) favorite aunt and uncle.*

Boat race during the Quebec winter carnival

Conversations

1. *What is bothering Serge?*

SERGE: Comment trouves-tu le Québecois qui vit[1] chez les Langlois?

JACQUELINE: Pierre Lévêque? Je l'aime beaucoup. Il est très gentil et surtout très drôle.

SERGE: Eh bien moi, je le trouve agaçant, ce type! Il ne me plaît pas du tout.

JACQUELINE: Pourquoi? Parce que Catherine Langlois ne te dit plus bonjour?

QUESTIONS

1. Qu'est-ce que c'est qu'un Québecois?
2. Chez qui vit le Québecois pour l'année scolaire?
3. Comment s'appelle ce Québecois?
4. Comment Jacqueline trouve-t-elle Pierre?
5. D'après Serge, est-ce que Pierre est drôle?
6. Pourquoi Serge n'aime-t-il pas Pierre?

---

[1] *lives*

2. *Nicole can't wait to tell Éliane the good news.*

NICOLE: La famille de ma sœur vient de s'agrandir, tu sais.

ÉLIANE: Ta sœur vient d'avoir un bébé?

NICOLE: Oui, un joli petit garçon.

ÉLIANE: Comment s'appelle-t-il?

NICOLE: Il s'appelle Renaud.

ÉLIANE: Combien de frères et de sœurs a-t-il?

NICOLE: Il a une sœur Agathe qui a quatre ans et qui est très gâtée.

ÉLIANE: Est-ce qu'elle est contente d'avoir un petit frère?

NICOLE: Non, il ne lui plaît pas du tout, elle le trouve affreux!

QUESTIONS

1. Qui vient d'arriver dans la famille (de la sœur) de Nicole?
2. Comment s'appelle le neveu[2] de Nicole?
3. Est-ce qu'il est fils unique?
4. Comment Agathe trouve-t-elle son petit frère?

---

[2] *nephew*

Résumé Grammatical

A. Verbs: present of **avoir** and **venir**

avoir		venir	
j'**ai**	nous **avons**	je **viens**	nous **venons**
tu **as**	vous **avez**	tu **viens**	vous **venez**
il/elle **a**	ils/elles **ont**	il/elle **vient**	ils/elles **viennent**

B. Personal pronouns

Subject	Direct Object	Indirect Object
je	me	me
tu	te	te
il	le	lui
elle	la	lui
nous	nous	nous
vous	vous	vous
ils	les	leur
elles	les	leur

NOTE:

Je, me, te, le, la become **j', m', t', l',** before a verb beginning with a vowel and before most verbs beginning with **h.**

EXAMPLES: **J'**habite.   Il **m'**aime bien.

Exercices Écrits

A. *In the following sentences, replace the subjects by the words given in parentheses.*

> EXAMPLE: J'ai deux sœurs. (il / tu)
> **Il a deux sœurs.**
> **Tu as deux sœurs.**

1. Marie-Louise a deux frères. (je / elles)
2. Tu viens de Montréal? (vous / ils)
3. Quel âge a-t-il? (ils / tu)
4. Nous n'avons qu'un frère. (je / Lionel)
5. Ta sœur et toi, vous venez de la réunion? (le professeur / les étudiants)

B. *Rewrite the following sentences using* **c'est** *and the appropriate possessive adjective.*

> EXAMPLES: Le magnétophone est à nous.
> **C'est notre magnétophone.**
>
> La moto est à Jacques.
> **C'est sa moto.**

1. Le tourne-disque est à moi.
2. Le livre est à Odette.
3. La chaise est à Louis.
4. Le magnétophone est à elle.
5. La piscine est à sa sœur?
6. Le cahier est à toi.
7. Le bureau est à nous.

C. *Answer the following questions affirmatively using a personal pronoun for the underlined words.*

> EXAMPLES: Mes parents viennent des États-Unis.
> **Ils viennent des États-Unis.**
>
> Jean-Marc parle à son professeur.
> **Jean-Marc lui parle.**

1. Est-ce que ton copain vient des Antilles?
2. Tu as tes lunettes?
3. Est-ce qu'il présente Jean-Marc à sa sœur?
4. Pierre n'aime plus sa classe.
5. Est-ce que les enfants vont retrouver leur père au stade?
6. Est-ce que Blaise plaît à ton père et à ta mère?

D. *Answer the following questions in the negative.*

EXAMPLE: Est-ce que ton père lui parle?
Non, mon père ne lui parle pas.

1. Le Premier ministre vous plaît?
2. Tu me comprends?
3. Est-ce qu'il te retrouve ce soir?
4. Vous allez nous présenter à Louise Daumier?
5. Est-ce que Mathieu et toi vous le connaissez?

E. *Change the following statements to questions using the three interrogative forms for each question.*

EXAMPLE: Il a des cousins à Paris.
Il a des cousins à Paris?
Est-ce qu'il a des cousins à Paris?
A-t-il des cousins à Paris?

1. Elle a vingt ans.
2. Tu comprends ça.
3. Il vient de chez ses parents.
4. Vous êtes plus âgé que moi.
5. Il y a un étudiant étranger chez Jacques.

F. *Demandez à l'étudiant étranger*

1. s'il a des frères et des sœurs. → **Tu as des frères et des sœurs?**
2. quel âge il a.
3. d'où il vient.
4. combien de temps il va rester.
5. comment il trouve sa nouvelle famille.

G. *Demandez à M. Dubois*

1. s'il va bien. → **Vous allez bien?**
2. comment va la famille.
3. combien d'étudiants il y a dans sa classe.
4. s'il connaît le nouvel étudiant étranger.
5. comment il trouve cet étudiant.

Dictée / Compréhension

La
Récréation

La
Famille
Morel

Monique Oger

François

Michel

Alice

Yves

Gilles

Gisèle Roy

Jean

Jacqueline

Rémi Lachaume

Jean-Paul

Étienne Lépine = Geneviève

Marie-France

Paulette = Roger Blin

Huguette Leclerc = Robert

Bernard

Benoît

Louis Morel = Suzanne Delamare

Sacha le chat

Milord le chien

La Famille Morel

1. Louis Morel est le mari de Suzanne. Suzanne est la femme de Louis.
2. Suzanne et Louis Morel ont quatre enfants: deux filles (Paulette et Geneviève) et deux fils (Jean et Robert). Tous les enfants des Morel sont mariés.
3. Louis et Suzanne sont les beaux-parents (le beau-père et la belle-mère) de Gisèle, Huguette, Roger et Étienne.
4. Huguette est la femme de Robert Morel. C'est une bru de Suzanne et Louis. Qui est l'autre bru?
5. Étienne Lépine est le mari de Geneviève. C'est un gendre de Suzanne et Louis. Comment s'appelle l'autre gendre?
6. Gisèle est une belle-sœur de Geneviève. Combien de belles-sœurs a Geneviève?
7. Roger est le beau-frère de Jean. Combien de beaux-frères a Jean?
8. Louis et Suzanne sont grands-parents (le grand-père et la grand-mère); ils ont dix petits-enfants. Combien de petit-fils ont-ils? Comment s'appellent les petits-fils? Combien de petites-filles ont Louis et Suzanne? Comment s'appellent-elles?
9. Bernard et Benoît Blin sont frères jumeaux.* Ils ont treize ans.
10. Jean et Gisèle sont l'oncle et la tante d'Alice Lépine. Elle est leur nièce. Gilles Lépine est le neveu de Jean et Gisèle. Combien de nièces ont Jean et Gisèle? Combien de neveux ont-ils?
11. Qui sont Sacha et Milord?

Vrai ou faux?

1. Ma grand-mère est la mère de Maman. **2.** Mon grand-père est le frère de Papa. **3.** Ma cousine est la fille de mon oncle et ma tante. **4.** Le fils de mon grand-père est mon cousin. **5.** La sœur de Maman est ma cousine. **6.** Le mari de ma grande sœur est mon beau-frère. **7.** Le mari de ma grande sœur est le gendre de Maman. **8.** Ma cousine est la nièce de Papa.

Qui suis-je?

Each student chooses one person from the family tree and makes up a sentence in the first person showing his relationship to two other members of the Morel family. One student begins the game by giving his sentence aloud. (For example: **Je suis le frère de Jean Morel et le mari d'Huguette.**) Then he asks any other student **Comment est-ce que je m'appelle?** This student has 30 seconds in which to give the correct answer. (**Tu t'appelles Robert Morel.**) If he answers correctly, he continues the game by making a statement about the person he has chosen from the family tree. If the correct answer is not given, another student may answer and continue the game.

---

* The feminine form is **sœurs jumelles.**

Exposés

A. *Follow the three* exposés (*oral reports*) *below as you hear them on tape. Practice reading them aloud. Be prepared to answer simple factual questions based on these* exposés.

1. Nous ne sommes que trois chez nous: ma mère, mon père et moi. J'ai quinze ans. La famille n'est pas grande, mais il y a toujours des amis chez nous. Ma mère a l'air jeune et elle est très amusante. Mon père ne parle pas beaucoup, mais il est gentil avec tout le monde et très intelligent.

2. Nous sommes huit dans ma famille: il y a mes parents, mes deux frères, ma grand-mère, Bijou le chien, Minou le chat, et moi. Ma grand-mère est la mère de Papa. Elle et ma mère se disputent toujours. Bijou et Minou ne se disputent jamais.

3. Ma sœur Claudine est plus âgée que moi. Elle est mariée. Claudine et son mari ont l'air de s'entendre parfaitement. Ils ont un bébé. Mon petit neveu s'appelle Christian. Il a deux ans et il est très gâté. Ses parents et ses grands-parents lui donnent tout ce qu'il veut.

B. *Prepare a short* exposé *about your family or one member of your family. If you wish, you may use one of the* exposés *above as a model.*

Le style français aux États-Unis, à la Nouvelle-Orléans.

128

1

1. En Belgique. Comment trouvez-vous cette photo de Bruxelles? Elle est belle, n'est-ce pas?

2. Ici nous sommes en Suisse, dans une forêt sous la neige (*snow-covered*). Connaissez-vous ce beau pays (*country*)?

3. En Normandie, une riche région au nord-ouest de Paris. Ce joli petit port s'appelle Honfleur. Il plaît beaucoup aux touristes.

2

3

...du monde français

1

2

3

1. Un jeune homme dans le port de Dakar, au Sénégal (Afrique). Ce jeune homme avec des lunettes noires a l'air gentil, n'est-ce pas?

2. Connaissez-vous la Louisiane et son histoire? Dans une région de cet état qu'on appelle *Cajun country* on parle français.

3. Cette jeune fille est de la Côte-d'Ivoire (Afrique). D'après vous, quel âge a-t-elle? Est-ce qu'elle a l'air sérieuse ou distraite?

...en trois pages

1. Dans les Antilles françaises. Cette aimable Martiniquaise nous offre des fruits. Aimeriez-vous (*would you like*) aller aux Antilles?

2. À Paris. Des enfants à leur fenêtre regardent les gens (*people*) passer. Ils ont l'air de les trouver drôles.

3. À Tunis (Afrique du Nord). Un homme vient du marché. Trois enfants jouent. Deux jeunes garçons parlent. Un monsieur passe.

4. Montréal, la ville (*city*) principale du Québec. Est-ce que les grandes villes modernes vous plaisent?

7
Les Adresses

Où
habitez-vous?

Jacqueline is in the office of the proviseur. His secretary M. Barrault is taking down some information.

M. BARRAULT: Où habitez-vous? Près d'ici?

JACQUELINE: Nous habitons deux cent quarante-huit, rue du Général de Gaulle. C'est près de la mairie.

M. BARRAULT: Quel est votre numéro de téléphone?

JACQUELINE: Cinq cent cinquante-cinq, vingt-cinq, quinze.

Variations

Make up new dialogues for the three situations below, using the dialogue above as a pattern and substituting for each underlined word or phrase an item from the list below.

près	rue	de la mairie *town hall*
loin	avenue	de l'église *church*
	place	du marché *marcket*
	boulevard	de la gare *railroad*
		de l'autoroute *highway*
		du parc *park*
		de l'aéroport *airport*
		du pont
		bridge
		subway - metro

Dialogue One: Isabelle, Albert

Isabelle would like to know more about her new classmate Albert.

Dialogue Two: M. Leclerc, Paul Danaud

M. Leclerc is interviewing Paul, who has applied for a job.

Dialogue Three: Mme Paquin, a clerk

Mme Paquin is filling out some forms at the *mairie*. The clerk is asking questions and writing down the information.

Langue et Culture

le proviseur is the principal or headmaster of a **lycée** (high school).

rue du Général de Gaulle: Streets in France are often named for historical figures (statesmen, philosophers, writers, artists, etc.) or for historical events. Others are named for medieval guilds, whose members lived in those streets (**la rue des Orfèvres,** street of the goldsmiths; **la rue des Tanneurs,** street of the tanners). Still other streets are named for their geographical location (**la rue Montmartre, la rue de Seine,** etc.).

There are no numbered streets and it is not possible to describe distance in a French town or city in terms of "blocks." Villages and towns in France are always built along a main street and around a few main squares (**la place du Marché, la place de l'Église, la place de la Mairie, la place de la Gare**).

Grammaire

Exercices Oraux

A. *Read aloud and practice the following numbers.*

100	**cent**	713	**sept cent treize**
200	**deux cents**	806	**huit cent six**
300	**trois cents**	985	**neuf cent quatre-vingt-cinq**
330	**trois cent[1] trente**	1000	**mille**
450	**quatre cent cinquante**	2022	**deux mille[2] vingt-deux**
575	**cinq cent soixante-quinze**	10 000	**dix mille[3]**
690	**six cent quatre-vingt-dix**	100 000	**cent mille**

B. *Repetition and practice* (Question — answer)

1. Où habites-tu?   J'habite près du parc.
2. Où habitez-vous, mes amis?   Nous habitons près des grands boulevards.
3. Est-ce que François habite près de chez toi?   Non, il habite loin de chez nous.
4. Est-ce que Marie-Claire habite près de la gare?   Non, elle habite près de l'église.
5. Les Leclerc habitent ici?   Non, ils habitent 32, rue Richelieu.
6. Tes cousines habitent loin de Paris?   Oui, elles habitent près de Rouen.

---

[1] Multiples of one hundred drop the **s** of **cents** when followed by another number.
[2] **Mille** never takes an s.
[3] Numerals of more than four digits are written spaced as in 10 000.

C. *Transformation* (Singular → plural)

1. J'habite 15, rue de Seine. → **Nous habitons 15, rue de Seine.**
2. Il habite 75, avenue de l'Opéra. →
3. Tu habites près de la mairie? →
4. Elle habite près de l'autoroute. →
5. L'étranger habite chez les Bonnard. →
6. J'habite 24, rue Bonaparte. →

D. *Patterns*

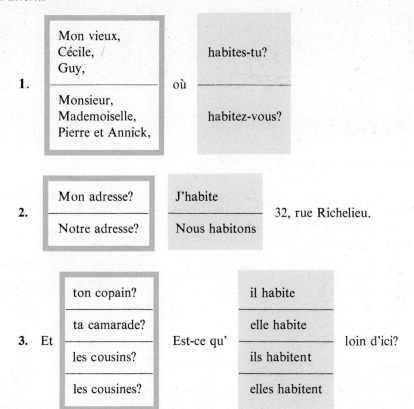

1. | Mon vieux, Cécile, Guy, | où | habites-tu? |
   | Monsieur, Mademoiselle, Pierre et Annick, | | habitez-vous? |

2. | Mon adresse? | J'habite | 32, rue Richelieu. |
   | Notre adresse? | Nous habitons | |

3. Et | ton copain? / ta camarade? / les cousins? / les cousines? | Est-ce qu' | il habite / elle habite / ils habitent / elles habitent | loin d'ici?

4. Non, près | du / de la / de l' / des | parc. / gare. / aéroport. / grands boulevards.

Analyse Grammaticale

A1. Où habites-tu?

1	2	3
	habites	-tu
	habitez	-vous
où		-t-il
	habite	
		-t-elle

A2. Près de la place.

1	2	3
	de la	place
		gare
		mairie
près	de l'	aéroport
loin		église
	du	pont
		parc
		boulevard
	des	Leclerc
		grands boulevards

B1. Quelle est ton adresse?

1	2	3
	ton	
	votre	
quelle est	son	adresse
	leur	

B2. J'habite 32, rue Richelieu.

1	2	3
j'	habite	
nous	habitons	
il elle	habite	32, rue Richelieu
ils elles	habitent	

1. In Table A1, note the inverted word order after the interrogative adverb **où.**

2. Look at the verb forms in column 2 of Table A1 and column 2 of Table B2. These are the forms of the present of the verb **habiter,** one of

a class of verbs called **-er** verbs because their infinitives end in **-er.**
What are the verb endings? Are **habites** and **habite** pronounced the
same way? Are **habite** and **habitent** pronounced the same way? Is there
a difference in pronunciation between **il habite** and **ils habitent**? When
we ask the questions **Où habite-t-il?** or **Où habite-t-elle?,** why do we
add a **-t-** between the verb and pronoun?

3. Look at columns 2 and 3 of Table A2. What are the gender and number
    of **place, gare,** and **mairie**? What happens to the definite article before
    nouns (masculine or feminine) beginning with a vowel (**aéroport,** *m;*
    église, *f*)? **Pont, parc,** and **boulevard** are masculine singular nouns. Of
    what then do you think, **du** (column 2) is a contraction? Since **grands
    boulevards** (column 3) is plural, of what is **des** (column 2) a contrac-
    tion? Note that if we want to say that someone lives *near the Leclercs*
    (*the Leclercs' house*), we express this idea as **près des Leclerc.** Family
    names never take an **s** to express plural in French.

4. The question **Quelle est ton adresse?** (Table B1) is a more precise way of
    asking the question **Où habites-tu?** (Table A1.) **Adresse** is a feminine
    noun. Note that contrary to the rule for agreement of gender, with
    feminine nouns that begin with a vowel or **h,** the masculine forms **mon,
    ton,** and **son** are used to avoid the sound of two vowels pronounced in
    succession. Examples: **mon équipe** (*f*), **mon amie** (*f*).

Exercices de Contrôle

A. *In the following sentences change the singular subjects and verbs to the plural,
and the plural subjects and verbs to the singular.*

> EXAMPLE: Tu habites rue Molière, près des Leclerc?
> **Vous habitez rue Molière, près des Leclerc?**

1. N'habitent-elles pas près du pont?
2. Nous habitons avenue de la Libération.
3. Où habitez-vous, mes enfants?
4. Est-ce que tu habites près de l'université?
5. Habite-t-il rue Delambre?
6. Où habitent les étudiants canadiens?
7. J'habite très loin de Paris.

B. *Substitute the words in parentheses for the underlined items. Be sure to make any
necessary changes.*

> EXAMPLE: Mon oncle et ma tante habitent près du marché.   (gare)
> **Mon oncle et ma tante habitent près de la gare.**

1. Habite-t-elle loin de l'église? (grands boulevards)
2. Mon frère et ma belle-sœur habitent près de la mairie. (pont)
3. J'habite loin du marché. (aéroport)
4. Vous habitez près des grands boulevards, n'est-ce pas? (place de l'Église)
5. Nous habitons loin de l'autoroute. (famille)

C. *Following the example, ask the persons mentioned where they live and what their address is. Then answer the questions as if they had been addressed to you.*

    EXAMPLE: Monique habite quatorze, rue Cuvier.
        Monique, où habites-tu? Quelle est ton adresse?
        J'habite quatorze, rue Cuvier.

1. M. et Mme Martin habitent vingt-sept, avenue de la République.
2. Monsieur Chabrol habite seize, rue Fondaudège à Bordeaux.
3. Christian habite trente-trois, boulevard Saint-Germain.

Mise en Pratique

A. *Complete the following exchange and read aloud with a classmate.*

    EVELYNE: Je viens de chez Anne-Marie.
    RENAUD: Ah, oui? Où habite v.ous maintenant?
    EVELYNE: Près de l'église. Veux-tu son address ?
    RENAUD: Oui, s'il te plaît, et son numero de téléphone aussi.

B. *Supply the correct form of the verb in parentheses and complete the following exchanges. Read it aloud with a classmate.*

    PIERRE: Où (habiter) -tu, Paul? Près ＿＿ gare?
    PAUL: Non, j' (habiter) avec mes parents près ＿＿ mairie.
    PIERRE: Mais, c' (être) loin, mon pauvre vieux!
    PAUL: Ça, c'est vrai. Et tu sais, mon grand frère (habiter) Paris.
    PIERRE: Mais moi aussi, j' (avoir) un frère ＿＿ Paris. Quelle chance ils (avoir)!

C. *With a classmate create and present short exchanges following the example.*

    EXAMPLE: Georges demande à Marie-Claire quelle est son adresse.
    Marie-Claire habite vingt, place des Vosges.

    GEORGES: **Quelle est ton adresse?**
    MARIE-CLAIRE: **J'habite vingt, place des Vosges.**

1. Annick demande à Jacques quel est son numéro de téléphone.
   252–30–13.

2. Agnès demande à Hélène quelle est son adresse.
   Hélène habite 65, rue de l'Université.
   Agnès demande à Hélène si elle connaît Jean-Claude Gillot. Il habite aussi rue de l'Université.
   Hélène ne le connaît pas bien, mais elle connaît sa sœur Monique Gillot.

D. *With a classmate create and present short exchanges based on addresses and telephone numbers (your own or any other).*

1. VOTRE CAMARADE: Où _habit tu_ ?
   VOUS: _____
   VOTRE CAMARADE: Quel est _noumaro telophine #_ ?
   VOUS: _____

2. VOUS: Il y a une réunion chez moi demain. Tu viens?
   VOTRE CAMARADE: Mais je ne sais pas où _____.
   VOUS: Tu ne connais pas mon _____? Nous _____.
   VOTRE CAMARADE: C'est près _____?
   VOUS: Oui. Alors, tu viens demain?
   VOTRE CAMARADE: Je ne sais pas. Je te téléphone ce soir. Mais! Je n'ai pas ton _____ de _____!
   VOUS: Tu es distrait(e), mon vieux (ma vieille)! Tu sais bien que nous n'avons _____ téléphone!

Un appartement à Paris

Madame Martin has just received a telephone call from her cousins.

M. MARTIN: Comment vont tes cousins? Ils cherchent toujours une maison en ville?

MME MARTIN: Non, non, ils viennent d'acheter un joli petit appartement qui donne sur la Seine.

M. MARTIN: Un petit appartement? Leurs enfants ne vont pas habiter avec eux?

MME MARTIN: Mais non. Jean-Marc travaille au Canada et Béatrice est à l'université de Montpellier.

M. MARTIN: Quand est-ce que tes cousins vont occuper ce nouvel appartement?

MME MARTIN: Ils emménagent dans deux semaines. Pour le moment ils sont en province chez leurs parents.

Variations

Make up new dialogues for the three situations below, using the dialogue above as a pattern and substituting for each underlined word or phrase an item from the list below.

en ville *town*	acheter	emménagent	dans deux semaines	en province
en banlieue	trouver	déménagent	dans quinze jours	à la campagne
dans le quartier	louer		bientôt	
			la semaine prochaine	

Dialogue One: Paul, Jacques

Paul is a foreign student from Haïti. He wants to find out more about Jacques' Parisian cousins.

Dialogue Two: Mme Chéreau, Mme Cazalis

The two neighbors meet on the bus and are catching up on the news.

Dialogue Three: Estelle, Lionel

Estelle is subtly trying to get news of Lionel's cousin Jean-Marc whom she met last summer.

Langue et Culture

ils viennent d'acheter: In France apartments are very frequently bought, rather than rented.

la Seine is the river that flows through Paris. To have an apartment overlooking the Seine in Paris is both elegant and expensive.

Montpellier is a city in southern France, not far from the Mediterranean. It has a famous university.

la banlieue is the area surrounding a city. In France **la banlieue** is either heavily industrial with factories and low-income housing or residential and semi-rural with new and often expensive houses, often built outside old villages still surrounded by woods and fields.

un nouvel appartement: Compare this form of the adjective with the forms used in **un nouveau quartier** and **une nouvelle maison.** Which form of the adjective would be used with the noun **étudiant?** The form **nouvel** is used before masculine singular nouns which begin with a vowel sound to avoid the combination of two vowels in succession. The adjective **beau** also has two masculine singular forms: **un bel appartement, un beau garçon.**

en province: Despite many recent attempts at decentralization France is still a highly centralized country. The French think of it as being made up of two parts: 1) its capital, Paris, and 2) the rest of the country, called **la province.** Parisians look down their noses at **les provinciaux** (inhabitants of **la province**) and the **provinciaux** are suspicious of Parisians. In the past few years there has been a resurgence of regional consciousness in France as elsewhere in the world. **Bretons** are proud to be **Bretons** (from Brittany), **Occitans** (from Languedoc and Provence) proud to be **Occitans,** etc. Regional groups are sometimes very vocal in their criticisms of the central government.

Une Bretonne

Grammaire

Exercices Oraux

A. *Repetition and practice* (Singular — plural possessive adjectives)

1. Mon copain cherche un nouvel appartement. Mes copains cherchent un nouvel appartement.
2. Ma copine cherche un nouvel appartement. Mes copines cherchent un nouvel appartement.
3. Ton oncle est en province? Tes oncles sont en province?
4. Ta tante est en province? Tes tantes sont en province?
5. Son fils loue un bel appartement. Ses fils louent un bel appartement.
6. Sa fille loue un bel appartement. Ses filles louent un bel appartement.
7. Notre cousin travaille à Paris. Nos cousins travaillent à Paris.
8. Notre cousine travaille à Paris. Nos cousines travaillent à Paris.
9. Votre frère vient d'acheter une maison? Vos frères viennent d'acheter une maison?

10. Votre sœur vient d'acheter une maison?   Vos sœurs viennent d'acheter une maison?
11. Leur copain habite dans ce quartier.   Leurs copains habitent dans ce quartier.
12. Leur copine habite dans ce quartier.   Leurs copines habitent dans ce quartier.

B. *Substitution*

1. Mes parents cherchent toujours une maison.   (habiter / louer / occuper)
2. Ses parents viennent d'emménager dans un nouvel appartement. (mon oncle / nous / moi, je / mes parents)
3. Les Leclerc vont louer une maison.   (chercher / acheter / occuper)
4. Mme Leblanc vient de trouver un joli appartement.   (beau / grand / nouveau / petit)
5. Nos cousins habitent en ville.   (ce quartier / province / la campagne)

C. *Patterned response*

1.
| Tes |
| Ses |
| Vos |
| Leurs |

parents habitent en banlieue?

2. Non,
| mes |
| ses |
| nos |
| leurs |

parents habitent en ville.

D. *Transformation* (Singular → plural posessive adjectives)

1. Mon copain cherche un nouvel appartement.   →   **Mes copains cherchent un nouvel appartement.**
2. Ma copine cherche un nouvel appartement.   →   **Mes copines cherchent un nouvel appartement.**
3. Ton oncle cherche un bel appartement.   →
4. Ta tante cherche un bel appartement.   →
5. Son fils loue une belle maison.   →
6. Sa fille loue une belle maison.   →
7. Notre cousin vient de trouver un appartement.   →
8. Notre cousine vient de trouver un appartement.   →
9. Votre frère habite un grand appartement.   →
10. Votre sœur habite un grand appartement.   →
11. Leur ami habite en banlieue.   →
12. Leur enfant habite en banlieue.   →

Analyse Grammaticale

A.   Mes cousins? Ils habitent à Paris.

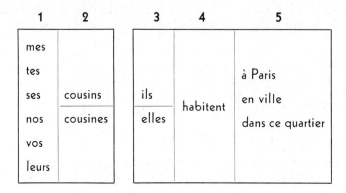

1	2	3	4	5
mes				
tes				à Paris
ses	cousins	ils		en ville
nos	cousines	elles	habitent	dans ce quartier
vos				
leurs				

B.   Mais ils cherchent un appartement en banlieue.

1	2	3	4	5
mais	ils / elles	cherchent / louent / vont acheter / viennent de trouver	un appartement	en banlieue / en province

1. What are the gender and number of **cousins** and **cousines**? (Table A) (Can **tes** modify both **cousins** and **cousines**? Can **vos**? **mes**? **ses**? **nos**? **leurs**?) In the plural, possessive adjectives use the same form for masculine and feminine. What are the singular forms of each plural possessive adjective in column 1? (See Tables A2 and B, p. 95.)

2. Look at column 3, Table B. **Cherchent** is a form of the verb **chercher**; **louent** is a form of the verb **louer**. Like the verb **habiter** which you have already studied, **chercher** and **louer** belong to a class of verbs known as **-er** verbs (because they end in **-er** in the infinitive). With a few exceptions (for example, **aller**), all **-er** verbs are conjugated in the same way, using the same verb endings. Some common **-er** verbs which you have already used are: **retrouver, trouver, jouer, aimer, poser, déménager, emménager, occuper, travailler, acheter, donner, téléphoner.**

3. Look at **vont acheter** in column 3 of Table B. Does this verb phrase express something that is happening now or something that is going to happen? To express the near future in French, we use the appropriate form of **aller** + *infinitive*.

4. Now look at **viennent de trouver** in column 3 of Table B. Does this verb phrase express something that is happening now or something that has just happened in the past? In order to express the immediate past in French we use the appropriate form of **venir** + **de** + *infinitive*.

5. In column 5 of Table A and column 5 of Table B, notice that different expressions use different prepositions to express the idea "*in*" with places.

Exercices de Contrôle

A. *In the following, make the subject and verb plural.*

> EXAMPLE: Ma cousine occupe un grand appartement en ville.
> **Mes cousines occupent un grand appartement en ville.**

1. Mon copain habite dans ce quartier.
2. Est-ce que ta camarade cherche un appartement à Genève?
3. Son oncle est en province.
4. Notre cousin loue un bel appartement en banlieue.
5. Est-ce que votre ami vient du Canada?

B. *Supply the correct verb form from the infinitive in parentheses.*

1. Ma petite sœur me (poser) des questions.
2. Je ne (jouer) pas au tennis avec mes copains.
3. Nos amis les Martin (louer) un appartement aux Antilles.
4. Nous (aimer) bien notre nouveau professeur de français.
5. Est-ce que vous (chercher) un appartement dans ce quartier?
6. Les Martin viennent de (donner) leur nouvelle adresse au professeur.
7. Où (travailler) son père?
8. L'étudiant étranger (retrouver) ses amis au club.
9. Est-ce que tu n' (aimer) pas leurs parents?

C. *Change the time of each sentence below from the present 1) to the immediate past, and 2) to the near future.*

> EXAMPLE: Je loue un bel appartement à Montréal.
> **Je viens de louer un bel appartement à Montréal.**
> **Je vais louer un bel appartement à Montréal.**

1. Nos amis louent un appartement dans un très beau quartier.
2. Nous trouvons un appartement en province.
3. Paul loue un appartement près de la tour Eiffel.
4. Vous louez un appartement dans mon quartier, n'est-ce pas?
5. Tu as dix-sept ans, n'est-ce pas?

Mise en Pratique

A. *Complete the following and read aloud with a classmate.*

M. VILAR: Bonjour, Mme Delille. Vous venez d'acheter un appartement?

MME DELILLE: _____.

M. VILAR: Ah! Et où est _____?

MME DELILLE: Près _____. Il donne sur _____.

M. VILAR: Peut-on venir vous voir?

MME DELILLE: Oui, venez nous voir la semaine _____.

B. *Rearrange the following to form a dialogue between two people. Then read aloud with a classmate.* (HINT: *Begin with* **3**.)

1. —Quelle est leur adresse?
2. —Dans deux semaines.
3. —Quand allez-vous déménager?
4. —Est-ce que vos parents vont habiter avec vous?
5. —M. et Mme Delarue, 16 Avenue Victor-Hugo, Bourges.
6. —Non, ils vont habiter en province avec ma sœur et sa famille.

C. *Make up a short exchange (5 or 6 lines) in which a friend asks you how your grandparents are and whether they still live in the neighborhood. You may supply any answer you wish.*

«Mon verre est petit, mais je bois dans mon verre.»

Conversation

Monsieur Varaigne stops at his old **bureau de tabac**[1] *in Paris to buy a pack of* Gauloises *and to say hello to Georges, the owner.*

GEORGES: Tiens! Monsieur Varaigne! On ne vous voit plus souvent, maintenant. Vous habitez toujours le quartier?

M. VARAIGNE: Non, depuis trois mois nous habitons à la campagne, près de Chantilly, et nous ne venons presque[2] plus jamais en ville.

GEORGES: Et la campagne vous plaît?

M. VARAIGNE: Oui, beaucoup. Nous avons une grande maison qui donne sur un parc où les gosses jouent sans danger. Il y a aussi une piscine à côté de[3] chez nous et ma femme, qui aime nager, nage tous les jours.

GEORGES: Votre femme est contente de vivre loin de la ville? Elle ne s'ennuie pas dans la nature?

M. VARAIGNE: Un peu, mais elle n'a pas vraiment le temps de s'ennuyer parce que la famille vient de s'agrandir! Nous avons un bébé de deux semaines.

GEORGES: Mes félicitations![4] C'est une fille ou un garçon?

M. VARAIGNE: C'est une fille. Heureusement,[5] après quatre garçons! . . . Venez nous voir! Chantilly n'est pas si loin.

---

[1] *tobacconist's*
[2] *almost*
[3] *near*
[4] *congratulations*
[5] *fortunately*

GEORGES:　　　Vous êtes gentil, mais la campagne, moi, je trouve ça plutôt ennuyeux. Les petits oiseaux, il n'y a rien de plus agaçant!

M. VARAIGNE:　Chacun ses goûts, Georges! Chacun ses goûts! Allez, au revoir, à bientôt.

GEORGES:　　　Au revoir, Monsieur Varaigne. Donnez le bonjour pour moi à Madame Varaigne et aux enfants.

QUESTIONS

1. Où habitent les Varaigne maintenant?
2. Depuis combien de temps la famille Varaigne habite-t-elle près de Chantilly?
3. Est-ce que les Varaigne viennent souvent à Paris maintenant?
4. Où les petits Varaigne jouent-ils?
5. Qu'est-ce qu'il y a à côté de chez les Varaigne?
6. Qui est-ce qui nage tous les jours dans la piscine?
7. Pourquoi est-ce que Madame Varaigne n'a pas vraiment le temps de s'ennuyer?
8. Quel âge a la petite fille des Varaigne?
9. Combien d'enfants ont M. et Mme Varaigne maintenant?
10. Comment Georges trouve-t-il la campagne?
11. Est-ce que les oiseaux lui plaisent?
12. D'après vous, est-ce que Georges va aller à Chantilly voir la famille Varaigne?

Le château de Chantilly

8
Changements de décors

Un

Tout nouveau,
tout beau.

The skiing club is taking a late train to Val d'Isère. Anne, the best skier of the party, is unusually quiet.

ANNE: Ouf! Je n'en peux plus!

GILLES: Qu'est-ce qui t'arrive?

ANNE: Nous venons d'emménager dans notre nouvelle maison.

GILLES: Comment est-elle? Grande, petite?

ANNE: Oh, c'est une petite maison, mais elle est plus grande que l'ancienne.

GILLES: Combien de pièces y a-t-il?

ANNE: Sept, et une grande terrasse.

GILLES: Tu as une chambre pour toi toute seule?*

ANNE: Oui, j'ai une grande chambre au premier étage.

---

* The masculine form of this expression is **tout seul.**

Variations

Make up new dialogues for the three situations below, using the dialogue above as a pattern and substituting for each underlined word or phrase an item from the list below.

je n'en peux plus	qu'est-ce qui t'arrive?	nouvelle maison	plus grand (e)
je suis épuisé (e)	qu'est-ce qui se passe?	nouvelle villa	plus vaste
je suis fatigué (e)		nouveau pavillon	plus spacieux (se)

l'ancienne	une grande terrasse	au premier étage
notre vieil appartement	un grand jardin	au rez-de-chaussée
	une petite cour	sous le toit

Dialogue One: Mme Tissot, Mme Girard

> Mme Tissot, a widow, lives with her son and his family. They have just moved into a new house. She tells her good friend Mme Girard about the new house.

Dialogue Two: Marc, Guy

> Guy can't understand why his friend Marc comes dragging into the café!

Dialogue Three: Jean-Claude, Estelle

> Estelle learns why Jean-Claude, who is usually the life of the party, is not his usual self.

Langue et Culture

Val d'Isère is a popular skiing resort in the French Alps, near the Italian border.

la maison is the general term for house, but usually the French like to indicate what type of house they are talking about by using specific terms, such as: **le pavillon,** a small suburban house with a small garden, or **la villa,** a large house with gardens, in the suburbs or at a resort.

vieil appartement: This form of the adjective **vieux** is used before masculine singular nouns beginning with a vowel and most nouns beginning with **h.** Compare this form with **vieux pavillon** and **vieille maison.**

au premier étage (2nd floor): In France the ground floor is called **le rez-de-chaussée** and is not counted as a floor.

Grammaire

Exercices Oraux

A. *Substitution* (Adjective agreement)

1. La nouvelle <u>maison</u> est plus grande que l'ancienne. (villa / appartement / école / aéroport)
2. Je trouve leur ancien <u>appartement</u> plus beau que le nouveau. (pavillon / maison / villa / jardin)
3. Elle vient d'emménager dans notre <u>nouvel</u> appartement. (beau / petit / vieux / grand)

B. *Transformation*

1. L'appartement est beau. → **C'est un bel appartement.**
2. Le pavillon est nouveau. → **C'est un nouveau pavillon.**
3. L'aéroport est vieux. →
4. La maison est nouvelle. →
5. La villa est vieille. →
6. L'appartement est nouveau. →

C. *Repetition and completion*

1. Ma maison a dix pièces. Ton appartement a sept pièces. Ma maison est plus grande que ton appartement.
2. Ma maison a dix pièces. Ton appartement a douze pièces. Ma maison est moins grande que ton appartement.
3. Ma maison a dix pièces. Ton appartement a aussi dix pièces. Ma maison est aussi grande que ton appartement.
4. Mon grand-père a 70 ans. Ton oncle a 65 ans. Mon grand-père est ____ âgé que ton oncle.
5. Mon grand-père a 70 ans. Ton oncle a 72 ans. Mon grand-père est ____ âgé que ton oncle.
6. Mon grand-père a 70 ans. Ton oncle a aussi 70 ans. Mon grand-père est ____ âgé que ton oncle.
7. Ma maison a trois chambres. Ton appartement n'a que deux chambres. Ma maison est ____ spacieuse que ton appartement.
8. Il y a 30 étudiants dans ma classe. Il y a aussi 30 étudiants dans la classe de ma sœur. Ma classe est ____ grande que sa classe.

D. *Repetition and practice*

1. Je n'en peux plus. Nous n'en pouvons plus.
2. Tu n'en peux plus. Vous n'en pouvez plus.
3. Il n'en peut plus. Ils n'en peuvent plus.

4. Elle ne peut pas jouer au foot.   Elles ne peuvent pas jouer au foot.
5. Je peux louer la maison.   Nous pouvons louer la maison.
6. Je veux le livre.   Nous voulons le livre.
7. Tu ne veux pas me présenter?   Vous ne voulez pas me présenter?
8. Mon frère veut partir.   Mes frères veulent partir.

Analyse Grammaticale

A. La nouvelle maison est plus spacieuse que l'ancienne.

1	2	3	4	5	6
la nouvelle maison	est	plus moins	spacieuse	que	l'ancienne
l'ancien appartement		aussi	spacieux		le nouveau

Table A

1. The sentences in Table A make a comparison between two things. In the sentence **La nouvelle maison est plus spacieuse que l'ancienne,** what two things are compared? Which is larger, the new house, or the old one?

2. This kind of comparison involves three elements (columns 3, 4, and 5):

   plus
   moins + *adjective* + **que**
   aussi

   With what does the adjective (column 4) agree?

3. The adverbs in column 3 express the relationship of the comparison. Which of these three words expresses a comparison of equality (as . . . as)? Which two express comparisons of inequality? Which expresses an idea of superiority (more . . . than)? of inferiority (less . . . than)?

4. With what words do the adjectives in column 6 **(ancienne, nouveau)** agree? To avoid the awkward repetition of the nouns already used in the sentence **(maison, appartement),** these adjectives have been nominalized (made to serve as nouns) by the addition of an article.

B. Je peux la voir demain?   **C.** Oui, si tu veux.

1	2	3	4
je	peux		
tu	peux		
il/elle	peut	la	
nous	pouvons	le	voir demain
vous	pouvez		
ils/elles	peuvent		

1	2	3	4
		tu	veux
		je	veux
oui	si*	elle	veut
		vous	voulez
		nous	voulons
		elles	veulent

Tables B and C

1. In Table B, column 2, you see the present tense forms of the irregular verb **pouvoir.** What is the ending of the verb with the subjects **je** and **tu**? Which forms of the verb are pronounced alike? Are the endings of these two forms **peux** and **peut** pronounced or silent? Which other form has a silent ending?

2. When the endings are silent, this verb has the vowel combination **eu** in the stem. What is the vowel combination of the stem when the endings are pronounced? What consonant of the infinitive appears only in the stem of the plural forms?

3. Do the forms of the irregular verb **vouloir** (Table C, column 4) follow a pattern like that of **pouvoir**? What vowel combinations appear in the stems? Which vowel combination occurs with silent endings? Which with pronounced endings? What consonant of the infinitive appears only in the stem of the plural forms?

4. **Vouloir** and **pouvoir** are the only verbs in French which have a form ending in **x**. For what persons and number is this ending used?

5. What is the form of the verb in column 4 of Table B? **Pouvoir** is usually followed by a complementary infinitive which completes its meaning. **Vouloir** too is often followed by an infinitive.

> EXAMPLES: **On peut partir.**
> **Tu veux me présenter?**

---

* **Si** followed by **il** or **ils** becomes **s'**.

Exercices de Contrôle

A. *In the following sentences, change comparisons of superiority (**plus . . . que**) to comparisons of inferiority (**moins . . . que**) and vice versa.*

> EXAMPLE: Ma chambre est plus grande que la terrasse.
> **Ma chambre est moins grande que la terrasse.**

1. Jean-Pierre est moins intelligent que Marc.
2. Mon oncle est moins gentil que mon père.
3. Tu es plus grand que moi.
4. Mon grand-père est plus âgé que ton grand-père.
5. Ce nouveau livre est plus ennuyeux que l'ancien.

B. *Change the sentences in Exercise **A** to comparisons of equality (**aussi . . . que**).*

C. *Change each of the sentences below to express a comparison, using the words in parentheses. Follow the example.*

> EXAMPLE: Ton appartement est grand. (plus / notre maison)
> **Ton appartement est plus grand que notre maison.**

1. Sa nouvelle maison est spacieuse. (plus / son vieil appartement)
2. Notre ville est belle. (aussi / Paris)
3. Mon frère est beau. (moins / mon père)
4. Marie-Claire est intelligente. (plus / son frère)
5. Mon appartement est petit. (aussi / ta chambre)
6. Ton petit frère est assommant. (plus / ma petite sœur)

D. *Make up sentences using the elements given and the comparative of superiority.*

> EXAMPLE: Moi / je / être / jeune / toi.
> **Moi, je suis plus jeune que toi.**

1. Mon / petit / sœur / être / gâté / ton / petit / cousine.
2. Tu / être / fatigué / moi.
3. Nouveau / appartement / être / grand / vieux / appartement.

E. *Complete the following sentences with the correct form of **à** or **de** plus the definite article.*

> EXAMPLES: Mon frère habite ____ campagne.
> **Mon frère habite à la campagne.**
>
> Ta maison est loin ____ école?
> **Ta maison est loin de l'école?**

1. Comment peut-on aller _____ grands boulevards d'ici?
2. Ma sœur étudie _____ université de Montpellier.
3. Notre étudiant étranger vient _____ Maroc.
4. Comment peut-on aller _____ école?
5. Je vais _____ marché.

F. *In the following sentences replace the underlined verbs by the corresponding forms of the verb* **pouvoir.**

> EXAMPLE: Tu <u>vas</u> partir maintenant?
> **Tu peux partir maintenant?**

1. Nous <u>allons</u> louer un appartement près du parc.
2. Est-ce que vous <u>allez</u> lui parler ce soir?
3. <u>Va</u>-t-il rester chez vous toute l'année scolaire?
4. Les enfants ne <u>vont</u> pas aller à la piscine.
5. Tu <u>vas</u> louer un pavillon?

G. *Replace the underlined verbs in the following sentences by the corresponding forms of the verb* **vouloir.**

> EXAMPLE: Jean-Claude <u>peut</u> venir te chercher.
> **Jean-Claude veut venir te chercher.**

1. Tu <u>peux</u> partir maintenant?
2. On ne <u>peut</u> rien dire.
3. Qu'est-ce que nous <u>pouvons</u> dire?
4. Vous ne <u>pouvez</u> pas aller au cinéma ce soir?
5. Mes petites sœurs <u>peuvent</u> jouer dans la cour.
6. Je <u>peux</u> y aller en moto.

Mise en Pratique

A. *Read the following exchange aloud with a classmate. Then re-read it, changing* **maison** *to* **appartement,** **jardin** *to* **terrasse,** **chambre** *to* **salon** (living-room) *and making all necessary changes.*

MME MONTAUD: Quelle belle maison vous avez!

MME OPPENOT: Oui, mais elle est moins _____ que la maison de _____.

MME MONTAUD: Quel grand jardin vous avez!

MME OPPENOT: Oui, mais il est moins _____ que le jardin de _____.

MME MONTAUD: Quelle jolie chambre vous avez!

MME OPPENOT: Oui, mais elle est moins _____ que la chambre de _____.

B. *Complete the following and read aloud with a classmate.*

> GÉRARD: Je viens ____ trouver un appartement de trois pièces.
> JEAN-MARIE: Tu *as* de la chance! Quand emménages-tu?
> GÉRARD: *Dans* une semaine. Mais il n'est pas très beau, mon apparte-
> ment. Les pièces sont petites et laides. Et en plus, il est *en*
> banlieue.
> JEAN-MARIE: Tu sais, mon vieux, on ne peut pas tout avoir!
> GÉRARD: Ah, non? Toi, tu *habit* à Paris dans un bel appartement de six
> *pièces* avec un jardin *peux* grand *que* tout l'appartement!

C. *Compare the following using* **plus . . . que, moins . . . que** *or* **aussi . . . que.**

1. L'âge de votre père et votre mère
2. Le jardin et la terrasse
3. Deux appartements
4. Votre frère et vous
5. Deux de vos camarades

D. *With a classmate make up a short exchange in which you tell him (her) that your father has just bought (rented) a house (an apartment). Your friend wants to know all about the new house — where it is, its size, how many rooms, etc. . . .*

Deux

Par quel chemin?

Pascal is visiting his aunt and uncle. He needs stamps to put on a letter to his parents, and asks his cousin Valérie to direct him to the post office.

PASCAL : Dis donc, j'ai besoin de timbres. Comment va-t-on à la poste, d'ici?

VALÉRIE : C'est simple. Au prochain carrefour, tu prends la première rue à gauche. C'est le troisième bâtiment sur ta droite.

PASCAL : Tu n'as pas de lettres à mettre à la poste, par hasard?

VALÉRIE : Non, mais je peux t'accompagner et en profiter pour téléphoner à mes grands-parents.

PASCAL : Parfait! Et en revenant, arrêtons-nous au café du coin pour prendre un «pot». Je meurs de soif.

Variations

Make up new dialogues for the three situations below, using the dialogue above as a pattern and substituting for each underlined word or phrase an item from the list below.

j'ai besoin de	tu prends la première rue à gauche	lettres (*f*)
il me faut des	tu descends la rue tout droit	cartes (*f*)
	tu tournes à droite	paquets (*m*)

téléphoner	un «pot»
envoyer un télégramme	un verre
envoyer un pneumatique	quelque chose

Dialogue One: Lionel, Bernard

The fall term has just begun. Lionel, a transfer student, is getting oriented.

Dialogue Two: Marie-Louise, Guy

Marie-Louise is trying to get better acquainted with Guy.

Dialogue Three: M. Brunot, M. Gallais

Two salesmen meet at the plant.

Langue et Culture

la poste: The official name of the French post-office is **P. T. T. (Postes, Téléphones et Télégraphes).** In addition to mailing letters, one can also send messages by telegraph or cable, and make telephone calls at the post-office. There are proportionately fewer private telephones in France than in the United States. Unless a telephone is urgently needed for professional reasons, it is extremely difficult to get one installed in a reasonable period of time. The waiting lists are long and a waiting period of two years is not uncommon.

le café is an important institution in France. More than a place where one has a drink, it is a social center for people who live, work or study in a neighborhood. There are many cafés, even in small towns, and each café has a definite kind of clientele. People have "their" café and rarely change to go to another one. The café is where they meet their friends, spend hours in discussion with them, watch people passing by in the street (most cafés have an outdoor **terrasse** that is covered and heated in winter), play cards, pool or pin-ball, study between classes, listen to pop music, and incidentally drink wine, beer, coffee or soft drinks.

prendre un «pot» is a colloquial expression commonly used in reference to any beverage. The verb **prendre** is used for both eating and drinking.

le pneumatique is a letter sent through underground tubes by means of compressed air. The postal system of Paris is one of the few offering this service. It takes only a few hours for a **pneumatique** to arrive at its destination.

Grammaire

Exercices Oraux

A. *Patterns*

1. Quelle rue prend-on pour aller

à la	gare? mairie?
au	Parc Monceau? théâtre?
à l'	école? aéroport?

2.

On	prend
Tu	prends
Vous	prenez
Nous	prenons

la première rue à gauche.

B. *Repetition*

1. Je prends la première rue à droite.
2. Nous prenons la première rue à droite.
3. Tu prends la quatrième rue à droite.
4. Vous prenez la quatrième rue à droite.
5. Il prend la cinquième rue à gauche.
6. Ils prennent la cinquième rue à gauche.

C. *Transformation*

1. Chapitre 1 → **premier chapitre**
2. Page 2 → **deuxième page**
3. Chapitre 9 →
4. Page 5 →
5. Chapitre 10 →
6. Page 21 →

Analyse Grammaticale

A. Comment va-t-on d'ici à la poste?

1	2	3	4
comment	va-t-on d'ici	à la	poste
			gare
	allez-vous d'ici	à l'	église
			aéroport
		au	lycée
			théâtre
	vont-ils d'ici	aux	grands boulevards

B. On prend la première rue à gauche.

1	2	3	4	5
on prend	la	première	rue	
tu prends		deuxième		
vous prenez		troisième		
		quatrième		à gauche
je prends	le	premier		à droite
nous prenons		deuxième	boulevard	
		troisième		
ils prennent		quatrième		

1. In column 2 of Table A, of what verb is **va** a form? What is the function of the **-t-**?

2. What are the gender and number of each of the nouns in column 4 of Table A?

3. Which are the contractions in column 3 of Table A?

4. Column 1 of Table B gives the forms of the irregular verb **prendre** in

the present. Which three verb forms in this column are pronounced alike? Which are spelled alike? Note that the **d** of the stem is lost in the forms **prenons, prenez,** and **prennent** and that in the form **prennent** the **n** of the stem is doubled.

5. The numerical adjectives in column 3 of Table B are called ordinal numbers. (You have used cardinal numbers like **un, deux, trois,** etc., many times.) What is the gender of the forms in the top half of column 3? Of the forms in the bottom half of column 3? Which is the only ordinal to have separate forms for masculine and feminine? With the exception of **premier / première,** the only completely irregular ordinal, how do ordinals seem to be formed? What ending do we add to the cardinal number? There are, however, a few minor "internal" changes:

   a) Cardinals ending in **e** drop the **e** before adding **-ième.**
      EXAMPLE: **quatre — quatrième.**
   b) **Cinq** adds **u** before **-ième.**
   c) The final **f** of **neuf** changes to **v** in **neuvième.**

Exercices de Contrôle

A. *In the following sentences change the subjects and verbs from singular to plural.*

1. Il prend un pot au café du coin.
2. Je prends le premier boulevard à gauche.
3. Tu prends toujours un verre avec lui?
4. Quelle autoroute prend-elle pour aller à Paris?
5. Je ne prends pas l'autoroute à Bruxelles.
6. Quel chemin prends-tu pour aller à Montpellier?

B. *Complete the following, using the correct form of the verb* **prendre.**

1. Tu ____ la première rue à gauche.
2. Vous ____ un verre avec moi, n'est-ce pas?
3. Quelle autoroute ____-on pour aller à Bruxelles?
4. Ils ____ toujours un pot avec nous.
5. Nous ____ la deuxième rue à droite.
6. Est-ce qu'il ____ ses livres avec lui?
7. Je ____ toujours un verre au café du coin.

C. *Complete the following with the ordinal which corresponds to the number in parentheses.*

1. C'est le (3) bâtiment sur ta gauche.
2. Tu tournes à droite au (1) carrefour.
3. Nous habitons au (5) étage.

4. Vous allez tout droit et c'est la (1) rue à gauche.
5. C'est la (2) porte à droite.
6. Voici l'équipe. Comment s'appelle le (4) garçon à droite?
7. C'est la (7) maison sur ta droite.
8. M. Philippe? C'est notre (6) professeur de français!

D. *Complete the following.*

1. Par quel chemin vas-tu _à l'_ école?
2. Quelle rue prenez-vous pour aller _au_ marché?
3. Où allez-vous? Nous allons _au_ théâtre.
4. C'est près d'ici? Non, c'est _aux_ grands boulevards.
5. Je vais _à l'_ aéroport avec mon oncle et ma tante.
6. Mes parents vont à Lyon. Vous venez _à la_ gare avec nous?

«Tous les chemins ne mènent pas à Rome.»

Mise en Pratique

A. *Complete the following exchanges and then read them aloud with a classmate.*

1. GILLES: Est-ce que tu veux venir ____ un «pot» avec moi?
   YVES: Oui, mais je vais à ____ envoyer un télégramme à
   ____.

2. MME LAMBERT: Pardon, Monsieur, où est ____?
   M. TRINTIGNANT: Près du parc, Madame. Au prochain carrefour, vous
   prenez la ____ rue à ____. C'est le ____ bâtiment sur
   votre ____.
   MME LAMBERT: Merci, Monsieur, vous êtes très ____.

3. CLAUDE: Marie-Hélène, il me faut aller à ____. Tu m'accom-
   pagnes?
   MARIE-HÉLÈNE: Non, j'ai ____ à écrire.
   CLAUDE: Alors, dis-moi comment on va à ____ d'ici.
   MARIE-HÉLÈNE: C'est simple: tu descends la rue ____ et ____ est le
   grand ____ au carrefour.

4. M. LEGRAND: Pardon, Monsieur, comment va-t-on à l'aéroport
   d'ici?
   LE MONSIEUR: Vous ____, vous la descendez et au troisième carrefour vous tournez ____.
   M. LEGRAND: ____, Monsieur.

B. *Suppose that as you were leaving school, someone stopped you to ask how to get to the station (city hall, airport, post office). With a classmate prepare and present to the class this short exchange.*

Conversation

After knocking several times at Mme Lemoine's door and receiving no answer, Mlle Delors is concerned. She asks Mme Martin about their elderly neighbor.

MLLE DELORS: Qu'est-ce qui se passe? Où donc est Mme Lemoine? Elle ne répond pas quand on frappe à sa porte.

MME MARTIN: Elle vient de déménager. Elle habite maintenant dans un vieux bâtiment près de d'église.

MLLE DELORS: Est-ce que vous pouvez me donner son adresse?

MME MARTIN: Certainement. Elle habite 94, rue Galliéni.

MLLE DELORS: Comment y va-t-on d'ici?

MME MARTIN: Vous allez jusqu'à[1] l'église. Après l'église, vous prenez la troisième rue à droite, puis[2] la deuxième rue à gauche, puis la quatrième rue à droite et vous êtes rue Galliéni.

MLLE DELORS: Ce n'est pas simple!

MME MARTIN: Je peux vous accompagner si vous voulez. Je dois aller la voir pour lui donner quelque chose.

MLLE DELORS: Parfait! Allons-y maintenant, voulez-vous?... Dites-moi: comment est son nouvel appartement? Est-il plus grand que l'ancien?

MME MARTIN: Non, il est beaucoup moins grand. Il n'y a qu'une pièce et une cuisine.[3]

MLLE DELORS: Est-ce qu'il est au rez-de-chaussée comme l'ancien, ou est-ce qu'elle a des étages à monter?[4]

---

[1] *as far as, all the way to, up to*
[2] *then*
[3] *kitchen*
[4] *climb*

MME MARTIN: Elle a six étages à monter. Son appartement est sous le toit. Les pièces sont d'anciennes chambres de bonne.[5]

MLLE DELORS: Oh là! là! La pauvre femme doit être épuisée quand elle arrive chez elle. Il faut lui chercher un autre appartement. Elle ne peut pas rester là.

MME MARTIN: Pourquoi n'habite-t-elle pas avec ses enfants? Ils ont une grande villa en banlieue, n'est-ce pas?

MLLE DELORS: Ils ne veulent pas d'elle! Quand les parents sont vieux, les enfants ne veulent plus d'eux.

QUESTIONS

1. Pourquoi Mme Lemoine ne répond-elle pas quand Mlle Delors frappe à sa porte?
2. Où habite-t-elle maintenant? Quelle est la nouvelle adresse de Mme Lemoine?
3. Quelles rues doit-on prendre pour aller de l'église à la rue Galliéni?
4. Pourquoi Mme Martin doit-elle aller voir Mme Lemoine?
5. Combien de pièces y a-t-il dans le nouvel appartement de Mme Lemoine?
6. Combien d'étages doit-elle monter pour arriver à son appartement? Pourquoi?
7. Pourquoi Mlle Delors veut-elle chercher un autre appartement pour Mme Lemoine?
8. Pourquoi Mme Lemoine n'habite-t-elle pas avec ses enfants?

---

[5] *maid*

Résumé Grammatical

A. Verbs

1. Present of regular -er verbs

travailler

je **travaille**	nous **travaillons**
tu **travailles**	vous **travaillez**
il/elle **travaille**	ils/elles **travaillent**

NOTE:

Some **-er** verbs have spelling changes in the present stem. These verbs are some-times called "orthographic changing verbs". Verbs like **commencer** which end in **-cer** change **c** to **ç** before **o: nous commençons**. Verbs ending in **-ger (manger)** change the **g** to **ge** before **o: nous mangeons**. Verbs ending in **-uyer** and **-oyer** (**ennuyer, envoyer**) change the **y** to **i** before unpronounced endings: **Ils m'ennuient. Elle leur envoie une lettre.**

2. Present of the irregular verbs **pouvoir, vouloir, prendre**

pouvoir

je **peux**	nous **pouvons**
tu **peux**	vous **pouvez**
il/elle **peut**	ils/elles **peuvent**

vouloir

je **veux**	nous **voulons**
tu **veux**	vous **voulez**
il/elle **veut**	ils/elles **veulent**

prendre

je **prends**	nous **prenons**
tu **prends**	vous **prenez**
il/elle **prend**	ils/elles **prennent**

Verbs conjugated like **prendre: apprendre, comprendre**

B. Comparison of adjectives

(superiority)	**plus**	
(inferiority)	**moins**	+ *adjective* + **que**
(equality)	**aussi**	

C. The prepositions à and de with the definite article

à	de
à + la = à la	de + la = de la
à + l' = à l'	de + l' = de l'
à + le = au	de + le = du
à + les = aux	de + les = des

Exercices Écrits

A. *Rewrite the following sentences in the comparative as indicated by the words in parentheses.*

EXAMPLES: Robert est jeune; et sa sœur? (plus)
Robert est plus jeune que sa sœur.

Elle est âgée; et son mari? (moins)
Elle est moins âgée que son mari.

Mon appartement est beau; ta maison aussi. (aussi)
Mon appartement est aussi beau que ta maison.

1. Ma maison est grande; et ton appartement? (plus)
2. Le jardin est petit; et la cour? (aussi)
3. Cécile est amusante; et Lionel? (aussi)
4. Mon grand-père est âgé; mais pas ma grand-mère. (plus)
5. Ma sœur n'est pas gâtée; tes cousines sont gâtées. (moins)

B. *From the information given, make up sentences using the elements given in parentheses.*

EXAMPLE: Mon père a trente ans.
Ma mère a vingt-huit ans.
(père / être / âgé / mère)
Mon père est plus âgé que ma mère.

1. Ma cousine est la première de notre classe. Moi, je suis le dixième. (cousine / être / sérieux / moi)
2. Je ne travaille pas à la maison. Mon frère travaille beaucoup à la maison. (je / être / paresseux / lui)

3. Mon oncle est amusant. Ma tante est sérieuse. (oncle / être / amusant / tante)
4. M. Barrault a quarante ans. Son frère Jacques a quarante-cinq ans. (ce / homme / être / jeune / frère)
5. L'ancien aéroport n'est pas grand. Le nouveau est très grand. (vieux / aéroport / être / petit / le nouveau)

C. *Change the following questions to the negative.*

> EXAMPLE: Peut-on y entrer?
> **Ne peut-on pas y entrer?**

1. Pouvons-nous parler au Premier ministre?
2. Est-ce que Françoise peut aller à la réunion demain soir?
3. Peuvent-ils partir tout de suite?
4. Peut-on le demander au professeur?
5. Peux-tu louer cet appartement?
6. Est-ce que je peux lui parler?

D. *Change the subjects of the following sentences from the plural to the singular form.*

1. Les enfants ne peuvent pas voir le tableau.
2. Nous pouvons aller au cinéma avec vous.
3. Pouvez-vous nager?
4. Mes copains ne peuvent pas jouer dans la cour.
5. Nous n'en pouvons plus!

E. *Write five new sentences, replacing the subject by the words in parentheses.*

Je n'en peux plus!
(mon père / mes sœurs / Guy et Marc / Marie-Ange / nous)

F. *Rewrite the following, changing subjects and verbs from singular to plural.*

1. Tu peux louer cette maison?
2. Je peux y aller demain.
3. Mon frère ne peut pas aller à la piscine.
4. Ma petite cousine peut compter de zéro à cent.

Dictée / Compréhension

La Récréation

Voici notre appartement

le balcon

les toilettes

la salle de bain

la cuisine

la salle à manger

le corridor

ma chambre

la chambre de mes parents

la salle de séjour

le placard

le vestibule

Entrez, ne restez pas dans le vestibule. Venez dans la salle de séjour. Je trouve cette pièce assez agréable. Elle est surtout confortable. Voulez-vous voir le reste de l'appartement? Voici la salle à manger. La table et les chaises sont très vieilles. Ma mère les trouve belles, mais moi, je les trouve plutôt laides. Voici ma chambre. Elle est moins spacieuse que la chambre de mes parents, mais elle me plaît beaucoup. À droite il y a la cuisine, la salle de bain et les toilettes. Et maintenant, allons dans la salle de séjour. Vous allez prendre un verre avec moi.

Gros mystère

The classified advertisements on this page were taken from a Paris newspaper. Can you decipher them?

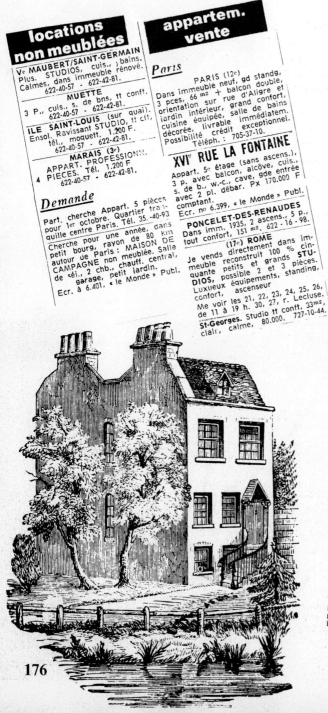

locations non meublées

Vᵉ MAUBERT/SAINT-GERMAIN
Plus. STUDIOS, cuis., bains.
Calmes, dans immeuble rénové.
622-40-57 · 622-42-81.

MUETTE
3 P., cuis., s. de bns, tt conft.
622-42-81.

ILE SAINT-LOUIS (sur quai).
Ensol. Ravissant STUDIO, tt cft,
tél., moquett. 1.200 F.
622-40-57 · 622-42-81.

MARAIS (3ᵉ)
APPART. PROFESSIONN.
4 PIECES. Tél. 1.200 F
622-40-57 · 622-42-81.

Demande

Part. cherche Appart. 5 pièces
pour 1ᵉʳ octobre. Quartier tran-
quille centre Paris. Tél. 35.-40-93

Cherche pour une année, dans
petit bourg, rayon de 80 Km
autour de Paris : MAISON DE
CAMPAGNE non meublée. Salle
de séj., 2 chb., chauff. central,
garage, petit jardin.
Ecr. à 6.401, « le Monde » Publ.

appartem. vente

Paris

PARIS (12ᵉ)
Dans immeuble neuf, gd standg,
3 pces, 66 m² + balcon double,
orientation sur rue d'Aligre et
jardin intérieur, grand confort,
cuisine équipée, salle de bains
décorée, livrable immédiatem.
Possibilité crédit exceptionnel.
Téléph. : 705-37-10.

XVIᵉ RUE LA FONTAINE
Appart. 5ᵉ étage (sans ascens.),
3 P. avec balcon, alcôve, cuis.,
s. de b., w.-c., cave, gde entrée
avec 2 pl. débar. Px 170.000 F
comptant.
Ecr. nᵒ 6.399, « le Monde » Publ.

PONCELET-DES-RENAUDES
Dans imm. 1935, 2 ascens., 5 p.,
tout confort, 151 m². 622 · 16 · 98.

(17ᵉ) **ROME**
Je vends directement dans immeuble reconstruit 100 % cinquante petits et grands STU-
DIOS, possible 2 et 3 pièces,
Luxueux équipements, standing,
confort, ascenseur
Me voir les 21, 22, 23, 24, 25, 26,
de 11 à 19 h. 30, 27, r. Lecluse.

St-Georges. Studio tt conft, 33m²,
clair, calme, 80.000. 727-10-44.

---

le **bourg** *town*
la **cave** *cellar*
le **chauffage central** *central heating*
comptant *cash*
le **débar(ras)** *store room*
ensoleillé *sunny*
l'**immeuble** (*m*) *building*
livrable immédiatement *for immediate occupancy*
la **location** *rental*
la **moquette** *wall-to-wall carpeting*
neuf (*brand-*)*new*
le **particulier** *individual*
le **prix** *price*
le **quai** *street along a water-front*
le **(grand) standing** Franglais *expression meaning "prestige", "high-class"*
vends (je vends) *I am selling*
la **vente** *sale*
12ᵉ (**douzième**), XVIᵉ (**seizième**), etc.
These ordinal numbers refer to the numbered zones (les **arrondissements**) *of Paris. They are written in either arabic or roman numerals.*

locations meublées

Offre

Appart. calme et charmant
Sept. à mai. 3 P. Vincennes
DAU. 42-91

Demande

Etudiant étranger ch. à louer
pr 2 ans une chambre à Paris.
Ecr. à M. Hukportie Augustin,
12, rue Civiale - Paris (10ᵉ)

villa

VALLEE DE CHE
VILLA 7 PIECES,
Jardin privat
Grand confor
Cuisine équipé
Salle de bains déc
Livrable immédiate
Tél. : 705-37-10

Exposés

A. *Follow the two* exposés *below as you hear them on tape. Practice reading them aloud. Be prepared to answer factual questions based on these* exposés.

   1. Notre maison a cinq pièces: la salle de séjour et la salle à manger au rez-de-chaussée, et trois chambres au premier étage. (Il y a aussi la cuisine et la salle de bain, mais en France on ne compte pas ces deux pièces.) La salle de séjour me plaît beaucoup. C'est une belle pièce très spacieuse avec trois gros fauteuils noirs et un gros sofa blanc.

   2. Je n'ai pas de chambre pour moi tout seul: j'ai mon grand frère Jean-Loup avec moi. Notre chambre a deux lits, deux grandes commodes, deux placards et une table pour nos livres et nos disques. Il n'y a qu'une seule chaise, mais nous ne nous la disputons pas trop souvent parce qu'elle est très inconfortable.

B. *Prepare a short* exposé *about your home or your room. If you wish, you may use one of the* exposés *above as a model.*

C. *Using* **Voici notre appartement** (*p. 174*) *as a guide, prepare a floor plan and give a guided tour of your home.*

Chez eux

1

1. Une vieille maison de campagne
   en Normandie. Est-ce que cette
   maison vous plaît?

2

3

2. Qu'est-ce que c'est? Une bicyclette,
   une sculpture ou un escalier?

3. Nous sommes à Haïti. Voilà une
   jolie maison avec un toit de chaume. Une vieille femme près de sa
   porte nous regarde.

1

2

1. Le château de Josselin en Bretagne.
   À gauche, on peut voir le village de
   Josselin. On voit aussi un pont
   et un parc.

2. Un village en Suisse. Qu'est-ce que
   c'est que le bâtiment à gauche?
   Une gare? Une mairie? Une église?

3

3. Une concierge* à sa fenêtre avec
   ses deux chats et son géranium.

*la/le concierge *is a combination build-
ing-superintendent, handyman, doorman,
nightwatchman and busy-body. There are
both men and women* concierges.

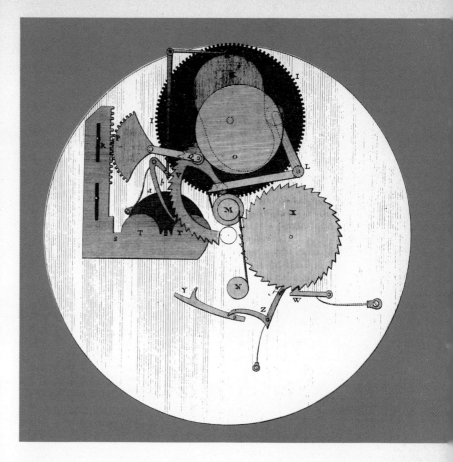

9
L'Heure

Un

Quelle heure est-il?

Philippe's friends Benoît and Cécile come to his office to pick him up for lunch.

BENOÎT: Zut alors! <u>Ma montre</u> s'est arrêtée. Quelle heure est-il?

PHILIPPE: Il est <u>une heure</u> juste.

CÉCILE: Ta montre retarde. Moi j'ai une heure <u>et quart</u> à la mienne.

PHILIPPE: Tu es sûr que <u>la tienne</u> marche bien? Elle n'avance pas?

BENOÎT: Je vais <u>appeler l'horloge parlante</u>, pour être plus sûr.

CÉCILE: Où veux-tu déjeuner?

PHILIPPE: <u>N'importe où</u>. J'ai faim. Je veux manger tout de suite.

Variations

Make up new dialogues for the three situations below, using the dialogue above as a pattern and substituting for each underlined word or phrase an item from the list below.

ma montre	une heure	et quart	à la mienne	la tienne
mon chronomètre	onze heures	et demie	au mien	le tien
	six heures	dix		
		vingt		

appeler l'horloge parlante	déjeuner	n'importe où
mettre la radio	dîner	ça m'est égal

Dialogue One: Claude, Daniel, Michèle

It is almost lunch time. Three office workers are discussing the usual question — "What time is it?"

Dialogue Two: Isabelle, Monsieur Bernard, Sabine

Isabelle and Sabine have met their father in his office and are going to have dinner with him before going to the theater.

Dialogue Three: Jean-Loup Vigier, Mme Vigier, Mme Chevalier

Mme Chevalier stops by Mme Vigier's house to take Mme Vigier to lunch and a movie.

Langue et Culture

une heure would be abbreviated **1 h, une heure et quart** would be **1 h 15,** and **une heure vingt** would be **1 h 20.**

l'horloge parlante (*talking clock*): In Paris, as in many places, it is possible to find out the correct time by calling a special telephone number.

j'ai faim: Notice the use of **avoir** in this idiomatic expression. **Avoir** is used in several common expressions: **j'ai soif, j'ai besoin de,** etc.

le chronomètre refers to a watch that is technically very elaborate: waterproof, equipped with a second hand and sometimes a calendar.

Grammaire

Exercices Oraux

A. *Transformation*

1. J'ai une heure juste. → **Il est une heure juste.**
2. J'ai trois heures cinq. →
3. J'ai six heures dix. →
4. J'ai huit heures et quart. →
5. J'ai dix heures vingt. →
6. J'ai deux heures vingt-cinq. →
7. J'ai cinq heures et demie. →
8. J'ai onze heures et quart. →
9. J'ai sept heures dix. →
10. J'ai quatre heures et demie. →

B. *Transformation* (Possessive adjective → possessive pronoun)

1. Mon frère a vingt ans. → **Le mien a vingt ans.**
2. Mon père a quarante ans. →
3. Mon oncle a trente ans. →
4. Mon cousin a douze ans. →

5. Ma sœur a quinze ans. → **La mienne a quinze ans.**
6. Ma mère a cinquante ans. →
7. Ma tante a trente ans. →
8. Ma cousine a onze ans. →

9. Ton frère a vingt ans. → **Le tien a vingt ans.**
10. Ton père a quarante ans. →
11. Ton oncle a trente ans. →
12. Ton cousin a douze ans. →

13. Ta sœur a quinze ans. → **La tienne a quinze ans.**
14. Ta mère a cinquante ans. →
15. Ta tante a trente ans. →
16. Ta cousine a onze ans. →

17. Son frère a vingt ans. → **Le sien a vingt ans.**
18. Son père a quarante ans. →
19. Son oncle a trente ans. →
20. Son cousin a douze ans. →

21. Sa sœur a quinze ans. → **La sienne a quinze ans.**
22. Sa mère a cinquante ans. →
23. Sa tante a trente ans. →
24. Sa cousine a onze ans. →

Analyse Grammaticale

A. Quelle heure est-il, Luc?   **B.** Il est une heure juste.

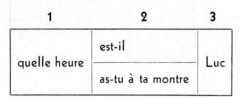

1	2	3
quelle heure	est-il ——————— as-tu à ta montre	Luc

1	2	3	4
il est	une	heure	juste
	deux		cinq
j'ai	trois	heures	dix
	cinq		et quart
	six		

C1. La montre de Luc retarde. J'ai une heure cinq à la mienne.

1	2	3	4	5	6
la montre de Luc retarde	j'ai	une	heure	cinq	à la mienne
	tu as	deux		dix	à la tienne
	Guy a	trois	heures	et quart	
	Zoé a	cinq		vingt	à la sienne
		six		et demie	

C2. Son chronomètre retarde. J'ai une heure cinq au mien.

1	2	3	4	5	6
son chronomètre retarde	j'ai	une	heure	cinq	au mien
	tu as	deux		dix	au tien
	Guy a	trois	heures	et quart	
	Zoé a	quatre		vingt	au sien
		cinq		et demie	

Table A

1. What is the gender of the interrogative adjective **quelle** (column 1)? What is the masculine singular form of this adjective? (You have already used the masculine form in the expression for asking age.)

2. **Quelle heure est-il?** (columns 1 and 2) is the common way of asking time. **Quelle heure as-tu?** (columns 1 and 2) is ordinarily used only when the person asked is known to have a watch.

Table B

1. In telling time the word **heure(s)** is always used after the number.

2. The hour is always given first. The number of minutes after the hour follows, for example: **Il est huit heures dix.** (*Ten after eight*).

Table C1

1. To what noun do the possessive pronouns in column 6 refer?

2. What is the gender of this noun? Do the possessive pronouns show gender agreement?

3. The form **demie** in column 5 is feminine. With what does this adjective agree?

Table C2

1. To what noun do the possessive pronouns in column 6 refer?

2. What is the gender of this noun? Do the possessive pronouns show gender agreement?

Tables C1 and C2

1. Possessive pronouns agree in gender with the thing possessed, here **montre** (*f*), and **chronomètre** (*m*). Compare column 6 of Tables C1 and C2. Of what is **au** a contraction?

2. The possessive pronouns agree also in number with what is possessed.

> EXAMPLES: Mes frères sont assommants. Et les tiens (tes frères)?
> Les miens sont très gentils.
>
> Mes amis sont plus gentils que les amis de Cécile.
> C'est vrai, les siens (ses amis) sont mal élevés.
>
> Mes sœurs sont assommantes. Et les tiennes?
> Les miennes sont très gentilles.
>
> Mes amies sont plus gentilles que les amies de Michel.
> C'est vrai, les siennes sont mal élevées.

3. In what column of Tables C1 and C2 are the possessors?

Possessive pronouns always show the possessor:

le mien, la mienne   first person singular   **(je)**
le tien, la tienne   second person singular **(tu)**
le sien, la sienne   third person singular   **(il) (elle)**

Exercices de Contrôle

A. *Answer the following questions using the time given in parentheses.*

       EXAMPLE: Quelle heure as-tu à ta montre?   (3 h 10)
       J'ai trois heures dix.

1. Quelle heure est-il?   (10 h 30)
2. Quelle heure avez-vous?   (8 h 20)
3. Quelle heure a-t-elle à sa montre?   (2 h 00)
4. Quelle heure as-tu à ta montre?   (4 h 15)
5. Quelle heure est-il à l'horloge?   (5 h 05)
6. Quelle heure est-il à son chronomètre?   (1 h 25)

B. *Substitute the words in parentheses for the underlined words. Make the necessary changes.*

       EXAMPLE: Ma montre avance. Et la tienne?   (chronomètre)
       Mon chronomètre avance. Et le tien?

1. Mon téléphone marche bien. Et le tien?   (radio)
2. Ma mère va bien. Et la tienne?   (père)
3. Ton frère et le sien s'entendent bien.   (sœur)
4. Sa concierge et la mienne se disputent toujours.   (professeur)
5. Ma sœur et la sienne sont de bonnes amies.   (frère)
6. Ton professeur et le mien sont étrangers.   (grand-mère)
7. Mes frères connaissent les tiens.   (sœurs)
8. Ses amies n'aiment pas les miennes.   (parents)

C. *Replace the underlined words by the appropriate possessive pronouns.*

       EXAMPLE: Ma montre est moins jolie que ta montre.
       Ma montre est moins jolie que la tienne.

1. Sa montre est plus jolie que ta montre.
2. Ton frère est plus gentil que mon frère.
3. Sa mère est moins jeune que ma mère.

4. Mon appartement est plus grand que ton appartement.
5. Ta maison est aussi spacieuse que sa maison.
6. Notre pavillon est moins petit que son pavillon.
7. Ma concierge est aussi assommante que sa concierge.
8. Mes parents sont plus jeunes que tes parents.
9. Tes copains sont moins idiots que ses copains.

Mise en Pratique

A. *With a classmate, complete and read aloud the following dialogues.*

1. M. CALBOT: Quelle heure est-il, Mireille?
   MIREILLE: _____, Papa.
   M. CALBOT: Est-ce que tu peux _____ la radio?
   MIREILLE: La radio ne _____ plus, Papa.
   M. CALBOT: Ah, zut alors!

2. M. BATTENDIER: Où vas-tu, Éliane?
   MME BATTENDIER: Je _____ chercher Bruno.
   M. BATTENDIER: Mais il n'est que _____!
   MME BATTENDIER: Ta montre _____, alors. J'ai onze heures et quart à _____.

3. MME LECOIN: Bruno, ta maman vient te chercher, n'est-ce pas?
   BRUNO: Oui, Madame. Quelle _____ avez-vous?
   MME LECOIN: _____ onze heures et demie.
   BRUNO: Est-ce que votre montre _____ bien?
   MME LECOIN: Mais oui! C'est _____ de ta maman qui retarde.

4. JOSIANE: Pardon, Madame, _____ heure est-il, s'il _____ plaît?
   MME COURBET: Je ne sais pas, Mademoiselle. Ma _____ s'est arrêtée.
   JOSIANE: Est-ce qu'il y a une horloge près d'ici?
   MME COURBET: Mais oui! Regardez _____ de la gare.
   JOSIANE: Il est _____!
   JOSIANE ET MME COURBET: _____.

B. *With a classmate, create a dialogue in which you discover that each of your watches says a different time and you solve the problem by turning on the radio, looking at the station clock or calling the «horloge parlante».*

Deux

À pied, à cheval et en voiture

A reporter wants to write an article about the means of transportation available to people in Mme Simon's community.

LE JOURNALISTE: Comment vous rendez-vous à votre travail?

MME SIMON: Je prends le métro ou bien j'y vais à vélomoteur.

LE JOURNALISTE: À quelle heure partez-vous de chez vous le matin?

MME SIMON: À huit heures moins dix.

LE JOURNALISTE: Est-ce que vous montez dans le premier métro qui passe?

MME SIMON: Oui, s'il n'y a pas trop de monde dedans. Sinon j'en attends un autre.

LE JOURNALISTE: Et vous arrivez au travail à l'heure?

MME SIMON: Quelquefois!

Variations

Make up new dialogues for the three situations below, using the dialogue above as a pattern and substituting for each underlined word or phrase an item from the list below.

à votre travail	le métro	à vélomoteur
au bureau	l'autobus	à pied
au lycée	le train	à bicyclette
à l'usine	le tramway	en voiture
au magasin	le trolleybus	
dix	à l'heure	quelquefois
vingt	en avance	souvent
vingt-cinq	en retard	jamais
le quart	en une demi-heure	

Dialogue One: Mme Martin, M. Chabrier

Mme Martin has just moved into the neighborhood. She is talking with her neighbor M. Chabrier about the ways available for getting to the office in the morning.

Dialogue Two: Olivier, Geneviève

Olivier likes Geneviève, his new neighbor. He has his own reasons for asking Geneviève these seemingly unimportant questions.

Dialogue Three: M. Vilar, Mlle Masson

M. Vilar is questioning his secretary about her constant lateness.

Langue et Culture

Compare **Comment vous rendez-vous à votre travail?** and **L'amour les rend distraits.** Does the verb **rendre** have the same meaning in both sentences?

le métro (abbreviated form of **métropolitain**) is the Paris subway. It is the most popular means of transportation to all parts of the city and even to some suburbs. The Paris **métro** is considered one of the best in the world and rightly so, for the fare is nominal; there are connections to all parts of the city; the trains run frequently and quietly, and the stations are bright and clean. In each station there is an electrical map to help travelers find the line to take to arrive at a specific destination, and also where and how to transfer if that is necessary. However, the **métro** at rush hour **(heures d'affluence)** can be a crushing experience!

There is also a **métro** in Montréal, modelled on the Paris subway.

Most young people favor the little **vélomoteur** as their means of transportation. **Le vélomoteur** has replaced **la bicyclette** in popularity. The word **le vélomoteur** is interchangeable with the term **la mobylette.**

Used alone as an exclamation, **jamais** means *never.* When used in a complete sentence, *never* is expressed by **ne . . . jamais.** For example: **Il n'arrive jamais à l'heure.**

Grammaire

Exercices Oraux

A. *Repetition*

1. Vous vous rendez au bureau?
2. Nous nous rendons à l'usine.
3. Je me rends au lycée.
4. Tu te rends à la mairie?
5. Il se rend au magasin.
6. Elle se rend à l'usine.
7. Elles se rendent au lycée.
8. Ils se rendent aux grands magasins.

B. *Repetition and practice* (Affirmative — interrogative)

1. Il se rend au travail.   Se rend-il au travail?
2. Elle se rend au magasin.   Se rend-elle au magasin?
3. Ils se rendent au lycée.   Se rendent-ils au lycée?
4. Elles se rendent à l'usine.   Se rendent-elles à l'usine?

C. *Repetition and practice* (Se rendre à — y aller)

1. Vous vous rendez au bureau en voiture.   Vous y allez en voiture.
2. Il se rend à la gare à pied.   Il y va à pied.
3. Ils se rendent à l'usine à bicyclette.   Ils y vont à bicyclette.
4. Je me rends aux grands magasins à vélomoteur.   J'y vais à vélomoteur.

D. *Transformation* (Se rendre à → **y aller**)

    1. Nous nous rendons au bureau en train.   →   **Nous y allons en train.**
    2. Nous nous rendons à l'usine en métro.   →
    3. Je me rends à la gare en autobus.   →
    4. Je me rends au travail à vélomoteur.   →
    5. Tu te rends aux grands magasins en métro.   →
    6. Tu te rends à la mairie en autobus.   →
    7. Il se rend au magasin à vélomoteur.   →
    8. Il se rend à l'usine à pied.   →
    9. Elles se rendent au lycée en train.   →
  10. Elles se rendent à la poste à bicyclette.   →

E. *Transformation* (Aller à → **se rendre à** → **s'y rendre**)

    1. Je vais à Paris.   →   **Je me rends à Paris.**   →   **Je m'y rends.**
    2. Je vais à Montréal.   →   →
    3. Tu vas à Paris.   →   →
    4. Tu vas à Montréal?   →   →
    5. Il va à Paris.   →   →
    6. Elle va à Montréal.   →   →
    7. Nous allons à Paris.   →   →
    8. Nous allons à Montréal.   →   →
    9. Vous allez à Paris?   →   →
  10. Vous allez à Montréal?   →   →
  11. Ils vont à Paris.   →   →
  12. Elles vont à Montréal.   →   →

Analyse Grammaticale

A. Comment te rends-tu au lycée?

1	2	3	4	5
comment	te	rends	-tu	au lycée
	se	rend	-il/-elle	au bureau
	vous	rendez	-vous	à l'usine
	se	rendent	-ils/-elles	au magasin

B. Je m'y rends à pied.

1	2	3	4	5
je	m'		rends	à pied
il/elle	s'		rend	à bicyclette
		y		à vélomoteur
nous	nous		rendons	en voiture
				en train
ils/elles	s'		rendent	en métro

1. In what columns of Tables A and B are the forms of the verb found?

2. These are forms of the present of the verb **rendre**, one of the class of verbs called **-re** verbs because their infinitives end in **-re.** The present is formed by adding endings to the stem **(rend-).** However, the third person singular of **-re** verbs has what is called a "zero ending" **(rend).** Another **-re** verb you know is **attendre** (see page 190).

3. Is the **-d-** of the stem pronounced in all six forms?

4. Is there a difference in pronunciation between **rend** in **se rend-il** (Table A) and **il se rend** (Table B)? In the inverted interrogative form, **-t-** is used only when the verb form ends in a vowel. In **se rend-il,** the **-d-** of the stem is pronounced as a **t.**

5. In what columns of Tables A and B are the subjects of the different forms of **se rendre**? In what columns of Tables A and B are the direct objects? Do **te** (direct object) and **tu** (subject) in **te rends-tu** refer to two different persons or to the same? Any verb which has an object pronoun of the same person and number as the subject is called a reflexive verb and the object pronoun is called a reflexive pronoun. The infinitive of a reflexive verb is always preceded by the reflexive pronoun **se (se rendre)**.

6. In what column of Table A are the phrases that the word **y** (column 3, Table B) replaces? **Y** is a pronoun which replaces a preposition plus a noun indicating a place. What is the preposition in column 5 of Table A? Where does **y** come in a sentence — before or after the verb?

Exercices de Contrôle

A. *Replace the underlined words by the words in parentheses. Make the necessary changes.*

> EXAMPLE: Comment vous rendez-vous au lycée? (tu)
> **Comment te rends-tu au lycée?**

1. Il se rend au magasin en voiture. (nous)
2. Je me rends chez ma tante. (elle)
3. Nous attendons l'autobus. (ils)
4. Elle se rend au marché. (elles)
5. Est-ce que tu attends Gérard? (vous)
6. Comment vous rendez-vous à la gare? (tu)
7. Qui attendez-vous? (il)
8. Elle attend Mme Roy. (je)

B. *Make new sentences using the verb* **se rendre** *instead of* **aller**.

> EXAMPLE: Comment allez-vous à l'aéroport?
> **Comment vous rendez-vous à l'aéroport?**

1. Comment vas-tu à la gare?
2. Comment vont-ils à l'usine?
3. Est-ce qu'elle va à l'église?
4. Nous allons au marché en voiture.
5. Je vais à la mairie cet après-midi.
6. Est-ce que vous allez chez M. Rigaud?

C. *Answer the following questions in both the affirmative and negative using* **y.**

EXAMPLE: Est-ce que vous vous rendez au bureau, aujourd'hui?
Oui, je m'y rends aujourd'hui.
Non, je ne m'y rends pas aujourd'hui.

1. Est-ce que vous vous rendez à l'aéroport?
2. Est-ce que ta mère va au marché aujourd'hui?
3. Est-ce que nous allons au club cet après-midi?
4. Est-ce qu'il se rend à l'usine?
5. Est-ce que tu vas au lycée demain?
6. Est-ce qu'elles vont au travail?
7. Est-ce que tu te rends à la réunion ce soir?

«*Mieux vaut tard que jamais.*»

Mise en Pratique

A. *With a classmate complete and read aloud the following dialogues.*

1. MLLE BASTIEN: Comment vous rendez-vous à ____?
M. CALLOT: Je prends ____ et ____.

2. MME GAUTHIER: À quelle heure dois-tu être ____?
RÉGIS GAUTHIER: À ____.
MME GAUTHIER: Il est huit heures ____! Comment ____?
RÉGIS GAUTHIER: ____.
MME GAUTHIER: Tu as une voiture, maintenant?
RÉGIS GAUTHIER: Je ____ ta voiture, bien sûr!

3. HUBERT: Comment ____ rends-tu ____?
CHRISTINE: ____ le métro et l'autobus.
HUBERT: À ____ pars-tu de ____ toi?
CHRISTINE: À ____.
HUBERT: Veux-tu que je t'accompagne en ____?
CHRISTINE: Oh oui! Tu ____ adorable!

B. *Rearrange the following to make a dialogue between a student and a teacher.*

—Mon pauvre garçon! Il faut demander à vos parents de venir habiter plus près du lycée!
—Et à quelle heure partez-vous de chez vous?
—Oh, je dois prendre le train, le métro et l'autobus.
—À six heures du matin.
—Vous avez l'air épuisé, Jean-Marie. Comment vous rendez-vous à l'école?

C. *With a classmate make up an exchange in which you ask him (her) at what time he (she) leaves home, how he (she) gets to school, if he (she) gets to school on time, and whether he (she) goes to school alone.*

Conversation

Mme Ogeret is preparing dinner. She is wondering where her children—Jean-Pierre (11 ans) et Christian (10 ans)—are. She asks her husband Maurice Ogeret who has just come home from work if he has seen them.

MME OGERET: Maurice! Quelle heure as-tu?

M. OGERET: Huit heures moins vingt-cinq.

MME OGERET: Où sont Jean-Pierre et Christian? Il est bientôt l'heure de dîner.

M. OGERET: Ils sont dans la cour; ils jouent avec les gosses de la concierge.

MME OGERET: Est-ce que tu peux descendre leur dire qu'il est l'heure de dîner?

M. OGERET: D'accord. Je vais en profiter pour aller jusqu'au bureau de tabac acheter des timbres. Est-ce que tu as besoin de quelque chose?

MME OGERET: J'ai surtout besoin de manger tout de suite. Je meurs de faim.

M. OGERET: Je reviens dans un moment. Je vais t'envoyer les enfants.

(Jean-Pierre et Christian viennent d'entrer.)

MME OGERET: Alors, étourdis, vous ne savez pas qu'il est l'heure de dîner? Vous n'avez pas faim?

JEAN-PIERRE: Moi, j'ai toujours faim. Et puis ma montre ne marche pas bien.

CHRISTIAN: Et la mienne s'est arrêtée. Est-ce que je peux mettre la radio pour savoir[1] l'heure qu'il est?

MME OGERET: Certainement pas. Je suis fatiguée et je ne veux pas entendre les chansons idiotes qui passent sans arrêt à la radio. Allez vous préparer pour dîner.

(M. Ogeret vient d'entrer.)

MME OGERET: Il te faut une demi-heure pour aller au bureau de tabac du coin?

M. OGERET: Je viens de rencontrer[2] le professeur de Jean-Pierre. Il dit que Jean-Pierre arrive tous les matins en retard à l'école. Tu le sais?

MME OGERET: Comment? Mais il part d'ici à l'heure!

---

[1] *to know*
[2] *to meet*

(À table)

M. OGERET: Dis-donc, Jean-Pierre, pourquoi arrives-tu tous les matins en retard à l'école?

JEAN-PIERRE: Oh, je n'arrive pas en retard tous les matins! Quelquefois!

MME OGERET: Pourquoi?

JEAN-PIERRE: Parce que... Parce que je joue avec les copains dans le jardin de la mairie et...

CHRISTIAN: Menteur![3] Il arrive en retard à l'école, parce que tous les matins, Monsieur accompagne la fille de la concierge à son école, à elle!

M. OGERET: Toi, on ne te demande rien!

JEAN-PIERRE: Elle va à une nouvelle école et elle n'aime pas y aller toute seule, alors je l'accompagne.

M. OGERET: C'est très gentil, mais si tu veux prendre le temps d'accompagner cette petite fille, il faut partir d'ici à huit heures moins le quart du matin, et non à huit heures dix comme maintenant.

CHRISTIAN: Zut alors! Ça va me faire lever[4] à six heures et demie du matin!

QUESTIONS

1. Pourquoi Mme Ogeret demande-t-elle à son mari où sont leurs fils?
2. Où sont les fils de M. et Mme Ogeret?
3. Avec qui jouent-ils?
4. Pourquoi M. Ogeret va-t-il au bureau de tabac?
5. Pourquoi Mme Ogeret veut-elle manger tout de suite?
6. D'après Jean-Pierre et Christian, pourquoi ne savent-ils pas qu'il est l'heure de dîner?
7. Pourquoi Mme Ogeret ne veut-elle pas entendre la radio?
8. Qui M. Ogeret vient-il de rencontrer?
9. Est-ce que Mme Ogeret sait que Jean-Pierre arrive tous les matins en retard à l'école?
10. D'après Jean-Pierre, est-ce qu'il arrive en retard à l'école tous les matins?
11. Pourquoi, d'après lui, arrive-t-il en retard à l'école?
12. Est-ce que Christian est d'accord? Que dit-il?
13. Quelle explication donne Jean-Pierre?
14. D'après M. Ogeret, à quelle heure Jean-Pierre doit-il partir le matin s'il veut accompagner sa petite amie?
15. Est-ce que Christian est content? Pourquoi?

---

[3] *liar*
[4] *make me get up*

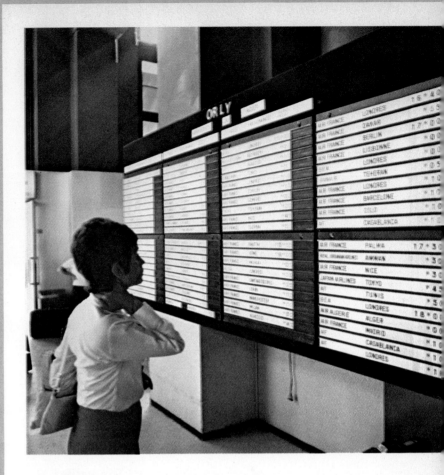

10
L'Exactitude

Les départs

La Gare de Lyon in Paris. Isabelle, her brother Bruno and their grandparents, M. and Mme Pétri, are going back to their respective homes after a vacation together in Paris. Isabelle and Bruno are going back to Marseille, while M. and Mme Pétri are going back to Milan (Italie).

ISABELLE: Pardon, Monsieur. De quelle voie part le prochain train pour Marseille?

EMPLOYÉ: De la voie 6. Il part à *13 heures 45.*

BRUNO: Et le prochain train pour Milan, s'il vous plaît?

EMPLOYÉ: Il part à *13 heures* de la voie 8.

ISABELLE: À quelle heure arrive-t-il à Milan?

EMPLOYÉ: Vers *minuit.* Attendez... À *vingt-trois heures cinquante,* exactement.

. . .

BRUNO: Grand-père! Grand-mère! Votre train part à *1 heure.* Dépêchez-vous, il est déjà *midi et demi!*

M. PÉTRI: Et le vôtre, mes enfants, à quelle heure part-il?

ISABELLE: Le nôtre part à *2 heures moins le quart.*

BRUNO: Nous avons le temps de vous accompagner jusqu'à votre train.

Variations

Make up new dialogues for the three situations below, using the dialogue above as a pattern and substituting other times for the italicized items. When necessary, use the variables given below for the corresponding underlined words in the text.

voie ~track~ ~gate~   train ~train~   deja -already   enfants children   sortir-to leave

porte ~gate~   avion plane   amis friends

prochain next   dépêcher hurry   jusqu'à as far as

Dialogue One: Jean-Louis Morel, his wife Liliane and her father M. Dampierre

These three are in the Gare du Nord, ready to take their respective trains: the Morels are going to Amsterdam (*Hollande*) on vacation, and M. Dampierre is going to Hambourg (*Allemagne*) on business.

Dialogue Two: Jacques et Christine Charpentier, Serge et Catherine Mallet

The two couples have not been able to agree on a place to spend their vacation together. They meet in the Gare de l'Est, only to go in different directions: the Charpentiers are going to Zurich (*Suisse*), the Mallets are going to Munich (*Allemagne*).

Dialogue Three: Rachid, Nicole, Omar and Sélima

The four friends, who have met during their stay in Paris, have just arrived at Orly (Paris airport) to fly back to their respective countries. Rachid and Nicole are going back to Casablanca (*Maroc*), and Omar and Sélima are going back to Beirouth (*Liban*).

Langue et Culture

la Gare de Lyon, la Gare Saint-Lazare, la Gare de l'Est, la Gare du Nord, and **la Gare Montparnasse** (all in Paris) are the five most important stations of the government owned railroads, commonly referred to as **la S.N.C.F. (La Société Nationale des Chemins de Fer Français).** Since the railroad network **(le réseau)** is in the form of a spider web with all lines radiating from Paris, it is difficult to go by rail from one provincial city to another (for example from Brest to Cherbourg) without going back to Paris. From Paris, one can go by rail to any place in Europe, as far as Moscow or Istambul. French trains are comfortable, clean, fast, and run on time. Most long-distance travel in France is done by train, car, or plane. Buses **(autocars)** are sometimes used to connect towns which are not more than 20 or so miles apart, when there is no railway connection. There is some long distance bus travel, but far less than in the U.S.

Marseille is the second largest city in France and an important port on the Mediterranean.

Milan: Born in Italy, Isabelle and Bruno's parents settled permanently in France.

Because France is one of the richest and most politically stable countries in Europe, it has long attracted people in search of a better life or political asylum. These immigrants have come in waves from all over Europe, mainly from Poland, Italy, Spain, Portugal, Algeria and France's ex-colonies in black Africa. Today in France almost all menial labor is done by immigrant workers, most of whom dream of returning to their own countries if and when they earn enough money to make a new start. However, some immigrants bring their families with them and settle in France permanently. The present huge influx of immigrant workers from Algeria, Portugal and black Africa has created problems in housing, health, education and especially race relations.

13 heures 45: In French, time can be expressed in two different ways. One is used commonly in conversation and is like the English or American way. The other, based on 24 instead of 12 hours is more precise and is used for time schedules and all official uses.

3 heures de l'après-midi	=	15 heures
3 heures du matin	=	3 heures
6 heures du soir	=	18 heures
6 heures du matin	=	6 heures

midi and **minuit** are masculine.
    12:30 **midi et demi**
     0:30 **minuit et demi**

Orly is a large international airport ten miles southeast of Paris.

Contrast **Nous avons le temps de vous accompagner** with **À quelle heure arrive-t-il à Milan?** When does one use **le temps**? When does one use **l'heure**?

Grammaire

Exercices Oraux

A. *Transformation*

  1. Le train part à une heure de l'après-midi. → **Le train part à treize heures.**
  2. Le train part à quatre heures de l'après-midi. →
  3. L'avion part à six heures du soir. →
  4. L'avion part à neuf heures du soir. →
  5. Le train part à deux heures de l'après-midi. →
  6. L'avion arrive à onze heures du soir. →
  7. Le train arrive à dix heures du matin. →

8. L'avion arrive à trois heures de l'après-midi. →
9. L'avion part à sept heures et demie du soir. →

B. *Transformation* (Possessive adjective → possessive pronoun)

1. Votre frère a vingt ans. → **Le vôtre a vingt ans.**
2. Votre père a cinquante ans. →
3. Votre oncle a quarante ans. →
4. Votre sœur a treize ans. → **La vôtre a treize ans.**
5. Votre mère a quarante ans. →
6. Votre tante a trente ans. →

7. Notre frère a vingt ans. → **Le nôtre a vingt ans.**
8. Notre père a cinquante ans. →
9. Notre oncle a quarante ans. →
10. Notre sœur a treize ans. → **La nôtre a treize ans.**
11. Notre mère a quarante ans. →
12. Notre tante a trente ans. →

13. Leur frère a vingt ans. → **Le leur a vingt ans.**
14. Leur père a cinquante ans. →
15. Leur oncle a quarante ans. →
16. Leur sœur a treize ans. → **La leur a treize ans.**
17. Leur mère a quarante ans. →
18. Leur tante a trente ans. →

19. Vos frères sont jeunes. → **Les vôtres sont jeunes.**
20. Vos cousins sont gentils. →
21. Vos oncles sont aimables. →
22. Vos sœurs sont jeunes. → **Les vôtres sont jeunes.**
23. Vos cousines sont gentilles. →
24. Vos tantes sont aimables. →

25. Nos frères sont jeunes. → **Les nôtres sont jeunes.**
26. Nos sœurs sont gentilles. →
27. Nos cousins sont aimables. →

28. Leurs frères sont jeunes. → **Les leurs sont jeunes.**
29. Leurs sœurs sont gentilles. →
30. Leurs cousines sont aimables. →

C. *Repetition and practice* (Singular — plural)

1. Je pars toujours en retard.   Nous partons toujours en retard.
2. Je pars demain à dix heures.   Nous partons demain à dix heures.
3. À quelle heure pars-tu?   À quelle heure partez-vous?
4. Tu pars en vacances avec nous?   Vous partez en vacances avec nous?
5. Il part à l'heure.   Ils partent à l'heure.
6. Elle ne part jamais à l'heure.   Elles ne partent jamais à l'heure.

Analyse Grammaticale

A. Notre fils part bientôt?

1	2	3	4
notre			
votre	fils		
leur		part	
notre			
votre	fille		bientôt
leur			
nos	fils		
vos		partent	
leurs	filles		

B. Oui, le vôtre part bientôt.

	1	2	3	4
		le vôtre		
		le nôtre		
		le leur	part	
oui		la vôtre		
		la nôtre		bientôt
		la leur		
		les vôtres		
		les nôtres	partent	
		les leurs		

Tables A and B

1. For a review of the relationship between possessive words and the "possessor" see chart p. 220.

2. The possessive words in column 1 of Table A are adjectives; they modify the nouns in column 2. Do the possessive words in column 2 of Table B modify nouns, or are they used as pronouns?

3. Possessive pronouns are formed by combining the correct form of definite article with a possessive word (Table B, column 2). With what words in Table A do these articles agree?

C1. Tu pars aussi?

1	2	3
tu	pars	
vous	partez	
il/elle	part	aussi
ils/elles	partent	

C2. Non, je ne pars pas.

	1	2	3
		je	ne pars pas
		nous	ne partons pas
non		il/elle	ne part pas
		ils/elles	ne partent pas

Tables C1 and C2

In column 2 of Table C1 and column 3 of Table C2 the forms of the present of the irregular verb **partir** are given. Which two forms are pronounced alike? What is the difference in pronunciation between the third person singular and the third person plural forms of this verb? **Partir** has two different stems in the present: one for the singular forms **(par-)** and one for the plural forms **(part-)**. Note that the consonant preceding the **-ir** is dropped from the singular stem but retained in the plural stem. Other verbs like **partir** are: **sortir** (*to go out*), **servir** (*to serve*), **dormir** (*to sleep*) and **s'endormir** (*to fall asleep*).

Exercices de Contrôle

A. Substitute the words in parentheses for the underlined words. Make the necessary changes.

> EXAMPLE: Sa voiture ne marche pas bien. Et la vôtre? (vélomoteur)
> **Son vélomoteur ne marche pas bien. Et le vôtre?**

1. Votre pavillon n'est pas loin du nôtre. (villa)
2. Notre appartement est plus spacieux que le leur. (maison)
3. Mon père connaît le vôtre. (mère)
4. À qui sont ces lunettes? Ce sont les vôtres? (livres)
5. C'est votre ami ou le leur? (amie)
6. Ce sont vos parents ou les leurs? (cousines)
7. Ce ne sont pas nos frères. Les nôtres sont plus beaux! (sœurs)

B. Replace the underlined words by the appropriate possessive pronouns.

> EXAMPLE: Votre voiture est plus grande que notre voiture.
> **Votre voiture est plus grande que la nôtre.**

1. Sa bicyclette et votre bicyclette sont dans la cour.
2. Notre maison et leur maison sont en banlieue.
3. Les amis de nos amis ne sont pas nos amis.
4. Nos parents et leurs parents sont de bons amis.
5. Leur appartement et notre appartement donnent sur le parc.
6. Nos cousins et vos cousins vont au lycée Molière.
7. Votre chambre est plus petite que notre chambre.
8. Mon chien connaît votre chien.

C. *Answer the following questions, using a possessive pronoun.*

> EXAMPLE: C'est ton livre?
> **Oui, c'est le mien.**

1. C'est votre voiture?
2. C'est sa bicyclette?
3. C'est leur magnétophone?
4. C'est ta mère?
5. C'est notre professeur?
6. Ce sont vos lunettes?
7. Ce sont leurs disques?

D. *Change the subjects and verbs in the following from singular to plural.*

> EXAMPLE: Quand pars-tu?
> **Quand partez-vous?**

1. Je pars maintenant.
2. Pourquoi part-elle?
3. Tu ne pars pas en province avec lui?
4. Il part pour Casablanca en voiture.
5. D'où pars-tu?

Mise en Pratique

A. *With a classmate complete and read aloud the following dialogues.*

1. M. LESAGE: À quelle ____ arrivent mes parents et les tiens?
   MME LESAGE: ____ arrivent à ____ et ____ arrivent à ____.

2. ALICE: Je viens d'appeler la Gare de Lyon.
   BENOÎT: Alors? ____ arrive leur train?
   ALICE: Tous les trains ont du retard aujourd'hui. D'après l'employé ____ va arriver vers ____.

3. AGNÈS: Qu'est-ce qui t'arrive?
   CHRISTOPHE: Notre ____ ne part ____ à ____.
   AGNÈS: Non? À quelle heure ____ alors?
   CHRISTOPHE: À ____.
   AGNÈS: Ah, zut alors! Quelle ____ maintenant?
   CHRISTOPHE: ____.

B. *Rearrange the following to make a dialogue between a ticket agent and a traveler.*

—Parfait! Je le prends.
—Il est déjà midi et demi. Je ne peux pas arriver à la gare à temps.
—...mais c'est un train pour Marseille, monsieur!
—Il y a un train qui part à 14 h 45...
—À treize heures, monsieur.
—Allô? À quelle heure part le prochain train pour Paris, s'il vous plaît?

C. *With a classmate make up an exchange based on the following situation: you and a friend meet by chance in the bus station. You ask your friend where he is going, when his bus (**son car**) is leaving and at what time he will arrive. Then your friend asks you the same questions.*

D. *Answer the following questions assuming that it is Standard Time in the U.S.A.*

1. Quelle heure est-il à Paris quand il est 9 heures du matin à New-York?
2. Quelle heure est-il à Paris quand il est midi à San Francisco?
3. Quelle heure est-il à Québec quand il est 20 heures à Paris?
4. Quelle heure est-il à Vancouver quand il est minuit à Québec?
5. Quelle heure est-il à Montréal quand il est 15 heures à Edmonton?

E. *Answer the following questions assuming that it is Daylight Saving Time in the U.S.A.*

1. Quelle heure est-il à Chicago quand il est 16 heures dix à Marseille?
2. Quelle heure est-il à Winnipeg quand il est midi à Paris?
3. Quelle heure est-il à Paris quand il est minuit à New-York?
4. Quelle heure est-il à Denver quand il est 10 heures du soir à New-York?
5. Quelle heure est-il à San Francisco quand il est midi à New-York?

Deux

«La politesse des rois»

En général, Jean-Claude Lebreton (17 ans) a bon appétit et il
mange tout ce qu'on lui sert. La famille se demande pourquoi
il se lève de table sans finir son dessert.

MME LEBRETON: Tu ne <u>finis</u> pas ton dessert? Il est tôt. Tu
as le temps!

JEAN-CLAUDE: Non, huit heures viennent de sonner. Je
dois être <u>au théâtre</u> dans <u>dix minutes</u>.

MME LEBRETON: Tu es toujours en retard! Agnès déteste
attendre. Elle va être <u>furieuse</u>.

JEAN-CLAUDE: Ne <u>t'en fais pas</u>! C'est avec Marianne
que j'ai rendez-vous.

MME LEBRETON: Eh! Don Juan! Amuse-toi bien, mais ne
rentre pas trop tard! Tu entends?

HÉLÈNE: Il va encore rentrer en pleine nuit et
réveiller tout le monde en allant se coucher.

Variations

Make up new dialogues for the three situations below, using the dialogue above as a pattern and substituting for each underlined word or phrase an item from the list below.

finis	au théâtre	dix minutes
mange	au cinéma	cinq minutes
	à l'exposition	un quart d'heure
		une demi-heure

furieuse	ne t'en fais pas
fâchée	ne te fais pas de soucis
de mauvaise humeur	ne t'inquiète pas
en colère	

Dialogue One: Les mêmes, trente ans après.

Jean-Claude a 47 ans maintenant, mais sa mère, Mme Lebreton, continue de le traiter comme un enfant.

Dialogue Two: Paulette, Gérard, Élise

Les parents de Paulette (21 ans), de Gérard (16 ans), et d'Élise (18 ans) sont absents. En leur absence, c'est Paulette qui a la charge de la famille. Elle est très stricte.

Dialogue Three: Isabelle, Gilles, M. Chéreau

Isabelle (12 ans) comprend maintenant pourquoi son oncle Gilles (32 ans) a l'air distrait.

Langue et Culture

la politesse des rois refers to the proverb «**L'exactitude est la politesse des rois.** » which means "Punctuality is the courtesy of kings."

Compare **la famille se demande pourquoi** and **la famille demande pourquoi.** Does **se demander** mean the same as **demander**?

le dessert: In France, no one rushes through a meal, nor does one ordinarily leave the table until everyone has finished.

Ne t'en fais pas! (Ne vous en faites pas!) is a colloquial expression.

le rendez-vous: The term **rendez-vous** refers to any kind of meeting or appointment and does not only mean "*date*" as it does when used in English. Remember that in France couples most often arrange to meet at the theatre (movies, etc.) and each pays for his or her own ticket.

tard: Contrast the use of **tard, retard,** and **retarder** in the following sentences:

> Ne rentre pas trop tard.
> Tu es toujours en retard.
> Le train a du retard.
> Ma montre retarde.

Compare **tu entends** and **ils ont l'air de s'entendre parfaitement.** Does **entendre** mean the same as **s'entendre?**

«*Rien ne sert de courir, il faut partir à point.*»   La Fontaine

Grammaire

Exercices Oraux

A. *Repetition and practice* (Singular — plural)

1. Tu finis ton dessert?   Vous finissez votre dessert?
2. Je finis toujours mon travail.   Nous finissons toujours notre travail.
3. Il ne finit jamais à l'heure.   Ils ne finissent jamais à l'heure.
4. Elle finit souvent la première.   Elles finissent souvent les premières.
5. Je dois partir.   Nous devons partir.
6. Tu dois rentrer?   Vous devez rentrer?
7. Il doit venir nous voir.   Ils doivent venir nous voir.

B. *Question — answer* (Affirmative)

1. Tu finis à six heures?   **Oui, je finis à six heures.**
2. Il doit être au lycée à neuf heures?
3. Tu n'entends pas?
4. Je dois vous attendre?
5. Vous avez le temps de finir?
6. Ils finissent de manger?
7. Devons-nous nous dépêcher?
8. Elle se lève toujours de bonne heure?

C. *Substitution*

1. Je dois aller au théâtre ce soir.   (vouloir) (pouvoir)

    Je veux aller au théâtre ce soir.
    Je peux aller au théâtre ce soir.

2. Nous allons arriver à l'heure.   (vouloir) (devoir)
3. Les enfants veulent partir en vacances.   (aller) (devoir)
4. Ton chien doit réveiller tout le monde.   (aller) (vouloir)

D. *Substitution*

1. La famille se demande pourquoi il part.   (je) (nous)

    Je me demande pourquoi il part.
    Nous nous demandons pourquoi il part.

2. Je me couche toujours tard.   (Jean-Pierre) (nous)
3. Mon frère se rend au théâtre.   (mes parents) (je)
4. Tu t'entends bien avec ta mère?   (vous) (Marie-Claude)
5. Nous devons nous coucher tôt.   (tu) (vous)

Analyse Grammaticale

A. Tu finis le dessert?

	1	2	3
	tu	finis	
	je	finis	
	il/elle	finit	le dessert
	nous	finissons	
	vous	finissez	
	ils/elles	finissent	

B. Non, je dois me rendre au théâtre.

	1	2	3	4	5
		je	dois	me rendre	
		tu	dois	te rendre	au théâtre
	non	il/elle	doit	se rendre	à l'exposition
		vous	devez	vous rendre	à la mairie
		nous	devons	nous rendre	
		ils/elles	doivent	se rendre	

Table A

Look at the verb forms in column 2. These are the forms of the present of the verb **finir**, one of a class of verbs called **-ir** verbs because their infinitives end in **-ir**. Unlike **partir (sortir, servir, dormir, s'endormir . . .)** **finir** is a regular **-ir** verb. Which forms of this verb are pronounced alike? What is added to the singular stem **(fin-)** to form the plural stem? Other common regular **-ir** verbs are: **choisir** (*to choose*), **rougir** (*to blush*), **réussir** (*to succeed*), **se réunir** (*to get together*).

Table B

1. The words in column 3 are the forms of the present of the irregular verb **devoir.** Which of these forms are pronounced alike? What is the difference in pronunciation between the third person singular and the third person plural? What consonant has been added to the singular stem (**doi-**) in the third person plural? Which two forms of **devoir** have endings that are pronounced? What is the stem of these forms?

2. Look at column 4. What do we call verbs preceded by an object pronoun in the same person and number as the subject? (See p. 195.) What is the verb form used in this column? Like the verbs **pouvoir** and **vouloir, devoir** usually takes a complementary infinitive to complete its meaning.

3. Which preposition is used with **se rendre** (column 5)? What is the gender of each noun in this column? (Note that nouns ending in **-tion** are feminine.)

Exercices de Contrôle

A. *Replace the underlined subject with the subject given in parentheses. Make the necessary changes.*

> EXAMPLE: J'attends l'autobus.   (nous)
> **Nous attendons l'autobus.**

1. Qu'est-ce que vous attendez pour partir?   (ils)
2. Est-ce que tu finis à l'heure aujourd'hui?   (vous)
3. Comment rentrez-vous de votre travail?   (tu)
4. Est-ce que tu attends Jean-Pierre?   (elle)
5. Est-ce qu'il doit prendre le train pour aller à l'usine?   (nous)
6. Nous partons tout de suite.   (je)
7. À quelle heure finit-il?   (ils)
8. Elle doit se rendre chez Robert.   (je)
9. Pourquoi dois-je rentrer à dix heures?   (nous)
10. Parce que tu dois te lever à six heures demain.   (vous)

B. *Replace the underlined subject with the subject given in parentheses. Make the necessary changes. Be sure to use the correct reflexive pronoun.*

> EXAMPLE: Il s'entend bien avec Monique.   (je)
> **Je m'entends bien avec Monique.**

1. Elle se demande pourquoi il est furieux.   (je)
2. À quelle heure est-ce que vous vous couchez?   (tu)
3. Je me dispute toujours avec elle.   (nous)
4. Nous nous demandons pourquoi Agnès est si souvent en retard.   (ils)
5. Est-ce que tu t'entends bien avec tes frères?   (vous)
6. Je m'entends bien avec lui.   (elle)
7. Quand nous nous dépêchons, nous arrivons à l'heure.   (vous)
8. Est-ce que vous vous amusez bien?   (ils)
9. Pourquoi vous disputez-vous?   (elles)
10. Je ne me lève jamais très tôt.   (il)
11. Nous nous rendons souvent chez elle.   (je)
12. Est-ce que tu te couches toujours tard?   (vous)

C.   *Replace the underlined words with the correct form of the verb in parentheses.*

1. Je veux aller à l'exposition avec toi.   (pouvoir)
2. Il doit arriver à l'heure.   (aller)
3. Vous pouvez partir à midi.   (devoir)
4. Nous allons prendre l'avion ce soir.   (vouloir)
5. L'équipe va jouer au foot demain.   (devoir)

Mise en Pratique

A. *With a classmate complete and read aloud the following dialogues.*

1. M. CLAVEL: Tu ne ____ pas ton dessert, Marie-Louise?
   MME CLAVEL: Non, j'ai ____ avec Isabelle à ____.
   M. CLAVEL: ____ alors, tu vas être ____: une heure vient de ____.
   MME CLAVEL: Et elle qui déteste ____! Elle va être ____.

2. M. BERTHELOT: Tu vas déjà ____? Tu es fatigué?
   YVES BERTHELOT: Non, mais je ____ me lever très ____ demain matin.
   M. BERTHELOT: Je te ____ à quelle heure?
   YVES BERTHELOT: ____.

3. MME DELMAS: Pourquoi ne finis-tu pas ton dessert?
   COLETTE: Parce que ____.

B. *With a classmate make up a short dialogue in which you compare your daily schedules: at what time you get up in the morning, whether you have time to eat, at what time you leave home, how you get to school, at what time you arrive, etc.*

«*On compte les défauts de qui se fait attendre.*»

Conversation

As usual every morning, Mme Vilar is trying to get her daughter Claudine out of bed and out of the house early enough for her to arrive at school on time.

MME VILAR : Claudine, il faut te réveiller. Il est six heures et quart.

CLAUDINE : Hein?

MME VILAR : Allons, sors de ton lit. Il est six heures vingt-cinq... Tu entends?

CLAUDINE : Oui, M'man.

MME VILAR : Claudine, dépêche-toi! Six heures et demie viennent de sonner. Attention, ne reste pas «cent sept ans» dans la salle de bains! Ton frère attend.

CLAUDINE : D'accord.[1] Je vais me dépêcher.

(*Toc! Toc! Toc!*)

MME VILAR : Claudine! Tu sais l'heure qu'il est? Il est déjà huit heures moins vingt. Qu'est-ce que tu fais là-dedans? Tu vas sortir, oui ou non? Ton frère doit partir travailler dans une demi-heure. Il a besoin de la salle de bains, lui aussi...

CLAUDINE : Voilà, voilà, j'arrive!

MME VILAR : Ah, te voilà! Ce n'est pas trop tôt! Quelle égoïste tu fais! Ton frère est furieux... Allons, viens manger quelque chose avant de[2] partir. À quelle heure dois-tu arriver au lycée ce matin?

CLAUDINE : À huit heures et demie.

MME VILAR : Mais tu vas être en retard! Tu ne vas pas être à la gare avant huit heures et quart.

CLAUDINE : Je ne vais pas prendre le train, ce matin. Je vais prendre mon vélomoteur.

MME VILAR : Et tu crois qu'avec ton vélomoteur tu vas arriver à l'heure au lycée?

CLAUDINE : Bien sûr,[3] si je pars tout de suite.

MME VILAR : Partir sans rien manger? Jamais de la vie,[4] ma petite!

CLAUDINE : Ne t'en fais pas, M'man. Je n'ai pas faim. Et puis, je vais rentrer déjeuner à midi. Tu vas pouvoir me gaver.[5]

---

[1] *OK*
[2] *before*
[3] *definitely*
[4] *not on your life*
[5] *to stuff* (*with food*)

QUESTIONS

1. À quelle heure Mme Vilar réveille-t-elle sa fille?
2. Pourquoi Claudine doit-elle se dépêcher et ne pas rester «cent sept ans» dans la salle de bains?
3. Combien de temps Claudine reste-t-elle dans la salle de bains?
4. À quelle heure sort-elle de la salle de bains?
5. Est-ce que le frère de Claudine est content?
6. Comment Mme Vilar trouve-t-elle sa fille?
7. À quelle heure Claudine doit-elle arriver au lycée?
8. Est-ce que Claudine va arriver à l'heure au lycée, si elle prend le train?
9. Comment veut-elle se rendre au lycée ce matin?
10. Pourquoi Claudine n'a-t-elle pas le temps de manger avant de partir?
11. Est-ce que sa mère est contente de la voir partir au lycée sans manger quelque chose avant?
12. Où Claudine va-t-elle déjeuner à midi?
13. Qui va gaver Claudine?

Résumé Grammatical

A. Possessives

Adjectives

Masc.	Fem.	Pl.
mon	ma	mes
ton	ta	tes
son	sa	sès
notre	notre	nos
votre	votre	vos
leur	leur	leurs

Pronouns

Masc.	Fem.	Masc. Pl.	Fem. Pl.
le mien	la mienne	les miens	les miennes
le tien	la tienne	les tiens	les tiennes
le sien	la sienne	les siens	les siennes
le nôtre	la nôtre	les nôtres	les nôtres
le vôtre	la vôtre	les vôtres	les vôtres
le leur	la leur	les leurs	les leurs

NOTES:

When the possessive pronoun is preceded by the prepositions **à** or **de** in the masculine singular and masculine and feminine plural forms, the regular contractions **au, aux, du,** and **des** are used: **au mien, aux miens (miennes), du sien, des siens (siennes),** etc.

The possessor is indicated by the first letter of both possessive adjectives and pronouns; for example **m** (**mon, le mien,** etc.) indicates that the possessor is **je**; **v** (**votre, le vôtre,** etc.) indicates that the possessor is **vous**. The letter **s** (**son, le sien,** etc.) indicates that the possessor is either **il** or **elle**. Do not make the mistake of thinking that **son** or **le sien** always means *his* and **sa** or **la sienne** means *her* or *hers*. Remember that possessives agree in gender and number with the thing possessed.

B. Verbs

1. Present of regular -re and -ir verbs

attendre

j'attends	nous attendons
tu attends	vous attendez
il/elle attend	ils/elles attendent

finir

je finis	nous finissons
tu finis	vous finissez
il/elle finit	ils/elles finissent

Other regular -re verbs:
entendre, rendre (to cause to be, to give back), **descendre**

Other regular -ir verbs:
choisir, rougir, réunir, réussir

2. Present of the irregular verbs **partir** and **devoir**

partir		devoir	
je **pars**	nous **partons**	je **dois**	nous **devons**
tu **pars**	vous **partez**	tu **dois**	vous **devez**
il/elle **part**	ils/elles **partent**	il/elle **doit**	ils/elles **doivent**

Verbs like **partir**:
sortir, dormir, s'endormir, servir

3. Present of reflexive verbs

se rendre		se lever	
je **me rends**	nous **nous rendons**	je **me lève**	nous **nous levons**
tu **te rends**	vous **vous rendez**	tu **te lèves**	vous **vous levez**
il/elle **se rend**	ils/elles **se rendent**	il/elle **se lève**	ils/elles **se lèvent**

Other reflexive verbs:
se coucher, s'amuser, se demander, se réunir, s'entendre

NOTE:
A grave accent is necessary over the **e** of the stem of **se lever** when the verb form has an unpronounced ending (**je me lève, ils se lèvent**).

C. The adverbial pronoun **y**

$$y = \begin{matrix} \text{à} \\ \text{dans} \\ \text{sur} \\ \text{en} \end{matrix} + \textit{a place}$$

EXAMPLES: Je vais au théâtre.   **J'y vais.**
Le livre n'est pas sur la table.   **Le livre n'y est pas.**

Exercices Écrits

A. *Rewrite the following sentences substituting the subjects given in parentheses for the underlined words.*

> EXAMPLE: Mon frère attend au coin de la rue.   (ils)
> **Ils attendent au coin de la rue.**

1. Je me lève tôt le matin.   (nous)
2. Nous choisissons des disques.   (le professeur)
3. Elle doit arriver à minuit.   (ses parents)
4. Tu sors ce soir?   (vous)
5. Je m'amuse à la campagne.   (mon chien)
6. Est-ce que les enfants prennent l'autobus?   (ton petit frère)
7. Où voulez-vous aller?   (tu)
8. Est-ce que je peux sortir, Maman?   (nous)

B. *Replace the underlined words by the correct forms of the verbs in parentheses.*

1. Nous commençons le livre.   (finir)
2. Le train arrive à cinq heures dix.   (partir)
3. Ma sœur se couche tard.   (se lever)
4. Ils attendent l'autobus au coin de la rue.   (prendre)
5. Bruno veut aller à Marseille.   (devoir)
6. Tu peux aller au cinéma ce soir?   (vouloir)
7. Ils n'écoutent rien.   (entendre)
8. Vous ne vous disputez jamais?   (amuser)

C. *Answer the following questions with any appropriate answer.*

> EXAMPLE: Pourquoi est-ce que Gérard ne va pas au cinéma avec nous?
> **Parce qu'il ne va pas bien.**
> *or* **Parce qu'il va à l'exposition avec ses parents.**
> *or* **Parce qu'il ne veut pas aller avec nous.** etc.,

1. Comment vous rendez-vous à l'école?
2. À quelle heure veux-tu déjeuner?
3. Où va Cécile ce soir?
4. Pourquoi vous dépêchez-vous?

5. Pourquoi le professeur est-il en colère?
6. À quelle heure vous réveillez-vous le matin?
7. Avec qui est-ce que Bruno a rendez-vous?
8. Pourquoi est-ce que tu es de mauvaise humeur?
9. Quand finit la réunion?
10. Où nous réunissons-nous?
11. Par quel chemin va-t-on à la mairie?
12. Comment peut-on aller au stade d'ici?

D. *Answer the following questions affirmatively using the adverbial pronoun* **y** *in your answer.*

> EXAMPLES: Ton chien est dans la voiture?
> **Oui, il y est.**
>
> Votre père va en France?
> **Oui, il y va.**

1. Tu te rends au lycée à pied?
2. Les enfants sont dans la cour.
3. Mon chien est sur la terrasse?
4. Est-ce qu'ils ne vont pas à la réunion?
5. Vos parents n'habitent pas en banlieue?
6. Est-ce que vous m'accompagnez au rendez-vous?

E. *Rewrite the following using* **c'est** *and possessive pronouns.*

> EXAMPLES: Cette chaise est à moi.
> **C'est la mienne.**
>
> La maison est à lui?
> **C'est la sienne?**

1. Cette voiture est à vous?
2. Ce bébé est à lui?
3. Ces disques sont à moi.
4. Cette villa est à eux.
5. La chambre du premier est à nous?
6. Le rez-de-chaussée est à elle.
7. Ces gosses sont à toi?

Dictée/Compréhension

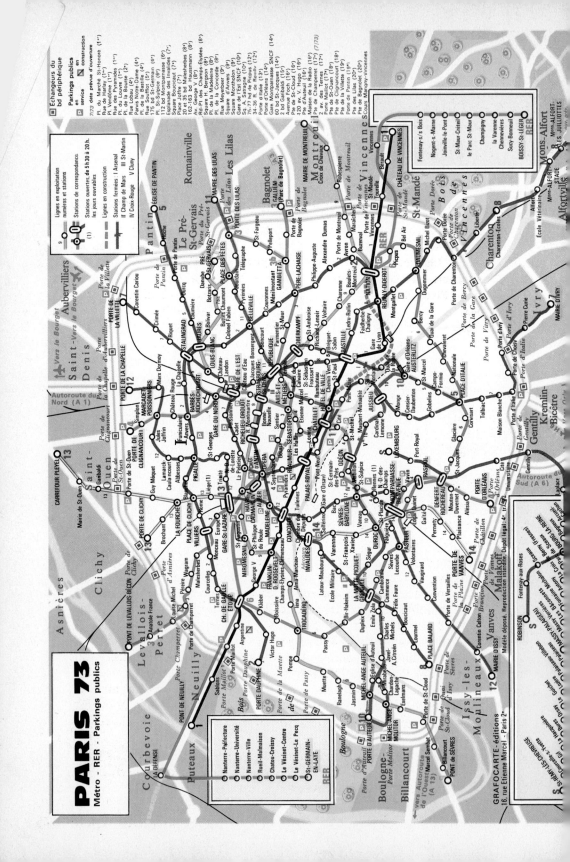

La Récréation

C'est la bonne direction?

The list below shows the 17 **métro** lines in Paris. Each line is identified by the names of its two terminals, for example: **la ligne Pont de Neuilly—Château de Vincennes.**

Pont de Neuilly — Château de Vincennes
Porte Dauphine — Nation
Pont de Levallois — Galliéni
Porte de Clignancourt — Porte d'Orléans
Église de Pantin — Place d'Italie
Étoile — Nation
Porte de la Villette — Mairie d'Ivry
Pré St-Gervais — Louis Blanc

Place Balard — Maisons-Alfort
Pont de Sèvres — Mairie de Montreuil
Porte d'Auteuil — Austerlitz
Mairie des Lilas — Châtelet
Porte de la Chapelle — Mairie d'Issy
Porte de Clichy — Gare St-Lazare
Invalides — Porte de Vanves
Luxembourg — Saint-Rémy
Saint-Germain-en-Laye — Boissy-St-Léger

Preliminary practice:

1. Repeat these names over and over until you can say them easily and quickly.
2. Practice locating a terminal on the map, following the line to the other terminal and naming it.

To play the game:

1. Name one student as conductor (score and time keeper).
2. Line up two teams of "passengers" (A and B).
3. When the conductor calls out **En voiture**, the game begins.
4. The first passenger of the A team calls out the name of a terminal (for example, **Pont de Neuilly**). The first passenger of the B team is to locate the line on the map and call out the name of the other terminal (for example, **Château de Vincennes**) within thirty seconds. He then calls out a terminal of a different line and the next player of the opposing team must answer. The game continues back and forth from side to side. If a player fails to give the correct terminal or cannot answer within thirty seconds, the conductor cries out **Descendez!** and the player is out of the game. The next player on the opposing team has the chance to answer in fifteen seconds. He then names the terminal of another line, and the game continues. (If the conductor sees a player looking at the list above instead of at the map, he calls out **Descendez tout de suite!** and the player is out.)
5. The game may end when each player has had a chance to participate or it may continue for a second round. The team having the most passengers left at the end of the game is the winning team.

Exposés

A. *Follow the* exposés *below as you hear them on tape. You will notice that they are expanded versions of earlier* exposés. *Be prepared to answer questions based on these* exposés.

1. J'aime bien mon copain Jean-Marc. Il ne travaille pas beaucoup au lycée, mais il est intelligent et amusant. Jean-Marc habite très loin du lycée et il doit prendre deux autobus et le métro pour s'y rendre. Sa mère le réveille tous les matins à six heures et demie, mais Jean-Marie n'aime pas se lever tôt. Il fait ses devoirs dans l'autobus et souvent ne les finit pas. Vers huit heures et demie il arrive au lycée, l'air distrait.

2. Nous ne sommes que trois chez nous: Maman, Papa et moi. Nous habitons une grande maison à la campagne. J'aime beaucoup la salle de séjour: c'est une grande et belle pièce. Nous y passons notre temps à parler de beaucoup de choses et à nous amuser avec nos amis. Je dis «nos» amis parce que les amis de mes parents sont les miens et mes amis sont les leurs. Nous avons de la chance de nous entendre si bien.

B. *Prepare an* exposé *based on one you have already done, expanding it to tell more about yourself, your family, a friend, your house, etc.*

11
La Date

Jour de travail

Deux élèves, Françoise et Geneviève, se rencontrent. C'est aujourd'hui le quinze septembre, jour de la rentrée des classes, et il y a beaucoup de monde dans la cour du lycée.

FRANÇOISE: Quelle journée! Tu connais ton nouvel emploi du temps?

GENEVIÈVE: Oui, et ça commence bien: trois heures de math tous les lundis matins!

FRANÇOISE: Ne te plains pas, va. Moi, j'ai trois heures de physique le samedi matin! C'est mon père qui va être furieux!

GENEVIÈVE: Oh, qu'elle est dure la vie des propriétaires de résidences secondaires!

FRANÇOISE: Tu rigoles, mais sans son samedi et son dimanche à la campagne, mon père est imbuvable pendant la semaine.

GENEVIÈVE: Qu'est-ce qu'il fait donc à la campagne, ton père?

FRANÇOISE: Il mange et il dort. Mais laissons là mon père. Quel jour as-tu plein air?

GENEVIÈVE: Le mercredi après-midi de deux heures à quatre heures. Et toi?

FRANÇOISE: Moi aussi! C'est formidable! Toi et moi allons pouvoir faire du basket ensemble.

(*Dring! Dring!*)

GENEVIÈVE: Ah! Voilà la cloche qui sonne. Qu'est-ce que tu fais après les cours? Nous nous retrouvons à la sortie?

Variations

Make up new dialogues for the three situations below, using the dialogue above as a pattern and substituting for each underlined word or phrase an item from the list below.

math(ématiques)	physique	son samedi et son dimanche
français	chimie	son week-end
anglais	sciences nat(urelles)	
histoire-géo(graphie)	travaux pratiques	
gym(nastique)		

dort	mercredi
se repose	mardi
se détend	jeudi
	vendredi

Dialogue One: Habib, Nuri

Ces deux amis sont élèves d'un grand lycée de Tunis. Ils parlent de leur nouvel emploi du temps.

Dialogue Two: Sylvie, Christine

C'est aujourd'hui la rentrée des classes au Lycée d'État du Parc Impérial à Nice. Deux lycéennes parlent de l'emploi du temps qu'elles viennent de recevoir.

Dialogue Three: Réal, Benoît

Ces deux cousins viennent de se rencontrer dans la cour de leur lycée à Québec. Ils parlent de leur emploi du temps pour la nouvelle année scolaire.

Langue et Culture

(elles) se rencontrent literally means *they meet each other*. Reflexive verbs in the plural sometimes indicate reciprocal action. For example: **Ils s'entendent parfaitement quand ils ne se disputent pas.**

élève (un/une) is a general term used in speaking of primary and secondary school students. To make the distinction between these two levels one uses the term **écolier (écolière)** for a primary school student and the terms **lycéen(ne)** or **collégien(ne)** for a secondary school student.

le lycée: French secondary or high school. The organization of a **lycée** is quite different from that of an American high school:
1. The **lycée** includes seven grades, the last two grades corresponding to the first two years of college in the U.S. and Canada.

2. At the end of the last year the **lycéen** takes a difficult exam called **le baccalauréat,** a prerequisite for university entrance.

3. The schedule of a **lycéen** varies from day to day. For example, on Mondays he may have seven hours of class (one hour of geometry, one hour of algebra, two hours of French, two hours of gym and an hour of English) and on Tuesday he may have only three hours of class with study periods in an assigned room.

4. The **lycéens** and their teachers do not have homerooms. The students have to carry with them everywhere all the material they will need throughout the day.

Contrast: **jour/journée; soir/soirée; an/année.** The longer forms of these words are used to emphasize the duration of time, while the shorter forms indicate a division of time.

le samedi means every Saturday and could be replaced by **tous les samedis.** To indicate a particular Saturday one uses **samedi.** For example: **Que fais-tu samedi** (*this Saturday*)? **Je vais à la campagne le samedi** (*every Saturday*).

résidence secondaire is a vacation home. Today more and more middle-class French families are buying **résidences secondaires.** In the past only the extremely wealthy had country homes.

rigoler is a colloquial equivalent for **rire.**

imbuvable which literally means *undrinkable* is a colloquial equivalent for **insupportable.**

le week-end is another example of **franglais.** The Anglo-Saxon institution of having Saturday as well as Sunday off is becoming more and more a part of French life.

les travaux pratiques are *lab periods*. **Travaux** is the plural of **travail.**

Jour de fête

Par un beau jour du mois de juillet, Mme Morison, une touriste américaine, arrive aux Champs-Elysées. Elle se trouve devant une foule énorme, ce qui la surprend un peu: «Mais qu'est-ce qui se passe?», se demande-t-elle. «Qu'est-ce que ces gens attendent? Pourquoi cette musique militaire et tous ces drapeaux? Ah! J'y suis! C'est le défilé du quatorze juillet! Vite, ma caméra! C'est le moment ou jamais de faire un film.» *crowd; surprises*

people

flags; I get it; parade

movie camera

Pour cela, Mme Morison doit s'approcher du défilé, ce que la foule ne lui laisse faire qu'avec difficulté. Enfin, après une lutte épique, Mme Morison arrive au premier rang pour s'apercevoir qu'il n'y a plus de film dans sa caméra. Mais au bout de quelques minutes le défilé impressionnant qui passe devant elle lui fait oublier cette petite déception et elle s'aperçoit qu'il est bien agréable de regarder pour le plaisir de regarder. Après le défilé, Mme Morison s'asseoit à la terrasse d'un café et écrit à ses enfants pour leur décrire ce qu'elle vient de voir. *heroic struggle; row*

end

forget; disappointment

sits down

describe

Langue et Culture

le 14 juillet (*Bastille day*) is the French national holiday commemorating the storming of the Bastille (July 14, 1789) and the founding of the French Republic. On the 14th of July, in Paris, there is a huge military parade down the Champs-Élysées. This parade passes in review before the president and other high government and military officials. This show of military strength is only one aspect of the celebration of the 14th of July. In the evening and far into the night, there are displays of fireworks, dancing in the streets, and wild driving.

les Champs-Élysées is the longest and widest avenue in Paris. Along the Champs-Élysées, which extends from the **Place de l'Étoile** (now officially called **Place Charles de Gaulle**) to the **Place de la Concorde,** there are trees, cafés, movie theaters, museums, and the Élysée Palace, official residence of the president of France.

QUESTIONS

1. Quel mois est-ce?
2. Où arrive Mme Morison?
3. Y-a-t-il beaucoup de monde aux Champs-Élysées?
4. Est-ce que Mme Morison est surprise de voir la foule?
5. Qu'est-ce qu'elle se demande?
6. Qu'est-ce que les gens attendent?
7. Qu'est ce qu'on entend?
8. Pourquoi est-ce que Mme Morison veut s'approcher du défilé?
9. Est-ce qu'elle réussit à arriver au premier rang?
10. Pourquoi ne peut-elle pas filmer le défilé?
11. Qu'est-ce qui lui fait oublier sa petite déception?
12. Qu'est-ce qu'il est bien agréable de faire?
13. Que fait Mme Morison après le défilé?

Grammaire

Exercices Oraux

A. *Repetition and practice* (Singular — plural)

1. Moi, je fais du basket.   Nous, nous faisons du basket.
2. Et toi? Que fais-tu le samedi?   Et vous? Que faites-vous le samedi?
3. Toi? Tu fais du foot?   Vous? Vous faites du foot?
4. Lui? Il ne fait rien le dimanche.   Eux? Ils ne font rien le dimanche.
5. Elle? Qu'est-ce qu'elle fait?   Elles? Qu'est-ce qu'elles font?
6. Moi, je fais des exercices oraux.   Nous, nous faisons des exercices oraux.

B. *Repetition and practice* (Demonstrative adjective singular — plural)

1. Tu écris ce devoir?   Tu écris ces devoirs?
2. J'écris cet exercice.   J'écris ces exercices.
3. Il écrit cette phrase.   Il écrit ces phrases.
4. Nous décrivons cette Américaine.   Nous décrivons ces Américaines.
5. Vous décrivez cet homme.   Vous décrivez ces hommes.
6. Elles décrivent ce défilé.   Elles décrivent ces défilés.

C. *Repetition and substitution*

1. C'est aujourd'hui lundi.   (mardi / mercredi / jeudi / vendredi / samedi / dimanche)
2. C'est aujourd'hui le premier janvier.   (février / mars)
3. On travaille dans le jardin en avril.   (mai / juin)
4. Tu pars en vacances au mois de juillet?   (août / septembre)
5. C'est aujourd'hui le deux octobre.   (novembre / décembre)

D. *Practice asking and answering the following questions.*

1. Quels sont les jours de la semaine?   **(Les jours de la semaine sont: lundi, . . .)**
2. Quel jour est-ce aujourd'hui?   **(C'est aujourd'hui mardi . . .)**

Février						
lundi	mardi	mercredi	jeudi	vendredi	samedi	dimanche
1	2	3	4	5	6	7
8	9	10	11	12	13	14
15	16	17	18	19	20	21
22	23	24	25	26	27	28

E. *Repetition and practice* (Indirect question — direct question)

1. Demandez ce qui se passe.   Qu'est-ce qui se passe?
2. Demandez ce qui arrive.   Qu'est-ce qui arrive?
3. Demandez ce qui se trouve sur la table.   Qu'est-ce qui se trouve sur la table?
4. Demandez ce qui rend Marc furieux.   Qu'est-ce qui rend Marc furieux?
5. Demandez ce qui ennuie les jeunes gens.   Qu'est-ce qui ennuie les jeunes gens?

F. *Repetition and practice* (Indirect question — direct question)

1. Demandez ce que la foule attend.   Qu'est-ce que la foule attend?
2. Demandez ce qu'on fait ici.   Qu'est-ce qu'on fait ici?
3. Demandez ce qu'on entend.   Qu'est-ce qu'on entend?
4. Demandez ce qu'on veut faire.   Qu'est-ce qu'on veut faire?
5. Demandez ce qu'il y a sur la table.   Qu'est-ce qu'il y a sur la table?

G. *Transformation* (Indirect question → direct question)

1. Demandez ce qu'on fait dans la cour.   →   **Qu'est-ce qu'on fait dans la cour ?**
2. Demandez ce qui s'approche.   →   **Qu'est-ce qui s'approche ?**
3. Demandez ce qui se passe.→
4. Demandez ce qui surprend la touriste américaine.   →
5. Demandez ce qu'on attend.   →
6. Demandez ce qui descend les Champs-Élysées.   →

Analyse Grammaticale

A1.   Qu'est-ce qui se passe?

	1	2
	qu'est-ce qui	se passe arrive se trouve au rez-de-chaussée
	qu'est-ce que (qu')	la foule regarde ils attendent il y a au rez-de-chaussée
	que (qu')	regarde la foule attendent-ils y-a-t-il au rez-de-chaussée

Table A1

1. Do the forms in column 1 ask questions, or introduce statements? May these questions be answered by *yes/no*, or are they information questions?

2. The forms in column 1 are called interrogative pronouns. Does **qu'est-ce qui** serve as a subject, or as a direct object?

3. Which two of the question forms serve as direct objects? Which of these two forms requires normal word order (subject-verb) in the question? Which requires inverted word order (verb-subject)?

4. Note that the three forms of the interrogative pronoun in column 1 all begin with **que** (or **qu'**). All interrogative pronouns beginning this way are the equivalent of the English interrogative pronoun *"what?"*

A2. Je ne sais pas ce qui se passe.

1	2	3
je ne sais pas	ce qui	se passe
		arrive
		se trouve au rez-de-chaussée
	ce que (qu')	la foule regarde
		ils attendent
		il y a au rez-de-chaussée

Table A2

1. Are the forms in column 2 interrogative pronouns asking questions? or are they relative pronouns showing a relationship between two clauses?

2. The relative pronoun **ce qui** is contained in the interrogative pronoun **qu'est-ce qui.** Which relative pronoun is contained in the interrogative pronoun **qu'est-ce que**?

3. Which relative pronoun is used as subject? Which is used as direct object?

B1. Qu'est-ce que tu fais ce matin?

	1	2	3	4
		tu fais	ce	matin
	qu'est-ce que (qu')	il fait	cet	après-midi
		vous faites	cette	semaine
		ils font	ces	jours-ci

B2. Moi? Je fais du basket.

1	2	3
moi	je fais	du basket
lui	il fait	de la chimie
nous	nous faisons	de l'histoire
eux	ils font	des maths

Tables B1 and B2

1. The words in column 2 of Tables B1 and B2 are forms of the irregular verb **faire.** Which of these forms are pronounced the same? Pay special attention to the forms **faites** and **font.**

2. Look at column 3 of Table B1. Which of these demonstrative adjectives are masculine singular? What is the difference in use of these two forms? Which form in column 3 is feminine singular? Which form is plural? The demonstrative adjective **ces** is used with both masculine and feminine plural nouns. Note that since the demonstrative adjectives **ce, cet,** etc. may mean either *this* or *that* (*these* or *those* in the plural), the particle **-ci** is sometimes added to limit the meaning to *this* (*these* in the plural). The particle **-là** is added in the same way to specify *that* (*those* in the plural), for example: **ces jours-ci** *these days;* **ces jours-là** *those days.*

3. Look at column 1 of Table B2. These forms of the personal pronouns are called emphatic pronouns, so called since they emphasize the person referred to. For a complete chart of the forms of these pronouns and a summary of their uses see the Résumé Grammatical p. 255.

Exercices de Contrôle

A. *In the following sentences replace the subjects by the words given in parentheses. Make all necessary changes.*

> EXAMPLE: Jérôme fait de l'anglais. (nous)
> **Nous faisons de l'anglais.**

1. Que fais-tu ici? (nous)
2. Elle fait tout à la maison. (je)
3. Mes frères font du foot. (mon père)
4. Qu'est-ce qu'il fait? (Béatrice et Agathe)
5. Tu fais attendre tout le monde. (vous)
6. Qu'est-ce que vous faites cet après-midi? (tu)

B. *Complete the following questions by choosing the correct form of the interrogative pronoun from those given in parentheses.*

1. _____ il y a sur la table? (que/qu'est-ce que)
2. _____ veut-il? (que/qu'est-ce que)
3. _____ se passe au lycée? (que/qu'est-ce qui)
4. _____ t'amuse? (que/qu'est-ce qui)
5. _____ sa sœur lui montre? (qu'est-ce qui/qu'est-ce que)
6. _____ regardes-tu? (que/qu'est-ce que)
7. _____ elle cherche dans la cour? (qu'est-ce que/qu'est-ce qui)
8. _____ ne marche pas? (que/qu'est-ce qui)

C. *Complete the following questions by using* **que, qu'est-ce que** *or* **qu'est-ce qui.**

1. _____ vous cherchez? La porte?
2. _____ regarde la foule? Le défilé?
3. _____ ne marche pas? La montre?
4. _____ écoute-t-elle? La musique?
5. _____ se trouve au premier étage? Les chambres?
6. _____ vous faites le samedi? Du volley?

D. *Change the following sentences to the singular.*

1. Ces gosses sont agaçants.
2. Ces paquets sont gros.
3. Ces hommes sont de mauvaise humeur.
4. Ces films sont bons.
5. Ces touristes américaines sont épuisées.
6. Est-ce que tu entends ces cloches sonner?

Mise en Pratique

Complete the following dialogues and read them out loud.

1. ÉLISE: Jean-Claude! Regarde! ____ se passe?

JEAN-CLAUDE: Je ne sais pas, allons voir. Monsieur, ____ arrive?

LE MONSIEUR: C'est ____ du quatorze juillet, jeune homme. ____ vous apprenez à l'école? Rien?

2. M. BÉRANGER: Alors, Gilles, tu connais ton ____ emploi du temps?

GILLES: Oui, tu veux ____ voir?

M. BÉRANGER: Bien sûr, je veux savoir ____ tu fais cette année.

GILLES: J'ai ____ heures de ____ par semaine et ____ heures de...

M. BÉRANGER: Tu ____ classe de deux heures à cinq heures ____? Et nos week-ends ____, alors? Tu vas nous faire rester ici?

3. MME DUBOIS: Tiens, Hélène! Que faites-vous ici?

MLLE DELAY: ____.

MME DUBOIS: Est-ce que vous avez le temps de venir nous voir?

MLLE DELAY: ____.

MME DUBOIS: Je ne peux pas, mais ____.

MLLE DELAY: ____?

MME DUBOIS: Oui, très bien. À bientôt, alors!

«*Allons, enfants de la patrie, Le jour de gloire est arrivé...*»

La Marseillaise

Conversation

Il est huit heures vingt du matin. Deux camarades de classe—Bernard et Gérard—arrivent ensemble au lycée.

BERNARD: Qu'est-ce que tu vas faire, demain?

GÉRARD: Ce que je vais faire aujourd'hui. Pourquoi?

BERNARD: Parce que demain, c'est jour de fête! Nous n'avons pas classe.

GÉRARD: Tu veux rigoler! C'est vrai? Le 8 mai est un jour de fête?

BERNARD: Mais oui, mon vieux, c'est la Fête de la Victoire[1] — avec défilés, drapeaux, musique militaire, etc...

GÉRARD: Ah ça, c'est chic! je vais enfin pouvoir dormir jusqu'à dix heures du matin!

BERNARD: Et que vas-tu faire l'après-midi?

GÉRARD: Je ne sais pas encore. En tout cas, je vais sortir en ville, sinon mes parents vont me demander de rester à la ferme[2] et de travailler avec eux.

BERNARD: Tes parents ne se reposent pas les jours de fête?

GÉRARD: Non, les gens qui travaillent la terre[3] ne peuvent jamais se reposer. Ça te surprend?

BERNARD: Un peu, parce que mes parents, eux, quand ils vont à la campagne, c'est pour s'y détendre.

GÉRARD: Ils sont propriétaires d'une «résidence secondaire», comme on dit?

BERNARD: Oh, c'est beaucoup dire! Ils louent une petite maison de campagne, pas loin d'ici, pour les week-end et jours de fête. Ils y vont demain.

GÉRARD: Et toi? Tu les accompagnes?

BERNARD: Non, moi j'aime mieux[4] rester en ville. Il y a un bon film policier[5] qui passe dans mon quartier. Est-ce que tu veux le voir avec moi?

GÉRARD: Quelle bonne idée! J'aime beaucoup ce genre[6] de film. Où est-ce que je te retrouve?

BERNARD: C'est comme tu veux. Nous pouvons nous retrouver chez moi ou devant le cinéma. Si tu viens à la maison, nous pouvons déjeuner ou dîner ensemble, écouter des disques, nous amuser...

---

[1] 1945 victory over Germany
[2] *farm*
[3] *land*
[4] *prefer*
[5] *whodunit*
[6] *kind*

GÉRARD: Où habites-tu? J'ai oublié ton adresse.

BERNARD: 180, avenue Mirabeau. Tu sonnes, tu entres et tu dis à la bonne que tu es un ami à moi. Sinon, elle va te dire que le docteur (mon père) est absent et que tu dois revenir.

GÉRARD: Est-ce que j'ai l'air malade?

BERNARD: De la tête, certainement!!

QUESTIONS

1. Qui ne sait pas que le 8 mai est un jour de fête?
2. Qu'y a-t-il le jour de la Fête de la Victoire?
3. Pourquoi Gérard est-il si content?
4. Pourquoi ne veut-il pas rester chez lui le 8 mai?
5. Où habitent Gérard et ses parents?
6. Quel genre de travail font les parents de Gérard?
7. Où habitent Bernard et ses parents?
8. Que font les parents de Bernard quand ils vont à la campagne?
9. Quand vont-ils dans leur petite maison de campagne?
10. Pourquoi Bernard n'accompagne-t-il pas ses parents?
11. Qui aime beaucoup les films policiers?
12. Où les deux amis vont-ils se retrouver?
13. Quel travail fait le père de Bernard?
14. D'après Bernard, de quoi Gérard a-t-il l'air malade?
15. Est-ce que Bernard est sérieux quand il dit ça, ou est-ce qu'il se moque de Gérard?

12
Fêtes et Anniversaires

Jamais
deux sans trois

En léchant les vitrines le long des boulevards, Monique rencontre Marie-José. Généralement Marie-José a l'air *gaie* mais
aujourd'hui elle a l'air *préoccupée*.

MARIE-JOSÉ: Quelle semaine! Jeudi, c'est l'anniversaire de
Maman. Vendredi, c'est la fête de ma sœur.
Et samedi, je suis invitée à un mariage.

MONIQUE: Ah, oui? Qui est-ce qui se marie?

MARIE-JOSÉ: Un ami d'enfance, Gérard Clavel. Tu le
connais, je crois?

MONIQUE: Oui, je vois qui c'est. Qui est-ce qu'il épouse?

MARIE-JOSÉ: Une Haïtienne qu'il connaît depuis trois
mois.

MONIQUE: C'est le coup de foudre, hein! Est-ce que tu
vas leur faire un cadeau?

MARIE-JOSÉ: Oui, je suis obligée. Et en plus, je dois offrir
quelque chose à Maman et à ma sœur!

MONIQUE: Je peux t'aider à choisir si tu veux. J'adore
faire les courses.

MARIE-JOSÉ: Merci, tu es gentille, mais là n'est pas le
problème.

MONIQUE: Problème?

MARIE-JOSÉ: Oui. Qui va m'aider à payer tous ces cadeaux? Toi?!

Variations

Make up new dialogues for the two situations below, using the dialogue above as a pattern and substituting for each underlined word or phrase an item from the list below.

gaie	préoccupée
de bonne humeur	de mauvaise humeur

Dialogue One: Christian, Alain

En se promenant le long de la rue Saint-Louis (Québec), Alain rencontre son ami Christian.

Dialogue Two: Jacques, Agnès

En se rendant rue Neuf (Bruxelles), Agnès rencontre son copain Jacques.

Langue et Culture

en léchant les vitrines: en followed by the present participle (verb form in **-ant**) is like the English expression *while + -ing.*

l'anniversaire means *birthday.* **La fête,** when used in connection with an individual, means *saint's-day.* For instance, Gilles Laforgue's birthday **(son anniversaire)** is May 16 and his saint's-day **(la fête de saint Gilles)** is September 1. Both birthdays and saint's-days are celebrated.

une Haïtienne qu'il connaît depuis trois mois: . . . *whom he has known for three months.* French, unlike English, uses the present tense to indicate an action which began in the past *(three months earlier)* and is still going on.

offrir: this **-ir** verb is conjugated in the present like an **-er** verb: **j'offre, tu offres, il offre, nous offrons, vous offrez, ils offrent.**

LES VÊTEMENTS

le pull à col roulé

le collier

le chemisier

la jupe

la chemi...

le sac

les chaussettes   la cravate

le manteau

le foulard

la robe

le blue-jean

la veste

le pantalo...

les chaussures

244

Vivre d'amour
et d'eau fraîche

To live on love

(and cool water)

Deux jours avant leur mariage, Bertrand Galet et sa fiancée Mariette Barbier entrent dans les Galeries Lafayette. Ils ont beaucoup de courses à faire et très peu d'argent. Tous deux sont encore étudiants et n'ont que leurs bourses pour vivre. Le père de Bertrand, qui est ouvrier chez Renault, leur a donné une petite somme d'argent pour qu'ils s'achètent quelques bonnes casseroles. Les parents de Mariette, qui ont une petite ferme pas loin de Trois-Rivières, ont envoyé un peu de leurs économies.

before

errands; money
scholarships
worker

pots, saucepans

savings

Bertrand veut acheter une nouvelle robe pour Mariette; Mariette n'est pas d'accord. Elle dit que Bertrand a besoin d'un nouveau pantalon. Finalement, Bertrand emmène Mariette de force vers le rayon «jeunes filles». Il y a tant de robes, de jupes, et de chemisiers, qu'au bout de quelques minutes Mariette et Bertrand sont prêts à abandonner et partir sans rien acheter, quand une vendeuse les sauve en prenant la situation en main. Elle sait exactement ce que Mariette cherche (une jolie robe, bon marché), et lui fait essayer toutes sortes de jolies robes. Après quelques hésitations sur le prix, («Est-ce que ce n'est pas trop cher pour nous?») Mariette et Bertrand quittent le rayon, le sourire aux lèvres et un paquet sous le bras. Mariette insiste à nouveau: Bertrand doit acheter au moins une chemise et une cravate. Bertrand refuse. Il veut absolument porter le pull à col roulé que Mariette lui a tricoté pour son anniversaire.

doesn't agree

drags
department; so many

ready to

saves

inexpensive
try on
price; expensive
leave; smiles
on their lips; arm

to wear
knitted

Ils décident maintenant de descendre au sous-sol pour acheter des casseroles. Au rez-de-chaussée, en passant devant le rayon des bijoux, ils s'aperçoivent tout à coup qu'ils n'ont pas d'anneaux pour la cérémonie du mariage. Ils dépensent le reste de leur argent pour de beaux anneaux d'or et disent, sans trop de chagrin, adieu à leurs casseroles.

basement

jewelry; suddenly
rings
spend
gold; sorrow

Langue et Culture

fraîche: The masculine form of this adjective is **frais**.

les Galeries Lafayette is a famous department store in Paris.

Renault is the largest automobile manufacturing company in France and one of the largest in Europe. It is government-owned.

Trois-Rivières is a Canadian city in the province of Québec, midway between Montréal and Québec City.

le prix: Nouns ending in **x**, like nouns ending in **s**, do not add **s** to form the plural: **les prix.**

QUESTIONS

1. Quand est-ce que Bertrand et Mariette vont se marier?
2. Où est-ce que les fiancés se rendent?
3. Pourquoi n'ont-ils pas beaucoup d'argent à dépenser?
4. Où travaille le père de Bertrand?
5. Qu'est-ce que M. Galet leur a donné?
6. Où habitent les parents de Mariette?
7. Qu'est-ce qu'ils ont envoyé?
8. Qu'est-ce que Bertrand veut acheter?
9. Est-ce que sa fiancée est d'accord? Que veut-elle acheter?
10. Pourquoi sont-ils prêts à partir sans rien acheter?
11. Qui sauve la situation?
12. Est-ce que Mariette réussit à trouver une robe pour la cérémonie?
13. D'après Mariette, qu'est-ce que Bertrand doit acheter?
14. Pourquoi Bertrand refuse-t-il?
15. Que décident-ils de faire maintenant?
16. De quoi s'aperçoivent-ils en passant devant le rayon des bijoux?
17. Comment dépensent-ils le reste de leur argent?

Grammaire

Exercices Oraux

A. *Repetition and practice* (Singular — plural)

1. J'achète un cadeau pour lui.   Nous achetons un cadeau pour lui.
2. Qu'est-ce que tu achètes?   Qu'est-ce que vous achetez?
3. Est-ce qu'il achète une maison?   Est-ce qu'ils achètent une maison?
4. Tu achètes une robe?   Vous achetez une robe?
5. J'achète un appartement.   Nous achetons un appartement.

B. *Repetition and practice*   (Singular — plural)

1. Je le vois en classe.   Nous le voyons en classe.
2. Tu le vois en classe?   Vous le voyez en classe?
3. Il le voit en classe.   Ils le voient en classe.

4. Je l'aperçois souvent.   Nous l'apercevons souvent.
5. Tu l'aperçois souvent?   Vous l'apercevez souvent?
6. Il l'aperçoit souvent.   Ils l'aperçoivent souvent.

7. Je ne sais pas.   Nous ne savons pas.
8. Tu ne sais pas?   Vous ne savez pas?
9. Il ne sait pas.   Ils ne savent pas.

C. *Repetition and practice*

1. Qui attend?   Qui est-ce qui attend?
2. Qui se marie?   Qui est-ce qui se marie?
3. Qui va m'aider?   Qui est-ce qui va m'aider?
4. Qui arrive?   Qui est-ce qui arrive?
5. Qui offre ce cadeau?   Qui est-ce qui offre ce cadeau?

D. *Transformation* (Indirect question → direct question)

1. Claude demande qui attend.   →   **Qui attend?   Qui est-ce qui attend?**
2. Guy demande qui est absent.   →   **Qui est absent?   Qui est-ce qui est absent?**
3. M. Blot demande qui regarde le défilé.   →
4. Maman demande qui joue au tennis.   →
5. Elle demande qui va se marier.   →

E. *Transformation* (Statement → question with **qui** as direct object)

1. Éliane attend Christophe.   →   **Qui Éliane attend-elle?**
2. Nous rencontrons Marie-José.   →   **Qui rencontrons-nous?**
3. Christian rencontre la concierge.   →

4. Il aime bien sa cousine. →

5. Mme Leduc cherche son mari. →

6. Le professeur écoute les élèves. →

7. Marianne aide sa mère. →

F. *Transformation* (qui → **qui est-ce que**)

1. Qui Éliane attend-elle? → **Qui est-ce qu'Éliane attend?**

2. Qui cherchez-vous? → **Qui est-ce que vous cherchez?**

3. Qui Monique aide-t-elle? →

4. Qui Bertrand va-t-il épouser? →

5. Qui invitent-ils au mariage? →

6. Qui le Premier ministre rencontre-t-il? →

7. Qui la concierge n'aime-t-elle pas? →

Analyse Grammaticale

A1. Qui rencontre Marie-José?

1	2	3
qui qui est-ce qui	rencontre	Marie-José

A2. Monique rencontre Marie-José.

1	2	3
Monique	rencontre	Marie-José

B1. Qui Monique rencontre-t-elle?

1	2
qui	Monique rencontre-t-elle
qui est-ce que	Monique rencontre

B2. Monique rencontre Marie-José.

1	2	3
Monique	rencontre	Marie-José

Look at column 1 in Tables A1, and B1. What kind of pronouns are these forms? Do these interrogative pronouns refer to persons or things? What word do they all have in common that indicates they refer to persons? Look at Table A1 column 1. How are these interrogative pronouns used? (subject or object)? Table A2 column 1 will confirm your answer.

Look at Table B1 column 2. How is the word **Monique** used? How are the interrogative pronouns in column 1 used (subject or object)? Table B2, column 3 will confirm your answer. Which form of the interrogative pronouns can be used either as subject or as object? Look at Tables A1 and B1.

Note that after **qui** used as object the inverted order is necessary. When there is a noun subject, it is followed by the verb + the pronoun subject of the same person, gender and number as the noun subject (Table B1).

Exercices de Contrôle

A. *Complete the following questions by choosing the correct form of those given in parentheses.*

> EXAMPLE: ＿＿＿ vous regardez? (qui, qui est-ce que)
> **Qui est-ce que vous regardez?**

1. ＿＿＿ achète ce livre? (qui est-ce que, qui est-ce qui)
2. ＿＿＿ cherchez-vous? (qui, qui est-ce qui)
3. ＿＿＿ entre dans le grand magasin? (qui est-ce que, qui)
4. ＿＿＿ tu attends? (qui, qui est-ce que)
5. ＿＿＿ sait ce que Mariette cherche? (qui, qui est-ce que)

B. *Form questions from the following statements by using the correct (short) form of the interrogative pronoun to replace each underlined word.*

> EXAMPLES: Marc rencontre Luc.
> **Qui rencontre Luc?**
>
> Marc rencontre Luc.
> **Qui Marc rencontre-t-il?**

1. Marie n'est pas à la maison.
2. Elle ne veut pas aider sa mère.
3. Mlle Leblanc attend le vendeur.
4. Mme Durand va acheter des casseroles.
5. Monique adore Charles.

C. *Form questions from the following statements using the correct (long) form of the interrogative pronoun to replace each underlined word.*

> EXAMPLES: Nous rencontrons Marie-José.
> **Qui est-ce qui rencontre Marie-José?**
>
> Monique rencontre Marie-José.
> **Qui est-ce que Monique rencontre?**

1. Claire n'aime pas Jean-Claude.
2. Les élèves écoutent le professeur.
3. Nous regardons les enfants.
4. Guy retrouve les autres étudiants.
5. On attend une vendeuse.

D. *Change the following to direct questions. Make all necessary omissions and changes.*

EXAMPLES: Georges demande qui est à la porte.
Qui (Qui est-ce qui) est à la porte?

Paul nous demande qui nous attendons.
Qui attendez-vous? (Qui est-ce que vous attendez?)

1. Le professeur demande qui ne comprend pas la question.
2. Je demande qui va m'accompagner à la cérémonie.
3. Nous nous demandons qui nous allons inviter au mariage.
4. Il demande qui ne veut pas y aller ce soir.
5. Demandez qui veut aller voir le nouvel appartement.

«La façon de donner vaut mieux que ce qu'on donne.»

Mise en Pratique

A. *Read the following passage about Roland and his fiancée Juliette.*

Roland et Juliette sont aux Galeries Lafayette. Ils se demandent ce qu'ils doivent acheter. Roland veut acheter une nouvelle robe pour Juliette. Juliette dit qu'elle n'a pas besoin d'une robe, que c'est Roland qui doit acheter un pantalon pour la cérémonie. Roland dit non. Il veut absolument porter son «blue-jean». Juliette dit que dans ce cas, elle ne va s'acheter une robe que s'il achète une chemise et une cravate. Roland n'est pas d'accord. Il a l'intention de porter son pull à col roulé. Juliette, furieuse, dit qu'elle ne veut plus se marier avec lui. Roland demande alors ce qu'ils vont faire avec les anneaux.

With a classmate transform the narrative above into a dialogue. Begin the narrative as shown below:

Roland et Juliette sont aux Galeries Lafayette. Ils se demandent ce qu'ils doivent acheter.

ROLAND: Je veux acheter une nouvelle robe pour toi.

JULIETTE: . . .

B. *With a classmate make up a dialogue about shopping for birthday presents. The words listed below, all of which you have already used, may help you.*

l'argent (*m*)	le disque	le pantalon
le magasin	le tourne-disque	la robe
le rayon	le magnétophone	le chemisier
le vendeur	la bicyclette	la jupe
la vendeuse	la montre	la chemise
	le chronomètre	la cravate
	la caméra	le blue-jean
	le bijou	le pull à col roulé
	le livre	la taille

le sous-sol	cher	lécher les vitrines
le rez-de-chaussée	bon marché	choisir
le premier étage		chercher
le deuxième étage		acheter
		payer

C'est combien? how much is it?
aller bien to look well, to fit (**La robe vous va bien.**)

Conversation

Deux sœurs, Chantal (15 ans) et Christine (14 ans) bavardent en se préparant à sortir faire des courses pour leur mère.

CHANTAL: Dis donc, Christine, qu'est-ce que nous allons offrir à Papa pour la Fête des Pères?

CHRISTINE: Quand est-ce?

CHANTAL: Dans deux semaines. Le 18 juin, exactement.

CHRISTINE: Déjà? Mais je n'ai plus d'argent après ce qu'on[1] a donné à Maman pour la Fête des Mères!

CHANTAL: Oh, n'exagère pas! Si nous faisons des économies, au bout de deux semaines nous pouvons offrir à Papa quelque chose de bien.

CHRISTINE: Et puis, nous pouvons demander à Maman de nous aider.

CHANTAL: J'aime mieux ne pas lui demander. Elle n'a pas beaucoup d'argent en ce moment. Elle et Papa viennent de payer la voiture et ils ont envoyé une grosse somme d'argent à notre cher frère qui vit comme un prince à Paris.

CHRISTINE: Mais que nous sommes bêtes! Nous ne sommes pas obligées d'acheter un cadeau. Nous pouvons lui tricoter quelque chose. Ce genre de cadeau fait toujours plaisir.

CHANTAL: Tiens, oui, si on lui tricotait un pull?[2] Je crois me rappeler[3] qu'il a envie[4] d'un pull rouge à col roulé.

CHRISTINE: Tu tricotes vite, n'est-ce pas? Parce que nous allons avoir des difficultés à finir un pull en deux semaines, avec l'emploi du temps que nous avons.

CHANTAL: Oh, nous pouvons tricoter dans le train en allant au lycée, pendant les récréations...

CHRISTINE: ...et surtout la nuit. Papa va s'en apercevoir, tu vas voir!

CHANTAL: Nous pouvons toujours lui dire que nous avons beaucoup de devoirs à faire... Mais, viens, descendons acheter ce qu'il nous faut pour commencer le plus tôt possible.

CHRISTINE: Dis-donc, tu connais ses mesures?

CHANTAL: Non, mais Oncle Jean a la même taille que Papa. On peut donc mesurer et essayer le pull sur lui.

CHRISTINE: C'est Tante Hélène qui va être contente! Oncle Jean va lui demander pourquoi elle ne lui tricote pas un beau pull rouge à col roulé pour la Fête des Pères!

---

[1] **on** is used frequently instead of **nous**
[2] *how about knitting him a sweater*
[3] *to remember*
[4] *he would like*

QUESTIONS

1. De qui est-ce la fête, le 18 juin?
2. Pourquoi Christine n'a-t-elle plus d'argent?
3. Qu'est-ce que Chantal propose de faire?
4. À qui Christine veut-elle demander de l'argent?
5. Est-ce que Chantal et Christine vont acheter un cadeau pour leur père? Qu'est-ce qu'elles vont faire?
6. Comment vont-elles faire pour finir le pull en deux semaines?
7. Sur qui vont-elles mesurer et essayer le pull?
8. Qui est-ce qui va être contente?
9. Qu'est-ce qu'Oncle Jean va demander à sa femme?

Résumé Grammatical

A. Interrogatives

1. Pronouns

		Persons	Things	
Subject		qui qui est-ce qui	qu'est-ce qui	normal order
Object		qui	que (qu')	inversion
		qui est-ce que (qu')	qu'est-ce que (qu')	normal order

2. Adjectives

	Masc.	Fem.
Sing.	quel	quelle
Plur.	quels	quelles

3. Adverbs

où?   combien?
quand?   pourquoi?
comment?

B. Verbs

1. The present of the irregular verbs faire, voir, écrire, savoir

faire

je fais	nous faisons
tu fais	vous faites
il fait	ils font

voir

je vois	nous voyons
tu vois	vous voyez
il voit	ils voient

écrire

j'écris	nous écrivons
tu écris	vous écrivez
il écrit	ils écrivent

savoir

je sais	nous savons
tu sais	vous savez
il sait	ils savent

Décrire is conjugated like écrire.

2. Present of the orthographic changing verb **acheter**

acheter

j'achète	nous achetons
tu achètes	vous achetez
il achète	ils achètent

In the present of **acheter** as in **se lever** (p. 221) a grave accent is necessary over the **e** of the stem (**achet-**) when the ending is not pronounced.

C. Emphatic pronouns

Singular	Plural
moi	nous
toi	vous
elle	elles
lui	eux

Some common uses of the emphatic pronouns are:

1. to emphasize the subject.
   Moi, je ne veux pas écrire les exercices.
   Mon père, lui, n'aime pas le cinéma.

2. as object of a preposition.
   Ce magnéto est à nous.
   Je veux y aller avec toi.

3. in comparatives.
   Tu es plus âgé que lui.
   Nous sommes plus jeunes qu'eux.

4. after **c'est** or **ce sont.**
   Ce sont eux qui ne le savent pas.
   C'est toi qui vas répondre.

5. in compound subjects.
   Mon frère et moi allons au gymnase.
   Mon frère et moi, nous allons au gymnase.

6. to express a personal pronoun used alone.
   Qui va m'aider? Toi?
   Qui va écrire la lettre? Elle?

D. Demonstrative adjectives

	Singular	Plural
Masculine	ce cet*	ces
Feminine	cette	

Exercices Écrits

A. *Complete the following questions by choosing the correct form from those given in parentheses.*

> EXAMPLE: (Qui, Qui est-ce que) tu attends?
> **Qui est-ce que tu attends?**

1. (Qui, Qu'est-ce qui) se passe?
2. (Qu'est-ce que, Que) tu achètes?
3. (Qu'est-ce qui, Qui est-ce que) arrive?
4. (Qui, Qui est-ce que) ne croit pas le professeur?
5. (Qu'est-ce que, Qu'est-ce qui) te rend distrait?

B. *Answer the following questions using in your answer the correct word of those given in parentheses.*

> EXAMPLE: Qui est-ce que tu attends? (l'autobus / mon père)
> **J'attends mon père.**

1. Qu'est-ce qui arrive? (mon oncle/le défilé)
2. Qu'est-ce qu'il y a sur la table? (des paquets/une concierge)
3. Qui est-ce qui aime les bijoux? (mon grand-père/le magasin)
4. Qui est-ce que la foule attend? (le défilé/le Premier ministre)
5. Qu'est-ce que vous allez choisir comme cadeau? (son mari/une cravate)
6. Qui détestes-tu? (la chimie/mon cousin)
7. Que veut-elle pour son anniversaire? (le Premier ministre/un disque)
8. Qui est-ce qui a l'heure? (ma montre/ma mère)

---

* **Cet** is used before masculine singular nouns which begin with a vowel and most nouns beginning with the letter **h**.

C. *Write the questions for which the following are answers. (Start each question with the correct form of the interrogative pronoun.)*

> EXAMPLE: Le programme commence.
> **Qu'est-ce qui commence?**

1. Le défilé arrive.
2. Le Premier ministre parle.
3. On écrit les devoirs.
4. On attend la vendeuse.
5. Je ne sais pas le prix.
6. Il choisit un cadeau.
7. Ma sœur le voit depuis six mois.

D. *Complete the following questions by the appropriate interrogative word (pronoun, adverb or adjective) as indicated by the answer given in parentheses.*

> EXAMPLES: ____ vas-tu? (bien)
> **Comment vas-tu?**
>
> ____ jour est-ce? (mardi)
> **Quel jour est-ce?**

1. ____ pars-tu de chez toi? (de bonne heure)
2. ____ habite-t-il? (à Paris)
3. ____ se passe? (une fête)
4. ____ cherchez-vous? (le professeur)
5. ____ cherchez-vous? (un cadeau)
6. ____ arrive-t-il? (à midi)
7. ____ de frères a-t-elle? (deux)
8. ____ cravate préférez-vous? (la bleue)

E. *Complete the following sentences with the correct form of the verb given in parentheses.*

1. Mon père ne me ____ jamais. (croire)
2. Qui va m'aider à ____ ces gros paquets? (faire)
3. ____-vous que le Premier ministre exagère? (croire)
4. Ils ne ____ pas ce qu'ils doivent faire. (savoir)
5. Ils ____ de gros efforts. (faire)
6. Ne ____-tu pas que je suis très fatigué? (voir)
7. Quelquefois nous ____ les exercices en classe. (écrire)
8. Nous ____ souvent des touristes aux Champs-Élysées. (voir)
9. Ce livre ____ très bien la vie au Canada. (décrire)
10. Je ne ____ pas pourquoi tu es fâchée. (savoir)

F. *Complete the following, using a different form of the emphatic pronoun for each blank.*

1. Son frère est plus gros que ____.
2. Ce paquet est pour ____.
3. C'est ____ qui avez faim?
4. ____, tu es toujours en retard!
5. Jean-Louis et ____ sommes dans la même classe.
6. Qui achète une robe? ____.
7. Ils vont partir sans ____?
8. Vous êtes aussi sérieux que ____.

G. *Complete the following sentences by the appropriate form of the demonstrative adjective.*

1. Qui va payer tous ____ cadeaux?
2. Mme Morison aime bien ____ musique.
3. Je déteste ____ petites déceptions.
4. Qu'est-ce que vous allez faire ____ week-end?
5. Est-ce que ____ emploi du temps te plaît?

H. *Use each of the following interrogative words to form a question:* où, comment, qu'est-ce qui, que, quand, combien, qui, quel(le), qui est-ce que, qu'est-ce que, est-ce que.

      EXAMPLE: Où
          Où habites-tu?

I. *From the elements given form correct questions or exclamations.*

1. Quel / être / livres / que / tu / acheter?
2. Quel / jeune / fille / aimer / vous / bien?
3. À / quel / heure / arriver / tu / à / maison / soir?
4. Quel / être / ton / adresse / Paris?
5. Quel / élèves / être / absent / aujourd'hui?
6. Quel / journée! / Nous / venir / de / recevoir / notre / nouveau / emploi / temps!
7. Qu'est-ce que / vous / acheter / anniversaire / votre / mère?
8. Qui est-ce que / ils / inviter / mariage / leur / enfants?
9. Qui est-ce qui / acheter / nouveau / appartement?
10. Nous / croire / que / ils / savoir / réponse.

Dictée / Compréhension

La Récréation

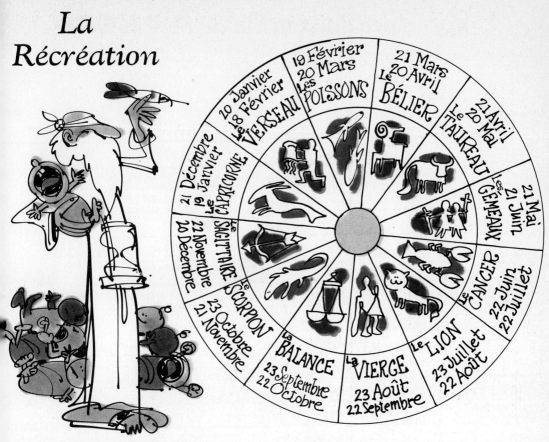

Bon Anniversaire!

The class tries to guess the birthday of a classmate who has volunteered to answer by **oui** or **non** the following questions:

1. Est-ce que tu es né* sous le signe du (de la, des) ____?
   (astrological sign)
2. Est-ce que tu es né en ____? *(month)*
3. Est-ce que tu es né après le 5 (10, 15, *etc*) ____? *(month)*
   or
   Est-ce que tu es né avant le 5 (10, 15, *etc*) ____? *(month)*
4. Est-ce que tu es né le ____? *(date)*

Anyone who knows the student's birthday beforehand must disqualify himself by saying **Je passe. Je connais l'anniversaire de ____.** When a player receives a **oui** answer to his question, he gets 5 points. The student with the most points will have his birthday guessed next.

---

* Est-ce que tu es né...? = *Were you born...?*

Une journée dans la vie de Marie-Hélène

7 heures	Je me lève, me lave et m'habille.
7 h 30	Je prends le petit déjeuner.
7 h 45	Je pars de chez moi.
7 h 50	Je prends le métro.
8 h 20	J'arrive au lycée.
8 h 30	J'ai des classes: anglais, maths et physique.
midi	Je déjeune.
13 h	J'ai des classes: sciences nat, histoire et français.
15 h 30	J'ai plein air.
16 h 30	Je retrouve mes amies à la sortie.
17 h 15	Je rentre à la maison.
17 h 45	Je fais mes devoirs.
20 h	Je dîne avec mes parents.
21 h	Je lis, je regarde la télé ou j'écoute mes disques.
22 h 30	Je me couche.

1. À quelle heure est-ce que Marie-Hélène se lève?
2. Que fait-elle entre 7 h 30 et 7 h 45?
3. Comment se rend-elle au lycée?
4. Combien de classes a-t-elle entre 8 h 30 et midi?
5. Quelles sont ces classes?
6. Qu'est-ce que Marie-Hélène fait à midi?
7. Quel cours a-t-elle à 15 h 30?
8. Qui retrouve-t-elle à la sortie?
9. À quelle heure est-ce que Marie-Hélène rentre chez elle?
10. Combien de temps est-ce qu'elle passe à faire ses devoirs?
11. Avec qui est-ce qu'elle dîne?
12. Que fait-elle entre 21 h et 22 h 30?

Exposés

A. *Follow the* exposés *below as you hear them on tape. Be prepared to ask and answer questions based on these* exposés.

1. Jour de fête

Dans notre petite ville nous nous amusons beaucoup le quatre juillet. Le matin vers onze heures, tout le monde va voir le défilé qui passe le long de la rue principale. Le défilé n'est pas grand, mais il y a beaucoup de drapeaux et surtout beaucoup de musique. Cette musique n'est pas toujours très bonne, mais tout est très gai et on rigole beaucoup. Après le défilé, il y a un grand pique-nique avec hot-dogs, sandwichs et autres bonnes choses.

2. Le lundi

Le lundi matin j'ai deux heures de chimie, de huit heures à dix heures. Après la chimie, c'est l'histoire et la géographie. À midi, je mange avec mes copains et nous parlons de ce que nous allons faire après les cours. L'après-midi, j'ai physique, mathématiques et gym. Je retrouve mes camarades à la sortie et nous allons au café parler et rigoler un peu. Je rentre chez moi vers six heures. Je ne sais pas pourquoi, mais Maman et Papa choisissent toujours le lundi pour se disputer. Après le dîner, je finis mes devoirs et me couche.

B. *Prepare an* exposé *about a typical school day or a typical holiday. If you wish, you may use one of the* exposés *above as a model.*

or

Make a chart of and be prepared to present in French your own daily schedule, using the schedule on p. 260 as a model.

Jour de fête et jour de travail

1. Cette femme vend des journaux et des magazines. Comment s'appellent certains de ces magazines?

2. Une femme travaillant à la campagne, en Bourgogne (province française). Est-ce qu'elle a l'air d'aimer son travail?

3. Comme vous pouvez le voir, il y a des cow-boys en France aussi. On les appelle "gardians" et ils travaillent dans le sud de la France dans une région qui s'appelle la Camargue.

4. C'est un beau dimanche d'octobre. Les Parisiens viennent se détendre sur les quais de la Seine.

1

1. Des gens se reposent près d'un lac suisse par un bel après-midi de septembre.

2

2. Ce jeune Parisien apprend à jouer au tennis. Est-ce qu'il porte les vêtements blancs traditionnels?

3

3. Voilà une vendeuse de billets de loterie (*lottery tickets*). Il y a une loterie nationale en France. Est-ce qu'il y a une loterie dans votre pays ou état?

4

4. Ce jeune homme travaille dans un restaurant de campagne. De quelle couleur sont ses vêtements? Combien de tables y a-t-il dans la cour du restaurant?

13
Les Repas

À table!

Il est sept heures et demie du soir. La famille Lenoir va se mettre à table pour dîner.

M. LENOIR : Hum, ça sent bon! Qu'est-ce que tu nous as fait aujourd'hui, Paulette?

MME LENOIR : Un rôti, des légumes verts et une tarte aux fruits.

HERVÉ : M'man! Je meurs de faim! Où sont les hors-d'œuvre?

MME LENOIR : Voilà, voilà! La salade de tomates est sur la table. Je vous apporte le pâté.

M. LENOIR : Pauline, où as-tu la tête? Il n'y a rien à boire dans cette maison?

MME LENOIR : Qu'est-ce que tu veux boire, Maurice? De l'eau minérale?

M. LENOIR : Oui, et du vin rouge, puisque nous mangeons de la viande.

HERVÉ : M'man, n'oublie pas le coca-cola! Est-ce qu'il y a du pain?

MME LENOIR : Le pain... le pain... Ah, zut, il n'y a pas de pain! Hervé! Va en vitesse chez le boulanger acheter une baguette!

Variations

Make up new dialogues for the two situations below, using the dialogue above as a pattern and substituting for each underlined word or phrase an item from the list below.

fait	un rôti	légumes verts	tarte aux fruits
préparé	des steaks	pommes de terre	tarte aux fraises
	des soles		tarte aux abricots

salade de tomates	le pâté	rouge	de la viande
salade de champignons	les sardines	blanc	du poisson
	les crevettes		

Dialogue One: M. et Mme Lacaze, leur fille Annette (12 ans)

La famille Lacaze habite une petite ville où le père est pharmacien. Il est midi.

Dialogue Two: M. et Mme Morizé, leur fils Daniel (15 ans)

La famille Morizé habite une grande ferme dans la Beauce. Il est six heures. Le père et son fils viennent de rentrer; ils sont très fatigués après une journée de travail en plein air.

Langue et Culture

à table: In France, cooking is an art and meals are considered one of the pleasures of living—a gathering of the whole family around the dinner table for good food and conversation. Everyone sits down at the table at the same time and no one leaves the table until everyone has finished. Dinner is served later in France than in America, generally not before 7:30 or 8 o'clock. This is due to the length of the working day, which does not end until 6 or 6:30. Food is brought to the table and passed around. French children do not eat with the family until they have reached «l'âge de raison»—that is, until they are able to behave in adult fashion, usually at age seven or eight. Although many of the best professional chefs of the world are French men and some men in France practice cooking as a hobby, in most French families the men expect their wives and mothers to prepare and serve their meals and to do it well. After the meal the men may help with the dishes, but rarely, for like Latins in general they are accustomed to thinking that housework is woman's work.

l'eau minérale (*mineral water*) is frequently served at meals instead of tap water, which the French hardly ever drink. There are many different kinds of mineral water, some of which are alleged to have curative qualities. Some of the most famous kinds are **Évian, Vittel,** and **Vichy.**

le vin rouge, le vin blanc: Wine is almost always part of a French meal. Traditionally, red wine (**vin rouge**) is served with red meats and white wine (**vin blanc**) with fish and poultry. French wines are named for the regions in which they are produced. Some of the best-known are: **le bourgogne** (red and white wines), **le beaujolais** (red and some white), **le bordeaux** (red and white), **le vin d'Alsace** (white) and **le champagne** (sparkling white).

le pain: Bread is a very important part of the French diet. It comes in distinctive shapes, one of the most common being a long thin loaf called **la baguette** (see p. 266). French bread is best still warm from the baker's oven, and must be eaten within a few hours of baking because preservatives are rarely used.

le boulanger spends his nights baking the bread which his wife **la boulangère** will sell during the day in **la boulangerie.**

la Beauce is a vast plain south-west of Paris. A wheat-growing region, **la Beauce** is sometimes called the "breadbasket of France".

Le rouspéteur

The grumbler

Il est midi cinq. Hervé et Marie-José font la queue pour entrer dans la cantine. Hervé rouspète parce qu'il a faim et qu'il a froid. Marie-José lui demande ce qu'il y a au menu aujourd'hui. Il répond que comme d'habitude le vendredi, il y a du thon et de la purée et qu'il déteste ça. La porte s'ouvre et les deux amis, poussés par les autres élèves, se précipitent à l'intérieur. Marie-José suggère une table près de la fenêtre; Hervé refuse. Il préfère s'asseoir avec deux camarades à une table proche. Enfin assis, Hervé continue de se plaindre; il y a trop de bruit dans la cantine, pas assez de places pour tant d'élèves; il y a trop peu de serveuses, il a trop chaud, etc. Une serveuse arrive avec des plats. Marie-José fait le service. Elle demande à Hervé s'il veut de la sauce. Hervé dit qu'il n'en veut pas, que la sauce est dégoûtante, qu'il est au régime, qu'il a mal au foie. Marie-José dit en riant qu'elle comprend maintenant pourquoi Hervé rouspète toujours: il a trop de bile, ça lui monte à la tête. Hervé, furieux qu'on se moque de lui, lui lance une cuillerée de purée. Marie-José, en habituée, baisse la tête et la purée va s'écraser dans le dos du surveillant, qui ne s'en aperçoit pas. Le surveillant continue sa ronde au milieu des éclats de rire.

are standing in line
cafeteria
is cold

tuna; mashed potatoes
pushed
rush; suggests

nearby; seated
noise
waitresses
is too warm
serving dishes; serves

disgusting; on a diet
laughing

throws
spoonful; lowers
splatters; back
amid gales of laughter

Langue et Culture

rouspéter is a colloquial expression for **se plaindre. Un rouspéteur** is someone who complains all the time.

mal au foie: Hervé is obviously susceptible to what we would call in English "bilious attacks". The French tend to think of the liver (**foie**) as the source of many digestive disorders. It is possible that the prevalence of **mal au foie** is due to the French diet.

le surveillant is the person in charge of maintaining discipline in the cafeteria and study halls in French schools. In France, teachers are not responsible for discipline outside their own classes.

QUESTIONS

1. Quelle heure est-il?
2. Pourquoi Hervé et Marie-José font-ils la queue?
3. Pourquoi Hervé rouspète-t-il?
4. Qu'est-ce qu'on sert le vendredi?
5. Où est-ce que Marie-José veut s'asseoir?
6. Est-ce qu'Hervé est d'accord?
7. Qui n'est pas de bonne humeur?
8. Est-ce qu'il y a beaucoup de monde dans la cantine?
9. Qui arrive avec les plats?
10. Pourquoi Hervé refuse-t-il de manger de la sauce?
11. D'après Marie-José, pourquoi Hervé se plaint-il toujours?
12. Pourquoi Hervé est-il en colère?
13. Qu'est-ce qu'il fait?
14. Où est-ce que la purée va s'écraser?
15. Qui ne s'en aperçoit pas?

ET VOUS?

1. Est-ce que vous mangez à la cantine à midi ou est-ce que vous rentrez chez vous?
2. Est-ce qu'il y a des serveuses dans la cantine ou est-ce que vous vous servez vous-même?*
3. Est-ce qu'on sert le même repas tous les vendredis?
4. Êtes-vous au régime?
5. Est-ce que vous aimez les repas qu'on sert à la cantine? Pourquoi?

Grammaire

Exercices Oraux

A. *Repetition and practice* (Singular — plural)

1. Je bois de l'eau.   Nous buvons de l'eau.
2. Tu bois du vin rouge?   Vous buvez du vin rouge?
3. Il boit du vin blanc.   Ils boivent du vin blanc.
4. Cet enfant boit du coca-cola.   Ces enfants boivent du coca-cola.

---

* *yourself:* The particle **-même** is often added to a pronoun to express *-self.*

B. *Patterns*

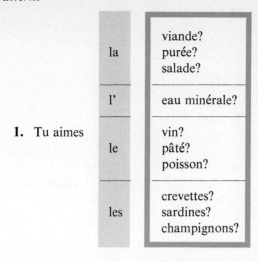

1. Tu aimes

la	viande? purée? salade?
l'	eau minérale?
le	vin? pâté? poisson?
les	crevettes? sardines? champignons?

2. Oui, je vais prendre

de la	viande. purée. salade.
de l'	eau minérale.
du	vin. pâté. poisson.
des	crevettes. sardines. champignons.

C. *Repetition and practice* (Affirmative — negative)

1. Je veux du poisson.   Je ne veux pas de poisson.
2. Il veut boire de l'eau.   Il ne veut pas boire d'eau.
3. Tu prends du café?   Tu ne prends pas de café?
4. Guy mange de la tarte.   Guy ne mange pas de tarte.
5. Elle mange du pâté.   Elle ne mange pas de pâté.
6. Je veux des abricots.   Je ne veux pas d'abricots.
7. Qui veut des crevettes?   Qui ne veut pas de crevettes?
8. Nous prenons de la salade.   Nous ne prenons pas de salade.
9. Vous voulez du rôti?   Vous ne voulez pas de rôti?

D. *Question — answer*

    1. Il n'y a pas de purée? **Si, il y a de la purée.**

    2. Tu ne manges pas de légumes? **Si, je mange des légumes.**

    3. Jean-Claude ne prend pas de salade?

    4. Tu ne veux pas de tomates?

    5. Elle ne boit pas d'eau minérale?

    6. Il n'y a pas de fraises?

    7. Nous ne prenons pas de vin?

E. *Expansion*

    1. Elle mange des crevettes. (trop) → **Elle mange trop de crevettes.**

    2. Il y a du monde. (beaucoup) → **Il y a beaucoup de monde.**

    3. Elle veut du vin. (un peu) →

    4. Y a-t-il des places? (assez) →

    5. Elle nous sert de la salade. (un peu) →

    6. Il y a des fraises. (assez) →

Analyse Grammaticale

A. J'aime la viande. Je veux de la viande.

1	2	3	4	5	6
j'aime	la	viande	je veux	de la	viande
		purée			purée
	l'	eau		de l'	eau
	le	vin		du	vin
		poisson			poisson
	les	crevettes		des	crevettes
		sardines			sardines

Table A

    1. Are the nouns in column 3 preceded by the definite or indefinite article (column 2)?

    2. How are the words in column 5 different from those in column 2? Of what are they made up?

3. When we say for example: **J'aime la viande,** are we speaking of meat (**viande**) in general (a category) or about a quantity or portion (*some*)?

4. In French, nouns used in a general sense must always be preceded by the definite article. In English the article is often omitted, for example: *I like meat.*

5. What is the difference in meaning of the two sentences: **J'aime la viande** (columns 1, 2, 3) and **Je veux de la viande** (columns 4, 5, 6)? In which of these two sentences are we speaking of the food known as meat (a category) and in which sentence, of a part (*some meat*)?

6. In which column are the words which express this idea of some? These words are the forms of the partitive article which are made up of the preposition **de** and the definite article. Do you remember of what **du** and **des** are contractions?

B. Je n'aime pas la viande. Je ne veux pas de viande.

1	2	3		4	5	6
	la	viande purée				viande purée
	l'	eau				eau
je n'aime pas	le	vin poisson		je ne veux pas	de (d')	vin poisson
	les	crevettes sardines				crevettes sardines

Tables A and B

1. Which of these two tables is negative?

2. Compare columns 1–3 of Table A and Table B. Is there a change in the definite article (column 2) when the sentence is negative? Now compare columns 4–6 of Tables A and B. Is there a change in the partitive article in the negative? Does this form show agreement for gender and number or is it always the same form?

C. Il y a beaucoup de bruit.

1	2	3	4
il y a	beaucoup trop peu trop peu assez moins plus	de (d')	bruit viande monde tables serveuses purée élèves tomates

Table C

Look at column 2. What do the words in this column express? With adverbs of quantity (**beaucoup, trop,** etc.) **de** alone is used as a partitive article.

Exercices de Contrôle

A. *Complete the following sentences. Choose the correct form of either the definite article (to express the general sense) or the partitive article (to express* some*). Be ready to justify your choice.*

EXAMPLE: Est-ce que vous aimez ＿＿＿ eau minérale?
Est-ce que vous aimez l'eau minérale?

1. Il préfère ＿＿＿ vin rouge au vin blanc. (le / du)
2. Quand sert-on ＿＿＿ salade, avant la viande? (la / de la)
3. Je déteste ＿＿＿ champignons. (les / des)
4. Jean-Marc adore ＿＿＿ pâté. (le / du)
5. Nous mangeons ＿＿＿ poisson aujourd'hui. (le / du)
6. Est-ce que vous buvez ＿＿＿ eau? (l' / de l')

B. *Complete the following sentences with the appropriate articles* (*definite or partitive*).

> EXAMPLE: Il aime _____ vin blanc, mais avec la viande il boit _____ vin rouge.
>
> **Il aime le vin blanc, mais avec la viande il boit du vin rouge.**

1. Tu aimes _____ crevettes?
2. Nous détestons _____ coca-cola.
3. Elle boit toujours _____ vin blanc.
4. Je préfère _____ steak.
5. J'adore _____ hors-d'œuvre.
6. Il veut _____ rôti.
7. Qui veut _____ eau minérale?
8. Tout le monde adore _____ soles.

C. *Write the following sentences in the negative.*

> EXAMPLE: Hervé veut de la sauce.
>
> **Hervé ne veut pas de sauce.**

1. Nous mangeons de la viande ce soir.
2. Les Français boivent de l'eau.
3. Il y a du vin sur la table.
4. Je veux des pommes de terre.
5. Mon père boit de l'eau minérale avec ses repas.

D. *Change the following sentences to the affirmative.*

> EXAMPLE: Il ne veut pas de pain.
>
> **Il veut du pain.**

1. Ma mère ne sert pas de champignons.
2. Je ne bois pas de vin rouge.
3. Nous ne connaissons pas beaucoup de Canadiens.
4. Tu ne manges pas de tarte?
5. Vous ne prenez pas d'eau minérale?

E. *Make new sentences, using the adverb of quantity in parentheses.*

> EXAMPLE: Il y a du monde aux Champs-Élysées. (beaucoup)
>
> **Il y a beaucoup de monde aux Champs-Élysées.**

1. Il y a du bruit dans la cantine. (trop)
2. Je bois du vin. (très peu)
3. Tu veux de la salade? (un peu)
4. Il y a des chaises pour tout le monde? (assez)
5. Nous mangeons du pain avec la sauce. (beaucoup)

Mise en Pratique

A. *With a classmate complete the following dialogue based on the narrative (p. 269).*

Il est midi cinq. Hervé et Marie-José font la queue pour entrer dans la cantine.

HERVÉ: J'ai faim et ____.
MARIE-JOSÉ: ____?
HERVÉ: ____.

La porte s'ouvre et ils se précipitent à l'intérieur.

MARIE-JOSÉ: ____.
HERVÉ: ____.

Une serveuse apporte les plats. Marie-José fait le service.

MARIE-JOSÉ: ____?
HERVÉ: ____.
MARIE-JOSÉ: ____!

B. *With a classmate make up a short dialogue about a typical dinner at home or lunch in the school cafeteria.*

Narration

Catherine Ledeur arrive à la gare de Belfort,[1] accompagnée de ses parents et de ses deux frères. Elle va prendre le train pour Paris où elle a une bourse pour étudier la chimie.

C'est la première fois[2] qu'elle quitte sa famille, et ses parents, désolés[3], essayent de ne pas montrer le chagrin qu'ils ont de voir partir leur fille. Ils lui font mille recommandations: la vie d'une jeune fille seule et pauvre à Paris est difficile, et Catherine doit faire très attention; elle ne doit pas aller n'importe où, ou sortir avec n'importe qui... Catherine trouve tout ça un peu agaçant; elle ne voit pas pourquoi ses parents se font tant de souci: à dix-huit ans, elle n'est plus une petite fille étourdie, elle sait ce qu'elle fait.

Pendant que Catherine parle avec ses parents, ses jeunes frères se promènent jusqu'au bout des quais, montent et descendent des trains à l'arrêt, s'asseoient sur tous les bancs,[4] se moquent des gens qui passent.

Enfin, le train qui va à Paris, venant de Zurich, arrive en gare et Catherine dit adieu à ses parents et à ses frères. Elle monte dans le train et cherche une place libre.[5] Il n'y a pas beaucoup de monde dans le train et elle trouve facilement une place près d'une fenêtre. Elle ouvre la fenêtre et dit encore une fois adieu à ses parents qui attendent sur le quai le départ du train. Tout à coup, le train part et abandonne le quai et Belfort. Catherine est maintenant seule.

Elle s'asseoit et se détend en regardant le paysage.[6] Le train est maintenant en pleine campagne et Catherine voit passer des villages, des églises, des ponts, des fermes, des ouvriers à bicyclette, des enfants qui jouent dans la cour d'une école, une jeune fille à cheval, une femme travaillant dans son jardin, un garçon qui nage dans une rivière. Catherine, fatiguée de voir passer tant de choses, si vite, ferme un moment les yeux. Elle s'endort.

(À suivre[7] p. 290.)

---

[1] industrial city in Alsace, not far from Switzerland
[2] *time*
[3] *sorry (to see her leave)*
[4] *benches*
[5] *empty seat*
[6] *countryside*
[7] *to be continued*

QUESTIONS

1. Qui accompagne Catherine Ledeur à la gare de Belfort?
2. Pourquoi Catherine va-t-elle à Paris?
3. Est-ce que ses parents payent ses études?
4. Qu'est-ce que les parents essayent de ne pas montrer?
5. Qu'est-ce qu'ils disent à Catherine?
6. Est-ce que Catherine comprend pourquoi ses parents se font tant de souci?
7. D'après elle, est-ce qu'on doit la traiter comme une petite fille étourdie? Pourquoi?
8. Est-ce que les frères de Catherine sont plus jeunes ou plus âgés qu'elle?
9. De quelle ville vient le train qui va à Paris?
10. Catherine trouve-t-elle une place libre? Où?
11. Que fait-elle dans le train maintenant qu'elle est seule?
12. Pourquoi s'endort-elle?

En Alsace

14

La Bonne
Cuisine

Qui commande ici?

Dimanche, c'est l'heure du déjeuner. Monsieur et Madame Galand et leurs trois enfants arrivent au restaurant «La Bonne Cuisine». Cet après-midi ils vont rendre visite aux parents de M. Galand.

MME GALAND: Qu'est-ce que vous désirez, les enfants? Du gigot et des haricots verts?

GÉRARD: Moi, je ne veux pas de haricots.* Je veux des frites.

DOMINIQUE: Et moi, je veux de la pizza.

MME GALAND: Non, vous n'en aurez pas. C'est très mauvais pour vous.

GARÇON: Qu'est-ce que ces messieurs-dames vont prendre? L'apéritif?

M. GALAND: Non, cinq plats du jour, une bouteille de beaujolais, et une carafe d'eau, s'il vous plaît.

          *   *   *

GARÇON: Et comme dessert?

M. GALAND: Du fromage, de la pâtisserie et deux cafés. Et la note, s'il vous plaît. Nous sommes pressés.

RÉMI: Papa! je voudrais une glace au chocolat.

M. GALAND: Pour avoir mal au cœur tout l'après-midi? Non, mon petit!

---

* de haricots: there is no elision of de or le before certain words beginning with h.

Variations

Make up new dialogues for the following situations, using the pattern given above as a guide and substituting any of the words given below for the underlined words.

désirez	du gigot	des haricots verts	de la pizza	beaujolais
allez choisir	du poulet	du riz	du saucisson	bière
allez commander	des côtelettes	des petits pois	du jambon	cidre

une carafe	de la pâtisserie	cafés	au chocolat	avoir mal au cœur
un verre	des gâteaux	express	au citron	avoir mal au ventre
			à la vanille	

Dialogue One: M. et Mme Beaumont et leurs enfants (Patrice, Luc et Marielle) visitent les châteaux de la Loire. Ils s'arrêtent dans un restaurant de campagne pour déjeuner.

Dialogue Two: M. et Mme Pontaven emmènent leurs enfants (Yves, Annick, Joël) à Quimper pour voir le cirque Pinder. Ils s'arrêtent en route pour déjeuner rapidement.

Langue et Culture

Qui commande ici? Means both *"Who is ordering?"* and *"Who is in charge?"* Here, the answer to both questions is (as usual in France) **le père de famille.**

le plat du jour is the "speciality of the day" in a restaurant.

l'apéritif is an alcoholic beverage served before lunch or dinner. Some popular **apéritifs** are: Dubonnet, sweet vermouth, Pernod.

le fromage is an integral part of a French meal. In restaurants a tray of cheeses is served after the main course. More than 300 varieties of cheese are produced in France. Some favorites are: **le camembert, le roquefort, le gruyère** (*Swiss cheese*), **le brie.**

la pâtisserie means *pastry* here, but it also means *pastry shop.* French pastry is deservedly world famous: **éclairs (au chocolat ou au café), choux à la crème** (*cream puffs*), **mille-feuilles** (*napoleons*).

le cidre: Unlike most American cider, French cider is slightly alcoholic, closer to what we call *hard cider.* French cider comes from the apple-growing regions of Normandy and Brittany.

les châteaux de la Loire: The Loire valley is one of the most charming landscapes in France. In the XVth and XVIth centuries, French kings and aristocrats built many beautiful palaces (**châteaux**) along the Loire. Some of the most famous are: **Chambord, Blois, Chenonceaux, Azay-le-Rideau.**

emmener is an orthographic changing verb like **acheter** (p. 255).

Quimper is a beautiful market town on the southern coast of Brittany. It is well-known for its cathedral and medieval section.

le cirque Pinder is a famous itinerant circus in France.

Faire la cuisine n'est pas un jeu d'enfants

Cooking isn't child's play

Ce soir, Mme Cazalis n'est pas dans son assiette: elle a mal à la tête et mal à la gorge. Le docteur lui dit qu'elle a la grippe. Mme Cazalis doit se mettre au lit et se reposer. Il est six heures du soir. Ses enfants, Jacqueline et Bernard, essayent de préparer le dîner pour leur père, qui va bientôt rentrer de son travail, et pour leur petit frère Jean-Marie, qui joue chez les voisins.

throat
flu; bed

neighbors

Jacqueline est dans la cuisine en train d'allumer le four pour y mettre un poulet. Bernard est dans la salle à manger en train de mettre le couvert; après un quart d'heure de recherche, il trouve tout, sauf les couteaux. Il va dans la cuisine et demande à sa sœur où se trouvent les couteaux. Jacqueline, en train de mettre les légumes sur le feu, lui dit qu'elle n'en sait rien, qu'elle est occupée, qu'elle a autre chose à faire qu'à chercher les couteaux. Bernard s'impatiente, il lui dit qu'elle a tort de le prendre sur ce ton, qu'il fait de son mieux. Jacqueline, adoucie, finit par ouvrir

lighting the oven

setting the table
except; knives

stove (fire)

is wrong; tone of voice
his best; pacified

un tiroir où elle prend des couteaux, et les lui donne. Bernard repart dans la salle à manger et met les couteaux sur la table. À ce moment, Jacqueline entre en coup de vent dans la salle à manger et demande à Bernard de lui trouver un plat à légumes. Bernard lui dit qu'il est occupé, qu'il a autre chose à faire, mais il le lui trouve quand même. Jacqueline le remercie et demande à son frère s'il est gaucher. Bernard la regarde avec stupeur. Jacqueline lui fait remarquer qu'on ne met pas le couteau et la cuillère à gauche de l'assiette, avec la fourchette, mais à droite. Bernard lui dit de se mêler de ses oignons, que ça sent le brûlé. «Tu as raison!» dit Jacqueline, horrifiée, en se précipitant dans la cuisine. Bernard l'entend qui lui crie: «Tu peux remettre le plat dans le buffet, nous n'en aurons pas besoin, ce soir!» Bernard se demande si les couteaux et le reste vont être bien nécessaires.

drawer

anyway

thanks

astonishment; notice

spoon

fork

something's burning; are right

we won't need it

Langue et Culture

Elle n'est pas dans son assiette (*She's not in her dish*) (!) is a colloquial expression for **Elle ne va pas bien.**

en train de is an idiomatic expression used with the verb **être** to emphasize the duration, the "going-on-ness" of the action.

en coup de vent literally means *like a gust of wind*. Jacqueline is obviously in a great hurry.

gaucher (*left-handed*) is the masculine form. The feminine form is **gauchère.**

se mêler de ses oignons is a colloquial expression for **se mêler de ses affaires** (*to mind one's own business*).

QUESTIONS

1. Pourquoi Mme Cazalis ne prépare-t-elle pas le dîner ce soir?
2. Qui va essayer de préparer le dîner pour M. Cazalis et Jean-Marie?
3. Où se trouve Jean-Marie?
4. Qu'est-ce que Jacqueline est en train de faire?
5. Où se trouve Bernard? Pourquoi?
6. Pourquoi va-t-il à la cuisine?
7. Que fait Jacqueline quand Bernard entre dans la cuisine?

8. Est-ce que Jacqueline veut ou ne veut pas aider Bernard à trouver les couteaux?
9. Qu'est-ce que Jacqueline demande à Bernard de trouver pour elle?
10. Est-ce que Bernard le lui donne tout de suite?
11. Pourquoi Jacqueline demande-t-elle à son frère s'il est gaucher?
12. Est-ce que Bernard est content ou fâché? Qu'est-ce qu'il lui dit?
13. Qu'est-ce qui arrive à ce moment?
14. Est-ce qu'ils vont manger des légumes ce soir?
15. Qu'est-ce que Bernard se demande?

ET VOUS?

1. Qui fait la cuisine chez vous?
2. Est-ce que vous aimez faire la cuisine?
3. Comment est-ce qu'on met le couvert chez vous?
4. Si vous avez un frère ou une sœur, est-ce que vous travaillez bien ensemble?

Grammaire

Exercices Oraux

A. *Repetition and practice* (Singular — plural)

1. Je mets le couvert.   Nous mettons le couvert.
2. Tu mets le couvert.   Vous mettez le couvert.
3. Elle met le couvert.   Elles mettent le couvert.
4. Je me mets à table.   Nous nous mettons à table.
5. Tu te mets au lit?   Vous vous mettez au lit?
6. Il se met en colère.   Ils se mettent en colère.

B. *Repetition and practice* (Question — answer)

1. Est-ce qu'il y a du poisson?   Oui, il y en a.
2. Est-ce que tu as de la pizza?   Oui, j'en ai.
3. Il prend des haricots verts?   Oui, il en prend.
4. Vous voulez de la salade?   Oui, j'en veux.

5. Ils veulent du riz?   Non, ils n'en veulent pas.
6. Tu commandes de la glace?   Non, je n'en commande pas.
7. Elle boit de l'eau?   Non, elle n'en boit pas.

8. Vous mangez des pommes de terre? Non, je n'en mange pas.
9. Tu as besoin de fourchettes? Non, je n'en ai pas besoin.
10. Il a besoin de couteaux? Non, il n'en a pas besoin.

C. *Repetition and practice* (Noun direct object — pronoun)

1. Il me donne le plat. Il me le donne.
2. Il ne me passe pas la bouteille. Il ne me la passe pas.
3. Il te donne la note. Il te la donne.
4. Il t'achète les gâteaux? Il te les achète?
5. Il ne nous passe pas les légumes. Il ne nous les passe pas.
6. Il nous sert le dessert. Il nous le sert.
7. Il vous passe la bouteille? Il vous la passe?
8. Il ne vous offre pas l'apéritif? Il ne vous l'offre pas?
9. Je lui donne les couteaux. Je les lui donne.
10. Je ne lui sers pas l'apéritif. Je ne le lui sers pas.
11. Je leur prends l'argent. Je le leur prends.
12. Je ne leur achète pas les abricots. Je ne les leur achète pas.

D. *Transformation* (Noun direct object → pronoun)

1. Il me donne le plat. → **Il me le donne.**
2. Je ne lui donne pas les couteaux. → **Je ne les lui donne pas.**
3. Elle vous sert les haricots. →
4. Tu ne lui passes pas le pain? →
5. Elle nous achète les gâteaux. →
6. Le garçon leur donne la note. →
7. Ta mère ne te prépare pas le déjeuner. →
8. Ton père vous sert la viande. →

E. *Transformation* (Noun indirect object → pronoun)

1. Je les donne à Michel → **Je les lui donne.**
2. Il ne la sert pas aux autres. → **Il ne la leur sert pas.**
3. Nous le donnons à Maman. →
4. Elle ne les passe pas aux élèves. →
5. Je les offre à Jean-Claude. →
6. Tu ne la donnes pas à Jacqueline? →

F. *Repetition and practice* (Partitive article — partitive pronoun)

1. Tu me donnes du riz? Tu m'en donnes?
2. Elle ne vous offre pas de salade? Elle ne vous en offre pas?
3. Je te sers du pain. Je t'en sers.
4. Il ne se fait pas de soucis. Il ne s'en fait pas.
5. Elle lui offre du vin. Elle lui en offre.
6. Maman leur sert trop de dessert. Maman leur en sert trop.
7. Il n'y a pas d'assiette pour moi? Il n'y en a pas pour moi?

Analyse Grammaticale

A. Je mets du vin sur le poulet?

1	2	3	4
je	mets		
nous	mettons	du vin	
		de la sauce	sur le poulet
on	met	de l'eau	
elle		des petits pois	
ils	mettent		

B. Oui, tu en mets.

1	2	3	4
	tu		mets
	vous		mettez
oui	on	en	met
	elle		
	ils		mettent

Tables A and B

1. The words in column 2 of Table A and column 4 of Table B are the forms of the present of the irregular **-re** verb **mettre.** What forms of this verb are pronounced alike? Which of the forms which are pronounced alike are also written alike? The stem for the singular forms of **mettre** is **met-.** What is the stem for the plural forms?

2. Are the nouns in column 3 of Table A preceded by the definite or partitive article?

3. What word in Table B replaces the items in column 3? The partitive pronoun **en** replaces the whole partitive phrase, for example: **du vin** which is made up of the partitive article **du** and the noun **vin.**

C. Order of object pronouns before the verb

(ne)	me te se nous vous	le (l') la (l') les	lui leur	y	en	*verb*	(pas)

The chart above shows the normal position and order of object pronouns when there are two used in the same sentence.

Read the following questions and answers. Pay special attention to the order of the pronouns used. Compare them with the chart above.

1. Est-ce qu'elle te prépare le déjeuner (la salade / les repas)?
   Oui, elle me le (la / les) prépare.

2. Est-ce qu'il vous offre l'apéritif (la bouteille / les vins)?
   Oui, il nous l' (l' / les) offre.

What generalization can be made about the position of the object pronouns **me, te, nous, vous** *when there is another object pronoun in the sentence?*

3. Est-ce que le garçon lui donne le riz (la sauce / les champignons)?
   Oui, il le (la / les) lui donne.

4. Est-ce que la serveuse leur donne le pâté (la salade / les hors-d'œuvre)?
   Oui, elle le (la / les) leur donne.

When there are two object pronouns of the third person, which comes first, the direct object or the indirect object?

5. Est-ce que tu te rends au lycée (à la gare / aux grands magasins)?
   Oui, je m'y rends.

When the adverbial pronoun **y** *is used with another object pronoun, does* **y** *precede or follow the other pronoun?*

6. Est-ce que tu lui donnes du riz (de la sauce / des champignons)?
   Oui, je lui en donne.

When the pronoun **en** *is used with another object pronoun, does* **en** *precede or follow the other pronoun?*

7. Est-ce qu'il le donne à Michel?
   Non, il ne le lui donne pas.

What is the position of **ne . . . pas** *in relationship to two object pronouns and the verb?*

Exercices de Contrôle

A. *Rewrite the following sentences, replacing the underlined subjects by the words in parentheses.*

1. Mon père met le couvert tous les jours.   (je)
2. Ils mettent la carafe d'eau sur la table.   (nous)
3. Tu te mets au lit maintenant?   (vous)
4. La famille se met à table à huit heures.   (les enfants)
5. Est-ce que vous mettez du vin dans la sauce?   (tu)
6. Nous nous mettons souvent en colère.   (ma mère)

B. *In the following sentences, replace the partitive phrases by the partitive pronoun* **en.**

      EXAMPLE: Il lui donne du riz.
      Il lui en donne.

1. Je veux de la pizza.
2. Il ne mange pas de haricots verts.
3. Elle ne boit pas de vin.
4. Tu prends du poulet?
5. Est-ce qu'il y a des champignons?

C. *In the following sentences substitute the appropriate object pronouns for the underlined words. Pay special attention to the order of these pronouns.*

1. Elle lui donne les couteaux.
2. Elle me donne les couteaux.
3. Te rends-tu au lycée?
4. Le professeur leur donne les exercices.
5. Elle les offre à ses élèves.
6. Il doit se rendre à la maison.
7. Le garçon nous sert l'apéritif.
8. Je vais vous envoyer le paquet.
9. Est-ce qu'il y a des assiettes sur la table?
10. Tu veux nous passer les légumes, s'il te plaît?
11. Je passe les gâteaux à Jean-Paul.
12. Tu offres des abricots à ton fiancé?

D. *Change your answers to exercise* **C** *(above) to the negative.*

Mise en Pratique

A. *Complete the following narrative based on the dialogue, page 280.*

Madame Galand demande aux enfants ce que _____ et elle suggère
_____. Gérard ne veut pas _____, il veut _____. Sa sœur Dominique,
elle, préfère _____ Madame Galand refuse. Elle dit que _____. Le garçon
arrive et il demande _____. M. Galand répond que _____. Plus tard M.
Galand demande au garçon _____ parce que _____. Rémi n'est pas content. Il dit à son père que _____. M. Galand n'est pas d'accord, il dit que
si Rémi a une glace au chocolat, il va _____.

B. *With one or more classmates make up a dialogue based on all or part of the
narrative on pages 282–283.*

Narration

(*Suite de la p. 277.*)

Tout à coup le train s'arrête et Catherine se réveille. Pendant quelques secondes, elle ne sait plus où elle est, puis elle se rappelle: «Ah, j'y suis! Je suis en route pour Paris.» Elle regarde par la fenêtre: il commence à faire nuit[1] et les lampes sont en train de s'allumer. Des gens se précipitent vers le train; un couple âgé entre dans son compartiment; sur le quai, quelqu'un[2] crie «En voiture!», et le train repart.

L'homme s'asseoit en rouspétant: il n'est pas dans son assiette, il a mal à la tête et à la gorge, il a peut-être la grippe, il fait toujours si froid dans ces gares! La femme lui dit qu'il a tort de se plaindre, que s'il a la grippe c'est parce qu'il n'a pas ce qu'il faut sur le dos, que le mois d'octobre n'est pas le mois d'août et qu'au mois d'octobre on doit porter des vêtements[3] chauds. L'homme et la femme commencent à se disputer et Catherine voudrait bien pouvoir leur dire d'aller se disputer dans un autre compartiment!

Un garçon passe dans le couloir[4] en criant «Premier Service!», et Catherine qui a maintenant faim et soif décide d'aller dîner au wagon-restaurant. Elle sort du compartiment, suit[5] le couloir, passant de wagon en wagon à la recherche du restaurant.

Enfin arrivée au wagon-restaurant, elle s'asseoit à une table libre. Le garçon lui apporte la carte[6] et lui demande si elle désire prendre l'apéritif. Catherine répond que non, que ce qu'elle veut c'est de l'eau minérale, elle meurt de soif. Elle lit la carte. Il y a tant de choses, que Catherine ne sait que choisir, et elle regarde ce que ses voisins ont dans leur assiette. Le gros monsieur assis à sa droite a un steak qui a l'air de ne pas vouloir se laisser manger. La vieille dame assise à côté du gros monsieur a des soles qu'elle mange avec beaucoup d'appétit. Le jeune homme assis à la table devant Catherine a des hors-d'œuvre qu'il a l'air de trouver dégoûtants: il ne mange rien et joue avec son couteau et sa fourchette.

«Qu'est-ce que je vais prendre?» se demande Catherine, «les hors-d'œuvre ne sont pas bons; le steak est dur; les soles sont bonnes, mais je n'aime pas le poisson, et

---

[1] *to get dark*
[2] *somebody*
[3] *clothes*
[4] *corridor*
[5] *goes along*
[6] *menu*

le gigot est trop cher pour moi (je ne dois pas dépenser tout mon argent pour un repas!)». Catherine demande au garçon qui s'approche ce qu'il lui suggère. Il lui dit de prendre des côtelettes de veau[7] ou du rôti de bœuf[8]. Catherine choisit le rôti, et parce qu'elle est contente de vivre enfin sa vie, seule, sans parents pour lui dire ce qu'elle doit et ne doit pas faire, elle commande un verre de beaujolais.

QUESTIONS

1. Pourquoi Catherine se réveille-t-elle?
2. Est-ce qu'il fait encore jour quand Catherine se réveille?
3. Qui entre dans le compartiment de Catherine?
4. Pourquoi l'homme rouspète-t-il?
5. D'après sa femme, pourquoi a-t-il la grippe?
6. Qu'est-ce que Catherine voudrait bien pouvoir leur dire?
7. Pourquoi Catherine décide-t-elle d'aller dîner au wagon-restaurant?
8. Qu'est-ce que Catherine commande tout de suite?
9. Pourquoi regarde-t-elle ce que ses voisins ont dans leur assiette?
10. Qui l'aide à choisir, finalement?
11. Pourquoi commande-t-elle un verre de beaujolais?

---

[7] *veal*
[8] *beef*

Résumé Grammatical

A. Verbs

1. Present of the irregular verbs **boire, mettre** and **dire**

boire			**mettre**	
je **bois**	nous **buvons**		je **mets**	nous **mettons**
tu **bois**	vous **buvez**		tu **mets**	vous **mettez**
il **boit**	ils **boivent**		il **met**	ils **mettent**

NOTE: The reflexive forms of the verb **mettre** are frequently used, for example: **se mettre à table, se mettre au lit, se mettre en colère.**

dire	
je **dis**	nous **disons**
tu **dis**	vous **dites**
il **dit**	ils **disent**

2. Present of the orthographic changing verb **préférer**

préférer	
je **préfère**	nous **préférons**
tu **préfères**	vous **préférez**
il **préfère**	ils **préfèrent**

Note that the é of the stem becomes an è before an unpronounced ending.

B. Partitive

1. Article

	Affirm.	Neg.
Masc.	du (de l')	
Fem.	de la (de l')	de (d')
Pl.	des	

Il y a du vin sur la table.
Il n'y a pas de vin sur la table.
Hervé veut de la sauce.
Hervé ne veut pas de sauce.
Je veux des gâteaux.
Je ne veux pas de gâteaux.

2. Expressions of quantity used with the partitive article **de (d')**

Adverbs		Nouns	
assez	très peu	une bouteille	un pot
beaucoup	trop	une carafe	un verre
combien	trop peu	une cuillerée	
peu	tant		
un peu			

Il y a assez de chaises pour tout le monde?
Nous mangeons beaucoup de pain avec la sauce.
Je bois très peu de vin.
Il boit un verre d'eau tous les matins.
Il y a une carafe de vin sur la table.
Où est la bouteille de bière?

3. Pronoun **en**

En is the only form of the partitive pronoun. It replaces all partitive phrases, no matter what the gender or number of the noun.

NOTE: **En** may replace other phrases which begin with the preposition **de,** such as:

Il vient du lycée.   **Il en vient.**
Nous parlons de la fête.   **Nous en parlons.**
J'ai besoin de fromage.   **J'en ai besoin.**

C. Order of object pronouns before the verb

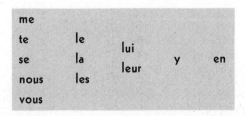

me				
te	le			
se	la	lui	y	en
nous	les	leur		
vous				

NOTE: **Y** and **en** are rarely used together except in the sentence **Il y en a.** To the French ear the combination **y en** sounds awkward.

D. Idiomatic expressions with **avoir**

avoir _____ ans	avoir l'air de
avoir besoin de	avoir mal (à)
avoir chaud	avoir raison
avoir faim	avoir soif
avoir froid	avoir tort

Exercices Écrits

A. *Replace the underlined verbs by the correct form of the verb in parentheses.*

> EXAMPLE: Je prends du café le matin.   (boire)
> **Je bois du café le matin.**

1. Mon père prend de la bière à tous les repas.   (boire)
2. Je laisse mon petit frère sur la chaise.   (mettre)
3. La famille s'asseoit à table à midi juste.   (se mettre)
4. Les enfants veulent du coca-cola.   (boire)
5. Nous sommes toujours en colère.   (se mettre)
6. Elle se couche à onze heures.   (se mettre au lit)
7. Mon voisin porte un vieux blue-jean.   (mettre)
8. Nous choisissons un beaujolais.   (boire)
9. Vous répondez que cela vous est égal.   (dire)
10. J'aime mieux les fraises.   (préférer)
11. Quelquefois il ne répond rien.   (dire)
12. Nous détestons les légumes verts.   (préférer)

B. *Complete the following paragraph with the correct form of the partitive (article or pronoun).*

Je vais au marché ce matin. Au marché, il y a _____ viande, _____ poisson, _____ fruits, _____ légumes et _____ fromages. À la maison nous avons besoin _____ un peu _____ tout. Je vais acheter _____ côtelettes, _____ soles et _____ haricots verts. Je vais prendre _____ fraises, s'il y _____ a, et aussi _____ brie pour mon père qui adore ça. S'il n'y a pas _____ fraises, je vais choisir _____ abricots ou _____ pâtisserie.

C. *Change the following sentences to the negative form.*

EXAMPLE: Elle trouve des champignons au marché.
Elle ne trouve pas de champignons au marché.

1. Il y a du vin sur la table.
2. Je veux de l'eau minérale.
3. Il aime le poisson.
4. Nous allons chercher les gâteaux.
5. Monique a des frères.
6. Il commande du cidre.
7. Tu vas prendre du poulet?
8. Nous avons des amis dans ce quartier.

D. *Rewrite the following sentences, adding the words given in parentheses and making the necessary changes.*

EXAMPLE: Jean-Claude a des amis à Paris.   (beaucoup)
Jean-Claude a beaucoup d'amis à Paris.

1. Il y a du vin dans la bouteille.   (un peu)
2. Elle mange des gâteaux.   (trop)
3. Tu as des livres?   (beaucoup)
4. Je dois acheter de la glace pour les enfants.   (assez)
5. Il y a du monde au marché.   (très peu)
6. Tu veux de la bière?   (un peu)
7. Je voudrais du vin.   (une carafe)
8. Il va prendre de l'eau.   (un verre)

E. *Choose one of the items in the list at the right to complete each of the following sentences.*

EXAMPLES: Je cherche ＿＿.
Je cherche du fromage.

J'aime ＿＿.
J'aime le cidre.

1. Aujourd'hui, je dois acheter ＿＿.
2. Je préfère ＿＿.
3. Je vais prendre ＿＿.
4. Pardon Monsieur, y a-t-il ＿＿?
5. Je ne veux pas ＿＿.
6. Je n'aime pas ＿＿.

viande
poisson
cidre
vin
bière
eau minérale
glace
salade
haricots verts
fruits
gâteaux

F. *Write affirmative answers for the following questions, replacing all nouns by the correct form of the personal pronoun.*

EXAMPLE: Est-ce que Claire offre les hors-d'œuvre à Jean-Claude?
Oui, elle les lui offre.

1. Est-ce que Guy donne l'argent aux enfants?
2. Est-ce que ton père t'achète le vélomoteur?
3. Est-ce que le professeur nous explique le jeu?
4. Tu vas me montrer ton nouvel appartement?
5. Est-ce que vous rendez les cahiers aux élèves?
6. Est-ce que vous allez vous rendre à l'église?
7. Y a-t-il des fraises aujourd'hui?
8. Est-ce qu'il sert du vin aux enfants?

G. *From the elements given, form correct sentences. See p. 98 for further directions for this type of exercise.*

EXAMPLES: Je / préférer / vin / blanc.
Je préfère le vin blanc.

Il / aller / prendre / thon / et / purée
Il va prendre du thon et de la purée.

1. Tu / aimer / poisson?
2. Pourquoi / boire / tu / coca-cola?
3. Vous / vouloir / café / et / tarte / abricots?
4. Garçon / mettre / cidre / table.
5. Enfants / ne / boire / pas / bière.
6. Si / je / ne / mettre / pas / couvert / parents / se mettre / colère.
7. Il / ne / y / avoir / pas / assez / pain / pour / tout / monde.

H. *Complete the following sentences.*

1. Quel âge a ton frère? Il ____ 12 ans?
2. Quelle heure est-il? J'ai ____ à ma montre.
3. Je n'ai pas chaud, j'ai ____.
4. Tu n'as pas raison, tu as ____.
5. Elle va au marché ce matin. Elle a ____ de légumes.
6. Marie-Claude n'est pas dans son assiette. Elle a ____ à la tête.
7. Qu'est-ce que tu as? Tu as ____ distrait.
8. Je voudrais un verre d'eau. J'ai ____.

Dictée / Compréhension

La Récréation

le crayon

l'addition

les œufs durs

les asperges

le beurre

l'amande verte

le café-filtre

L'Addition

LE CLIENT: Garçon, l'addition!

LE GARÇON: Voilà. (*Il sort son crayon et note*). Vous avez... deux œufs durs, un veau,[1] un petit pois, une asperge, un fromage avec beurre, une amande verte, un café filtre, un téléphone.[2]

LE CLIENT: Et puis des cigarettes!

LE GARÇON: (*Il commence à compter*) C'est ça même... des cigarettes... Alors ça fait...

LE CLIENT: N'insistez pas, mon ami, c'est inutile,[3] vous ne réussirez jamais.[4]

LE GARÇON: !!!

LE CLIENT: On ne vous a donc pas appris[5] à l'école que c'est ma-thé-ma-ti-que-ment impossible d'additionner des choses d'espèce différente![6]

LE GARÇON: !!!

LE CLIENT: (*élevant la voix*) Enfin, tout de même,[7] de qui se moque-t-on?... Il faut réellement être in-

---

[1] le veau *is "veal," but it also means "calf."*

[2] un téléphone *here is short for* un jeton de téléphone (*a telephone token*). *Many pay telephones in France work with tokens and not coins.*

[3] inutile = *useless*

[4] vous ne réussirez jamais = *you'll never succeed*

[5] on ne vous a donc pas appris = *didn't they ever teach you*

[6] des choses d'espèce différente = *different kinds of things*

[7] tout de même = *in any case*

sensé[8] pour oser[9] essayer de tenter[10] d'«additionner» un veau avec des cigarettes, des cigarettes avec un café filtre, un café filtre avec une amande verte et des œufs durs avec des petits pois, des petits pois avec un téléphone... Pourquoi pas un petit pois avec un grand officier de la Légion d'Honneur,[11] pendant que vous y êtes! (*Il se lève*).

Non, mon ami, croyez-moi, n'insistez pas, ne vous fatiguez pas, ça ne donnerait rien,[12] vous entendez,[13] rien, absolument rien... pas même le pourboire![14] (*Et il sort en emportant[15] le rond de serviette à titre gracieux.[16]*)

JACQUES PRÉVERT

le rond de serviett

Ça fait combien?

After you have listened to **L'Addition** on tape and feel comfortable with the new vocabulary, you may want to split into teams of three (the waiter, the customer and a narrator) and prepare to act out this sketch in front of the rest of the class.

You may substitute any other items for those mentioned by the waiter and the customer. For example, the waiter might begin by saying **Voilà. Vous avez deux beaujolais, une crevette, un gigot, un haricot, une fraise et un téléphone....**

If you wish, you may invent lines for the waiter in the two places where the author indicates this character's amazement with three exclamation points.

Use your imagination (and your vocabulary)!

---

[8] insensé = *crazy*

[9] oser = *to dare*

[10] tenter = *to attempt*

[11] la Légion d'Honneur *is an honorary society instituted by Napoléon Bonaparte to reward services to France, both military and civil.*

[12] ça ne donnerait rien = *you wouldn't get anything out of it*

[13] vous entendez = *vous comprenez*

[14] pas même le pourboire = *not even a tip*

[15] en emportant = *taking with him*

[16] à titre gracieux = *free of charge*

Exposés

A. *Follow the* exposés *below as you hear them on tape. Be prepared to ask and answer questions based on these* exposés.

1. Le repas le plus agréable de toute la semaine est le petit déjeuner du samedi. Pourquoi? Parce que nous le prenons au lit et nous pouvons prendre notre temps. Nous buvons du café et nous mangeons du pain avec beaucoup de beurre. Quelquefois nous mangeons des fruits aussi. J'aime beaucoup le samedi matin.

2. Le dimanche nous déjeunons souvent au restaurant parce que ma mère ne veut pas faire la cuisine pendant le week-end. Mon frère aime aller au restaurant parce qu'il aime manger des plats que Maman ne fait jamais à la maison. Moi, j'aime manger au restaurant parce que quand nous mangeons à la maison, Maman me demande de mettre le couvert ou d'aller acheter le pain. Mon père, lui, n'aime pas trop la cuisine de Maman. Alors, tout le monde est content.

3. Mercredi prochain, c'est l'anniversaire de ma grand-mère, et nous allons avoir un grand dîner. Maman et ma tante vont préparer un grand rôti et des asperges parce que Grand-mère adore ça. Comme dessert, ma tante va faire deux grandes tartes: une tarte aux abricots et une tarte aux fraises. Maman va faire une glace au chocolat. Nous avons des cadeaux pour Grand-mère et nous allons les lui donner après dîner.

B. *Prepare an* exposé *about your favorite meal, about eating out with your family, or about a special party dinner. If you wish, you may use one of the* exposés *above as a model.*

La cuisine française

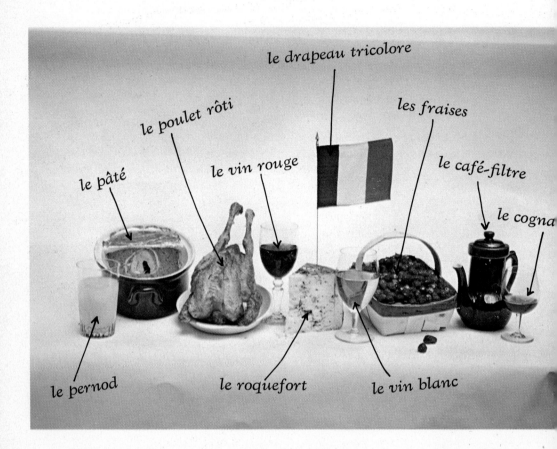

le drapeau tricolore

le poulet rôti

les fraises

le pâté

le vin rouge

le café-filtre

le cogna[c]

le pernod

le roquefort

le vin blanc

Un repas français typique. Avant le repas, on prend l'apéritif, un pernod par exemple. On commence le repas avec un pâté, puis on mange un poulet rôti avec, sans doute, un légume vert. Ensuite, on passe au fromage, le roquefort par exemple, que l'on mange en buvant du vin rouge. Pour dessert, on a des fraises, avec lesquelles on boit du vin blanc. On finit le repas avec un café-filtre et un petit verre de cognac.

Vous allez dîner dans un restaurant français de New-York, *Chez Renée*. Lisez le menu et choisissez ce que vous voulez. S'il y a des plats que vous ne connaissez pas, demandez au chef (votre professeur) de vous expliquer ce que c'est. Appelez le garçon (un de vos camarades) et commandez!

S D'OEUVRES

Pamplemousse
lles Saint-Jacques au Gratin
tes (1.25 extra)
Maison
à l'Oignon
n en Saison
i Importé
e Lorraine
gots d'Alsace (1.75 extra)
Meat Remoulade (1.75 e
on Fumé (1.50 extra)
Gras Truffé (3.00 extra)

UPES

ue de Homard (.75 ext
e du Jour
sommé-Clair
e à l'Oignon Gratiné
rilène en Gelée
yssoise
e MacIlwane

ENTREÉS

Les Poissons

Sole Anglaise à la Bonne Femme 9.00
Sole Anglaise Grillée 9.00
Sole Anglaise Sautée Amandine 9.00
Filet de Sole à la Belle Meunière 8.25
Cuisses de Grenouilles à la Provençale . .
Homard à l'Américaine 9.75
Quenelles de Brochet Nantua 8.50
Truite à la Meunière Grenobloise 8

Les Viandes

Coq au Vin Forêstière 8.00
Le Boeuf Bourguignon 8.50
Canard à l'Orange, aux Cerises ou
aux Pêches (pour 2) 18.0
Le Poussin Veronique 8.75
Carré d'Agneau Persillé (pour 2) . . .
Côtes d'Agneau Vert-Pré 8.50
Chateaubriand Bouquetière (pour
Sirloin Steak au Poivre 10.00
Sirloin Steak Grillé Maître d'Hôtel
Sirloin Steak Sauté au Beurre d'Ec
Filet Mignon Rossini 10.50
Ris de Veau Clamard 8.75
Foie de Veau Sauté à l'Anglaise .
Escalopes de Veau à la façon d
Côtes de Veau Orloff 9.00

VINS

Bot./½ Bot.

RED BURGUNDY
1. Beaujolais 8.00/4.50
2. Moulin-à-Vent 9.00/5.00
3. Chassagne Montrachet 9.00/5.00
4. Pommard, ... 14.00/

WHITE BURGUNDY
5. Pouilly Fuissé 9.00/5.00
6. Chablis 10.00/5.50
7. Puligny Montrachet 5.50
8. Pinot Chardonnay 14.00/
9.00/

RED BORDEAUX
9. Château Mouton Cadet 10.00/5.50
10. Château Monbousquet 11.00/5.50
11. Château Terrefort 11.00/5.75
12. Château Paimer-Margaux 12.00/
20.00/

RED RHONE WINES
13. Châteauneuf-du-Pape . . . .
14. Hermitage 10.00/5.75
15. Tavel Vin Rosé 10.00/5.75
9.00/5.50

WHITE LOIRE WINES
16. Muscadet . . . 9.00/
17. Sancerre 9.00/
18. Pouilly Fumé 9.50/5.75

WHITE ALSATIAN WINES
19. Riesling 9.00/
20. Gewürztraminer 10.00/

CHAMPAGNES
21. Moët Chandon White Seal Extra Dry N.V. 14.00/9.00
22. Moët Chandon Brut Imperial V. . . . 17.00/9.75
23. Dom Perignon V. . . . 26.00/
24. Taittinger Blanc de Blancs Brut V. . . . 26.00/

ESSERTS

Macédoine de Fruits aux Liqueurs (.75 extra)
nanas au Kirsch (.75 extra)
Meringues Glacées
Mousse au Chocolat
arte Maison
Crème Caramel
Coupe Jacques
Pêche Melba
Glaces Assorties
Crêpes Suzettes (pour 2) (6.00 extra)
Coupe aux Marrons (.75 extra)

Fromages Importés
Brie
Port-Salut

Filtre (.50 extra)
Thé
Café Américain
Sanka
Thé Glacé (.50 extra)
Café Glacé (.50 extra)

CHEZ RENÉE
RESTAURANT FRANÇAIS
248 East 49th Street, NYC
El 5-1810
Renée et Marcel Disch,
Propriétaires

15
Les Sports

Que le meilleur gagne!

Alain et Marie-Claude sont à la piscine Molitor en train de regarder une compétition.

ALAIN: Je ne vois rien d'ici. Tu peux me prêter les jumelles? Passe-les-moi.

MARIE-CLAUDE: Prends-les toi-même. Elles sont dans le sac.

ALAIN: Eh! Jean-Paul est en tête! Vas-y, Jean-Paul! Tu es le meilleur!

MARIE-CLAUDE: Oh, tais-toi! C'est Christian qui est le meilleur. Vas-y, Christian! Dépêche-toi! Rattrape-le!

ALAIN: Ne te fatigue pas, va! Ton Christian est bon nageur, mais Jean-Paul est meilleur que lui. Regarde!

MARIE-CLAUDE: Oh, Jean-Paul est plus rapide que Christian, mais je pense que Christian fait des progrès sensationnels. Tu verras, dans quelques mois, c'est lui qui gagnera toutes les compétitions.

ALAIN: C'est facile à dire, ma petite, mais en attendant, ton Christian a perdu. Bravo, Jean-Paul!

Variations

Make up new dialogues for the following situations, using the dialogue above as a pattern and substituting for each underlined word an item from the list below.

nageur	rapide	compétitions
joueur	adroit	matchs (*m*)
coureur	habile	courses (*f*)

Dialogue One: Guy, Nicole

Guy et Nicole se retrouvent près d'un court pour regarder un match de tennis joué par deux de leurs amis. Il y a beaucoup d'animation, car il y a une grande rivalité entre ces deux joueurs.

Dialogue Two: le père de Jean-Paul, le père de Christian

Les deux pères regardent avec inquiétude et joie leurs fils rivaliser d'efforts pour gagner le grand prix dans la course de bicyclettes qui a lieu chaque année dans leur village. Pour eux, c'est le Tour de France en miniature.

Langue et Culture

la piscine Molitor is a famous swimming pool in Paris.

le tennis is played in France mainly in private clubs. There are very few public courts.

le Tour de France is a world-famous bicycle race held every year in the month of July. The route varies from year to year but it always covers a distance of approximately 4,000 kilometers (2400 miles) and ends in Paris. This race attracts crowds along the route and creates as much excitement as the World Series in the U.S.A.

Les sportifs

The sports enthusiasts

Michel et Danielle sont des touristes français au Canada. Ils assistent, avec des milliers d'autres spectateurs, à un match de hockey sur glace. Danielle ne dit rien, alors que tout le monde crie. Elle est assise, alors que tout le monde est debout. Elle a l'air de s'ennuyer, alors que tout le monde a l'air de s'amuser follement.

are attending; thousands
while

standing up
to have a great time

DANIELLE: Mais qu'est-ce qui se passe? Pourquoi tous ces gens crient-ils comme ça? Ils ont mal aux dents?

teeth

MICHEL: Qu'est-ce que tu dis?

DANIELLE: Pourquoi est-ce qu'ils crient si fort?

loud

MICHEL: Parce que l'équipe de Québec vient de marquer un but! Je t'en prie, fais un effort pour comprendre. Ne te décourage pas si facilement!

score
a goal; please

Danielle promet d'essayer. Elle regarde avec attention les mouvements des joueurs, mais ils se lancent la rondelle si adroitement qu'elle a peine à suivre. Au bout de quelques minutes, elle en a vraiment assez.

promises
puck
has trouble following

DANIELLE: Pourquoi se précipitent-ils comme des fous derrière ce petit machin? Ils ont peur de le perdre?

lunatics
behind; are afraid of
lose

MICHEL: Écoute, sois gentille! Si tu n'aimes pas ça, n'en dégoûte pas les autres!

come on, be nice; don't
spoil it for others

DANIELLE: Bon! Moi, je m'en vais. Je vais faire un tour en voiture. Je te retrouverai après le match. Passe-moi les clés, s'il te plaît.

to take a ride

keys

MICHEL: Tiens, les voilà. Ne me les perds pas, surtout!

DANIELLE: Ne t'en fais pas... Je ne suis pas complètement folle.

crazy

Langue et Culture

le hockey sur glace (*ice hockey*) is a very popular sport in Canada and is getting more and more popular in the U.S.A. Many of the best ice hockey players in the world are French Canadian.

fous: The feminine of **fou** (adjective or noun) is **folle.** The corresponding adverb formed irregularly is **follement.**

le machin is a very useful catch-all noun like the English words "watchamacallit" or "thingamagig".

QUESTIONS

1. Quel pays visitent Michel et Danielle?
2. Que font-ils?
3. Est-ce que Danielle a l'air d'aimer le hockey?
4. Pourquoi les spectateurs crient-ils?
5. Qu'est-ce que Michel demande à Danielle de faire?
6. Pourquoi est-ce que Danielle a peine à suivre les mouvements des joueurs?
7. Est-ce que Danielle réussit à suivre ce qui se passe?
8. Qu'est-ce qu'elle veut savoir?
9. Est-ce que Michel répond à sa question? Est-il fâché ou content?
10. Qu'est-ce que Danielle propose?
11. Est-ce que Danielle va voir le reste du match?
12. Qu'est-ce que Michel dit en passant les clés à Danielle?
13. Quand est-ce que Danielle va retrouver Michel?
14. Est-ce que Michel traite Danielle comme une adulte ou comme une enfant?

Grammaire

Exercices Oraux

A. *Répetition and practice* (Adjective — adverb)

1. C'est un coureur rapide. Il court rapidement.
2. C'est un ouvrier habile. Il travaille habilement.
3. C'est un devoir facile. L'étudiant le fait facilement.
4. C'est vrai que tu le connais? Tu le connais vraiment?
5. Bernard est toujours exact. Il arrive exactement à l'heure.
6. C'est un joueur adroit. Il joue adroitement.

7. C'est un garçon sérieux.   Il parle sérieusement.
8. C'est l'amour fou.   Il l'aime follement.
9. C'est un bon nageur.   Il nage bien.
10. C'est un mauvais élève.   Il travaille mal en classe.

B.   *Repetition and practice* (Statement — imperative)

1. Tu regardes le défilé.   Regarde le défilé.
2. Vous regardez le défilé.   Regardez le défilé.
3. Nous regardons le défilé.   Regardons le défilé.
4. Tu finis ton dessert.   Finis ton dessert.
5. Vous finissez votre dessert.   Finissez votre dessert.
6. Nous finissons notre dessert.   Finissons notre dessert.
7. Tu rends les disques.   Rends les disques.
8. Vous rendez les disques.   Rendez les disques.
9. Nous rendons les disques.   Rendons les disques.

C.   *Transformation* (Indirect discourse → direct discourse)

1. Jean dit à son frère d'entrer.   →   **Entre!**
2. Marie-Claire dit au professeur d'entrer.   →   **Entrez!**
3. Je propose* aux autres d'entrer.   →   **Entrons!**
4. Jean dit à son copain de choisir le cadeau.   →
5. Luc dit à Madame Chalon de choisir le cadeau.   →
6. Je propose aux autres de choisir le cadeau.   →
7. Serge dit à son frère d'attendre.   →
8. Marie dit aux enfants d'attendre.   →
9. Je propose aux autres d'attendre.   →
10. Maurice dit à Jean-Paul de crier moins fort.   →
11. Le professeur dit à Jacqueline de parler plus fort.   →
12. Je propose aux autres de jouer au basket.   →

D.   *Repetition and practice* (Statement — imperative with object pronouns)

1. Tu me regardes.   Regarde-moi.
2. Vous me regardez.   Regardez-moi.
3. Tu t'amuses.   Amuse-toi.
4. Vous vous amusez.   Amusez-vous.
5. Nous nous amusons.   Amusons-nous.
6. Tu te mets à table.   Mets-toi à table.
7. Vous vous mettez à table.   Mettez-vous à table.
8. Nous nous mettons à table.   Mettons-nous à table.
9. Vous y allez.   Allez-y.

---

* When the verb **proposer** is used in these exercises on the imperative, the **-ons** form of the imperative should be used.

10. Tu en prends.   Prends-en.
11. Tu me le passes.   Passe-le-moi.
12. Vous le lui donnez.   Donnez-le-lui.
13. Nous les leur prêtons.   Prêtons-les leur.

E. *Transformation* (Indirect discourse → direct discourse with object pronouns)

1. Je te demande de me regarder.   →   **Regarde-moi.**
2. Le père dit aux enfants de s'amuser.   →   **Amusez-vous.**
3. Je propose aux autres de nous dépêcher.   →   **Dépêchons-nous.**
4. Ta mère te dit de te mettre à table.   →
5. Pierre dit à ses frères de le lui passer.   →
6. Je propose aux autres d'en prendre.   →
7. Il te demande de les lui rendre.   →
8. Le Premier ministre dit aux Français d'y aller.   →
9. Je propose aux autres d'en finir.   →

F. *Repetition and practice* (Affirmative imperative — negative imperative)

1. Regarde-moi.   Ne me regarde pas.
2. Amuse-toi.   Ne t'amuse pas.
3. Mets-toi à table.   Ne te mets pas à table.
4. Allez-y.   N'y allez pas.
5. Prends-en.   N'en prends pas.
6. Passez-le-moi.   Ne me le passez pas.
7. Prêtons-les-leur.   Ne les leur prêtons pas.

G. *Transformation* (Indirect discourse → direct discourse)

1. Ton père te dit de ne pas les perdre.   →   **Ne les perds pas.**
2. Guy dit à M. Morel de ne pas l'oublier.   →
3. Je propose aux autres de ne pas en parler.   →
4. Jean dit aux enfants de ne pas la lui passer.   →
5. Je propose aux autres de ne pas le faire.   →
6. Elle te dit de ne pas le leur prêter.   →

H. *Transformation* (Direct discourse → indirect discourse)

1. Luc me dit: «Lève-toi!»   →   **Luc me dit de me lever.**
2. Marie nous dit: «Allez-y!»   →   **Marie nous dit d'y aller.**
3. Guy vous dit: «N'entrez pas!»   →   **Guy vous dit de ne pas entrer.**
4. Maman me dit: «Dépêche-toi!»   →
5. Le surveillant nous dit: «Allez-vous-en!»   →
6. Papa lui dit: «N'en prends pas!»   →
7. Jean me dit: «Ne t'inquiète pas!»   →
8. Maman me dit: «Sois gentil!»   →

Analyse Grammaticale

A1. Donne-le-moi.

A2. Ne me le donne pas.

	1	2	3
	donne		
	choisis		
	rends		
	donnez	-le	-moi
	choisissez	-la	-nous
	rendez	-les	-lui
			-leur
	donnons		
	choisissons		
	rendons		

1	2	3	4	5	6
	me	le			
	nous				
ne		la	lui	donne	pas
		les	leur		

Table A1

1. Look at the verbs in column 1. Is the subject of these verb forms expressed or understood? Do these forms make statements or give commands? The forms in the top box of column 1 are used in giving a command to a person who is addressed as **tu.** (These are second person singular commands.) What is the person of the forms in the middle box? To whom are we speaking? What is the person of the forms in the lower box? To whom are we speaking? The first person plural of the imperative is equivalent to the English expression *"Let's"...* (**Rendons-le-lui** = *Let's give it to him.*)

2. The three forms of the imperative of both regular and irregular verbs are the same as the corresponding forms of the present (2nd person singular, 2nd person plural, 1st person plural) with one exception.* Which form in column 1 is not the same as the corresponding form of the present? How is this imperative form different? What is the infinitive of this verb? All **-er** verbs drop the final **s** of the 2nd person singular of the present in forming the familiar imperative.**

---

* The verb **être** forms its imperative irregularly: **sois, soyez, soyons.**

** The final **s** is retained when the affirmative imperative is followed by **y** or **en.** However these combinations occur quite rarely. The most common example of this is **Vas-y!**

3. Look at the object pronouns (columns 2 and 3). The pronoun **moi** replaces the pronoun **me** when used with the imperative affirmative except when followed by **y** or **en** (**Donne-le-moi,** *but:* **Donne-m'en**). Do the object pronouns come before or after the verb in the affirmative imperative? In which column are the direct objects? The indirect objects? What can we say of the order of object pronouns with an affirmative imperative? Is this order the same as the order of pronouns before the verb? (See p. 293.) Note that when object pronouns are used with an affirmative imperative they follow the verb and are linked to the verb and each other by hyphens.

Table A2

1. Are the object pronouns placed before or after the verb with the negative imperative?
2. In which column are the direct objects?
3. In which two columns are the indirect objects?
4. Is this order the same as the order with an affirmative imperative or is it the same as the normal order of object pronouns before the verb?

B. Dépêche-toi.

1	2	3
dépêche	-toi	
dépêchez	-vous	
dépêchons	-nous	
va	-t'	en
allez	-vous	-en
allons	-nous	-en

Table B

1. Are the object pronouns (column 2) the same person as the understood subjects of the imperative forms in column 1? What do we call verbs whose subject and object refer to the same person(s)?

2. The order of object pronouns with the imperative (affirmative and negative) of reflexive verbs is the same as the order with all other verbs.

3. Note that with the affirmative imperative the pronoun **toi** replaces **te** except when followed by **y** or **en.**

C1. C'est un joueur habile.　　　　　　**C2.** Il joue habilement.

1	2	3	4
c'est un		joueur	habile adroit sérieux
	bon mauvais		bien mal

1	2
il joue	habilement adroitement sérieusement
	bien mal

Table C1

1. Is the word **joueur** in column 3 a noun or a verb?

2. What part of speech are the words (columns 2 and 4) which modify **joueur**? Note the position of the adjectives **bon** and **mauvais**. Some descriptive adjectives like **bon, mauvais, jeune, joli,** etc. normally precede the noun they modify.

Table C2

1. Look at the words in column 2. What word do these words modify?

2. Are the words which modify verbs adjectives or adverbs?

Tables C1 and C2

Look at column 4 of Table C1 and column 2 of Table C2. Many adverbs are formed from adjectives of corresponding meaning.

NOTE:
1. Adjectives whose masculine form ends in a vowel **(habile)** form their adverbs by adding **-ment** to the masculine form **(habile — habilement)**.
2. Adjectives whose masculine form ends in a consonant form their adverbs by adding **-ment** to the feminine form: **adroit — adroitement; sérieux — sérieusement.**
3. Some adverbs are formed irregularly; **bon — bien; mauvais — mal; fou — follement.**
4. Adverbs have neither gender nor number.

Exercices de Contrôle

A. *Complete the following sentences with the appropriate item (adjective or adverb) from the words in parentheses. Remember to make adjectives agree with the nouns they modify.*

> EXAMPLES: On mange ____ à la cantine.   (mauvais, mal)
> **On mange mal à la cantine.**
>
> C'est une fille ____.   (sérieux, sérieusement)
> **C'est une fille sérieuse.**

1. Il nage ____.   (mauvais, mal)
2. C'est un ouvrier ____.   (habile, habilement)
3. Ma mère fait très ____ la cuisine.   (bon, bien)
4. Les repas sont toujours ____ à la cantine.   (mauvais, mal)
5. Je m'amuse ____ en vacances.   (fou, follement)
6. Mon père est ____ quand je rentre tard.   (furieux, furieusement)
7. Ma sœur est plus ____ que moi.   (adroit, adroitement)
8. Elle répond toujours ____.   (aimable, aimablement)
9. Il court très ____; c'est un coureur ____.   (rapide, rapidement)

B. *Give the commands indicated in each of the following. Follow the examples.*

> EXAMPLES: Demandez à votre petit frère d'attendre à la porte.
> **Attends à la porte, s'il te plaît.**
>
> Demandez au professeur de parler plus fort.
> **Parlez plus fort, s'il vous plaît.**
>
> Proposez aux autres d'aller au cinéma.
> **Allons au cinéma!**

1. Demandez à votre petit frère de (d'):
   a) rester à la maison.
   b) finir ses devoirs.
   c) écouter le professeur.
   d) apprendre l'exercice.
2. Demandez au professeur de (d'):
   a) rendre les exercices.
   b) choisir le meilleur exposé.
   c) téléphoner à votre père.
   d) aider le nouvel élève.
3. Proposez aux autres de (d'):
   a) prendre le train.
   b) aller à la piscine.
   c) choisir un restaurant.
   d) faire la cuisine.

C. *In the following commands, change the nouns to pronouns.*

> EXAMPLE: Rendez l'argent aux enfants.
> **Rendez-le-leur.**

1. Donne-moi le pain, s'il te plaît.
2. Attrapez le chien!
3. Passe les crevettes à ta mère!
4. Finissez votre repas.
5. Envoyez le pneumatique.
6. Donne-moi de la salade, s'il te plaît.
7. Arrêtez la musique.
8. Allons à la mairie.
9. Présentez-nous vos cousins.
10. Écrivez une lettre à vos parents.

D. *Change the following commands from affirmative to negative or from negative to affirmative.*

> EXAMPLES: Dépêche-toi!
> **Ne te dépêche pas!**
>
> Ne me les rendez pas!
> **Rendez-les-moi!**

1. Ne me le passez pas.
2. Va-t'en!
3. N'en prenez pas.
4. Allons-y!
5. Ne te mets pas à table.
6. N'y va pas.
7. Ne te sers pas de ta cuillère.
8. Levons-nous de bonne heure.

E. *Change the following sentences from direct to indirect discourse.*

> EXAMPLES: Mon frère me dit: «Donne-le-moi!»
> **Mon frère me dit de le lui donner.**
>
> Le professeur dit à l'élève: «Ne vous dépêchez pas!»
> **Le professeur dit à l'élève de ne pas se dépêcher.**

1. Alain dit à Marie-Claude: «Passe-moi les jumelles!»
2. Marie-Claude lui dit: «Prends-les!»
3. Ma mère nous dit: «Ne vous couchez pas tard!»
4. Le professeur me dit: «Rentrez chez vous!»
5. Mon père me dit: «Passe-le-moi!»
6. Les spectateurs lui crient: «Rattrape-le!»
7. Ma mère leur dit: «Prenez de la salade!»
8. Sa fiancée lui dit: «Va-t'en!»

Mise en Pratique

A. *Complete the following narrative based on the dialogue* «Que le meilleur gagne!» (*p. 304*).

Alain et Marie-Claude sont à la piscine en train de regarder une compétition. Alain, qui ne voit rien, demande à Marie-Claude si elle a les jumelles. Il lui dit de _____. Marie-Claude, l'air distrait, lui dit de _____ lui-même.

Jean-Paul, un ami d'Alain, est en tête. Alain lui crie «_____», mais Marie-Claude trouve que Christian est _____. Elle encourage Christian à se dépêcher et à _____ Jean-Paul.

Alain dit que bien sûr Christian _____ mais que Jean-Paul _____.

Marie-Claude répond que _____ mais que _____. Elle pense que bientôt Christian _____.

Mais aujourd'hui, c'est Alain qui a gagné. Christian _____.

B. *With a classmate make up a short dialogue between two spectators at a sports event. The words and expressions given below may be of help to you in preparing this dialogue.*

swimming	bicycle or foot race	tennis	soccer, football, volley ball, basketball
une piscine	un stade	un court	un stade
un nageur	un coureur	un joueur	un joueur
une compétition	une course	un match	une équipe
l'eau (*f*)	courir	jouer	un match
nager		une balle¹	jouer
			un ballon²

ADJECTIVES	ADVERBS	NOUNS	EXPRESSIONS
adroit	adroitement	la vitesse	à droite
rapide	rapidement	l'hésitation (*f*)	à gauche
habile	habilement	le spectateur	tout droit
facile	facilement	le premier	je n'en peux plus
bon	bien		j'en ai assez
mauvais	mal		vas-y (allez-y)
meilleur	lentement		dépêche-toi
fort	exactement		rattrape-le (la, les)
furieux	vite		attrape-le (la, les)
fatigué			
épuisé			

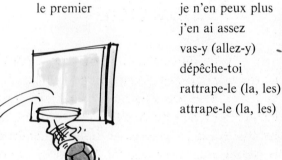

VERBS

avancer	faire un effort
s'arrêter	faire des progrès
passer (le ballon)	gagner
profiter de	perdre
marquer un but	crier
venir de + *infinitive*	attraper³
lancer	rattraper
se précipiter	

---

¹ **une balle** any small ball i.e. tennis ball, baseball, etc.
² **un ballon** any large inflated ball i.e. soccer ball, volley ball, basketball, and football.
³ **attraper** = *to catch;* **rattraper** = *to catch up to, overtake* or *catch again* (recover).

Narration

C'est dimanche. Il est trois heures de l'après-midi, et la famille Mollet est en train de déjeuner. Mme Mollet a préparé trois poulets et une énorme quantité de purée et de petits pois aux champignons pour sa tribu[1] (son mari, ses quatre enfants et sa mère qui habite chez eux). Tout le monde mange avec appétit, sauf la petite Odile qui n'aime pas le poulet et qui dit avoir mal au cœur pour ne pas finir ce qu'elle a dans son assiette. M. Mollet lui dit que quand on a mal au cœur, on doit aller se coucher, et il l'envoie[2] au lit au milieu des éclats de rire de ses trois frères: Jacques, Olivier et Guy. Odile quitte la table, accompagnée de sa grand-mère qui n'aime pas qu'on se moque de sa petite-fille.

Après le départ d'Odile, le repas et la conversation continuent. M. Mollet, qui revient du Canada, explique à sa famille comment vivent les Canadiens. Tout le monde l'écoute avec plaisir, sauf Olivier qui s'impatiente et tout à coup demande à son père s'il peut mettre la télévision. «Qu'est-ce que tu veux regarder?» demande, un peu fâché, M. Mollet. «Le match de football France-Italie», répond Olivier. «Oh, oui Papa! Est-ce qu'on peut le regarder?» demandent Jacques et Guy. M. Mollet, qui adore le football mais sait que sa femme et sa belle-mère trouvent ça assommant, leur dit de demander la permission à leur mère. Mme Mollet dit:

---

[1] *tribe*
[2] *sends*

«Oui, quand vous aurez fini votre dessert.» M. Mollet et ses fils se lancent sur le dessert et le finissent en quelques minutes, puis Olivier allume la télévision.

L'équipe d'Italie vient de marquer un but. Olivier n'est pas content. Jacques, lui, fait remarquer que l'équipe de France est en tête. «Oui, mais de très peu, et l'équipe d'Italie est meilleure que l'équipe de France», dit Guy. «Oh, tais-toi», dit Olivier. «Les Français font des progrès sensationnels. Vous verrez, l'année prochaine ils gagneront tous les matchs», dit Jacques. M. Mollet demande à ses fils de ne pas rester debout devant la télévision; il ne voit rien d'où il est assis.

Mme Mollet et sa mère se préparent pour sortir. «Nous allons faire un tour en voiture. Tu viens avec nous?» crie Mme Mollet à son mari. M. Mollet accepte: «Tu as raison. Le football est un sport pour les jeunes. On se fatigue vite à mon âge!»

QUESTIONS

1. À quelle heure déjeune la famille Mollet le dimanche?
2. Combien de personnes y a-t-il dans la famille Mollet?
3. Qu'est-ce que les Mollet sont en train de manger?
4. Pourquoi Odile dit-elle qu'elle a mal au cœur?
5. Où son père l'envoie-t-il?
6. Pourquoi la grand-mère accompagne-t-elle sa petite-fille?
7. De quel pays revient M. Mollet?
8. Est-ce que tout le monde écoute M. Mollet avec plaisir? Qui s'impatiente?
9. Que veulent faire les garçons?
10. Est-ce que Mme Mollet et sa mère aiment le football? Comment trouvent-elles ça?
11. Quelle équipe est la meilleure: l'équipe de France ou l'équipe d'Italie? Est-ce que ça plaît à Olivier?
12. Pourquoi M. Mollet ne reste-t-il pas avec ses fils à regarder le match de football?

16
Le Temps
et les Saisons

Après la pluie, le beau temps

As you read the conversation below, keep the following questions in mind: Pourquoi Jean-Claude téléphone-t-il à Christian? Quel est le résultat de cette conversation?

Christian Lemarque tient un petit hôtel dans une station de ski en Savoie. Un client et ami, Jean-Claude Perdrière, lui téléphone de Lyon.

JEAN-CLAUDE : Allô, Christian? Ici Jean-Claude. Comment vas-tu? Comment vont les affaires?

CHRISTIAN : L'hiver est arrivé et les affaires vont très bien, mieux que l'année dernière, même. Tu viendras nous voir bientôt? Ce week-end, peut-être?

JEAN-CLAUDE : Cela dépend du temps. C'est pourquoi je te téléphone. Ici le temps est couvert et il pleut à verse. Quel temps fait-il chez vous?

CHRISTIAN : Il neige en ce moment. Mais d'après la météo, il fera beau ce week-end. Tiens, la radio passe un bulletin météorologique. Écoute!

SPEAKER : Le temps dans notre région : vendredi dans la matinée, il neigera en montagne et le temps sera couvert et pluvieux dans le reste de la région.

Au cours de la journée, le vent se lèvera, le ciel s'éclaircira et la pluie et la neige cesseront. La température baissera de quatre à cinq degrés pendant la nuit. Samedi et dimanche le temps sera beau et ensoleillé sur l'ensemble de notre région.

CHRISTIAN: Allô, Jean-Claude? Tu es encore à l'écoute?

JEAN-CLAUDE: Oui, oui. Tu me conseilles de venir, alors?

CHRISTIAN: Bien sûr. Il y aura beaucoup de bonne neige. Il fera du soleil et tu pourras skier pendant des heures.

JEAN-CLAUDE: Est-ce que Valérie Salanche sera là?

CHRISTIAN: Oui, elle vient de téléphoner. Elle arrivera vendredi dans la soirée.

JEAN-CLAUDE: Alors, c'est entendu. Attendez-moi pour dîner, vendredi soir. J'arriverai vers huit heures.

Langue et Culture

le ski: In the last thirty years skiing has become more and more popular in France.

A growing number of French elementary and high schools hold **classes de neige** in the mountains during the winter. Urban schools ask the Ministry of Education for permission and funds to send some of their students and teachers to spend one or two of the winter months in specially rented chalets in the mountains. **Classes de neige** provide the students with a break in the school routine and an opportunity to practice winter sports without interrupting their studies.

France has produced many international ski champions, the most famous being Jean-Claude Killy.

la Savoie is a region of eastern France situated in the Alps. There are many ski resorts **(stations de ski)** in **Savoie.**

l'hiver: The other seasons of the year are **le printemps** (*Spring*), **l'été** (*Summer*) and **l'automne** (*Fall*). All four seasons are masculine in French.

la météo is the short colloquial form of **la météorologie.** It is often used to refer to **le bulletin météorologique.**

degrés: In the weather report **degrés** refers to the centigrade and not the Fahrenheit scale. (See page 343.)

se lèvera: Note that the grave accent is used in the future (all forms) of **se lever.** This accent is necessary because the **e** following the stem **(lev-)** is not pronounced.

Bonnes vacances!

Happy vacation!

C'est le mois de juin à Paris et l'été a déjà commencé. Il est sept heures du soir. Il fait très chaud dans le train de banlieue qui ramène chez eux, après une longue journée de travail, M. Laroche (employé de l'E.D.F.) et sa voisine Mme Balard (dactylo dans un ministère). Ils parlent tout naturellement de leurs vacances. M. Laroche passera ses quatre semaines de congés payés avec sa femme et ses deux enfants chez ses beaux-parents, fermiers en Alsace. M. Laroche ne s'entend pas très bien avec eux, mais Mme Laroche sera contente de retrouver ses parents, les enfants changeront d'air, et cela ne coûtera pas trop d'argent à M. Laroche. Mme Balard, elle, va bientôt envoyer ses enfants pour un mois en colonie de vacances dans le Massif central. Elle et son mari prendront leurs vacances au mois d'août. Cette année, ils veulent aller au bord de la mer. Ils iront camper avec leurs enfants dans la région de Saint-Tropez. M. Laroche lui dit, qu'à son avis c'est de la folie d'aller sur la Côte d'Azur au mois d'août. «Vous verrez» lui dit-il, «il y aura un monde fou sur les terrains de camping et sur les plages; il y aura du bruit et de la saleté partout. Vous ne pourrez même pas vous baigner: l'eau est pleine de saletés et sent l'essence. Enfin, si vous survivez à la foule, au bruit et à la pollution, vous n'échapperez sans doute pas à l'incendie de forêt: une cigarette mal éteinte jetée par un campeur négligent et en quelques minutes, tout brûlera — et vous avec!»

Mme Balard qui, de toute façon, n'aime pas beaucoup camper, dit qu'elle en parlera à son mari, qu'ils iront peut-être passer leurs vacances dans la petite pension de famille du lac d'Annecy, où ils vont depuis trois ans et où tout est simple et propre.*

has already begun

brings (back)

typist; government office

won't cost

seashore; will go

in his opinion
will see
mobs of people
beaches; filth; everywhere
go swimming; full of
smells of gasoline
will probably not escape
put out; dropped

in any case
perhaps

clean

---

* **propre:** the corresponding noun is **la propreté.**

Langue et Culture

l'E.D.F. is the abbreviated form of **l'Électricité de France,** a state-owned company that provides electricity for all of France. In France, all utilities (electricity, gas, telephone) are owned by the government instead of being private corporations as they are in America.

les congés payés are paid vacations. In France all government employees and unionized workers have four weeks paid vacation every year.

l'Alsace: This rich region of eastern France bordering on the Rhine has been hotly contested by both France and Germany for the last hundred years. It was part of Germany from 1871 until 1919 and again during the Second World War. The Alsatians speak a Germanic dialect in addition to French.

le Massif central is a high, somewhat mountainous table-land in South-Central France, dotted with extinct volcanos, the most famous of which is **le Puy de Dôme.** The Massif central is also known for its mineral springs and health resorts, for example, **Vichy** and **La Bourboule.**

une colonie de vacances is a summer camp for urban children organized by the state, town, or a religious group. The parents pay only a nominal fee.

les vacances au mois d'août: Although some French people take their vacation in July, most prefer August. In August there are scarcely any Parisians left in Paris.

la Côte d'Azur is the name given to that part of the French coast which extends along the Mediterranean from the Italian border to Marseille. There are many charming resorts along the Côte d'Azur: **Menton, Antibes, Cannes, Saint-Tropez, le Lavandou,** etc. During the summer months, these towns are invaded by hordes of tourists attracted by the sun and the Mediterranean way of life. Because of the mild climate during the winter, many older French people either spend the winter on the Côte d'Azur or make their permanent homes there.

le camping is another example of **franglais.** The term **le camping** is used for both the camp site and the activity itself. In the last ten years **le camping** has grown enormously in popularity. The most popular camping sites are along the Mediterranean coast.

la pollution: Like many highly developed, industrial countries, France has a pollution problem. The pollution of parts of the Mediterranean coast (and other areas as well) is the subject of increasing concern in France.

la saleté: The corresponding adjective is **sale.**

les incendies de forêt: Forest fires are a serious threat along the Côte d'Azur and in the surrounding hillsides of **Provence** because of the dryness of the Mediterranean vegetation and because of the strong prevailing wind called **le mistral.**

une pension de famille (*boardinghouse*) offers room and board for families on vacation. The rates are considerably lower than those of a hotel.

le lac d'Annecy is a very beautiful lake in the French Alps.

QUESTIONS

1. Quel temps fait-il?
2. Où se rencontrent M. Laroche et Mme Balard?
3. Où travaille Mme Balard?
4. Où M. Laroche ira-t-il passer ses vacances?
5. Combien de semaines de vacances a-t-il?
6. Est-ce que ses vacances coûteront cher?
7. Qui part en colonie de vacances dans le Massif central?
8. Quand M. et Mme Balard prendront-ils leurs vacances?
9. Où se trouve Saint-Tropez?
10. D'après M. Laroche, pourquoi les Balard ne pourront-ils pas se baigner?
11. D'après M. Laroche, quel autre danger présente la Côte d'Azur au mois d'août?
12. Qu'est-ce que Mme Balard va faire maintenant?
13. Où les Balard passent-ils leurs vacances depuis trois ans?

ET VOUS?

1. Partirez-vous en vacances cette année? Où irez-vous?
2. Où aimez-vous passer vos vacances? En ville? À la montagne? Au bord de la mer? À la campagne? Pourquoi?
3. Est-ce que vous aimez camper? Pourquoi?
4. Est-ce que vous aimez vous baigner dans la mer? Quand vous allez au bord de la mer, est-ce que l'eau est propre ou sale? Est-ce qu'il y a peu de monde ou beaucoup de monde sur la plage?
5. D'après vous, qu'est-ce que c'est que la pollution?

Grammaire

Exercices Oraux

A. *Repetition and practice* (Near future — future)

1. Je vais arriver ce soir. J'arriverai ce soir.
2. Tu vas arriver ce soir? Tu arriveras ce soir?
3. Il va arriver ce soir. Il arrivera ce soir.
4. Nous allons arriver ce soir. Nous arriverons ce soir.
5. Vous allez arriver ce soir? Vous arriverez ce soir?
6. Ils vont arriver ce soir. Ils arriveront ce soir.

7. Je vais partir demain. Je partirai demain.
8. Tu vas partir demain. Tu partiras demain.
9. Il va partir demain. Il partira demain.
10. Nous allons partir demain. Nous partirons demain.
11. Vous allez partir demain. Vous partirez demain.
12. Ils vont partir demain. Ils partiront demain.

13. Je vais me rendre à l'hôtel. Je me rendrai à l'hôtel.
14. Tu vas te rendre à l'hôtel. Tu te rendras à l'hôtel.
15. Elle va se rendre à l'hôtel. Elle se rendra à l'hôtel.
16. Nous allons nous rendre à l'hôtel. Nous nous rendrons à l'hôtel.
17. Vous allez vous rendre à l'hôtel. Vous vous rendrez à l'hôtel.
18. Ils vont se rendre à l'hôtel. Ils se rendront à l'hôtel.

B. *Transformation* (Near future → future)

1. Nous allons prendre le train. → **Nous prendrons le train.**
2. Le ciel va s'éclaircir. →
3. Tu vas changer d'air. →
4. Les enfants vont partir en colonie de vacances. →
5. Je vais attendre les vacances avec impatience. →
6. Il va neiger ce week-end. →
7. Attention! Nous allons nous mettre en colère. →
8. La forêt va brûler. →
9. Tu ne vas pas lui échapper. →
10. Les vacances vont nous coûter cher. →

C. *Repetition and practice* (Verbs irregular in the future)

1. Je vais à Saint-Tropez. J'irai à Saint-Tropez.
2. Il va au lac d'Annecy. Il ira au lac d'Annecy.
3. Je ne suis pas chez moi. Je ne serai pas chez moi.

4. Ils sont professeurs. Ils seront professeurs.
5. Il fait beau aujourd'hui. Il fera beau demain.
6. Nous ne faisons pas de ski. Nous ne ferons pas de ski.
7. Tu viens avec nous? Tu viendras avec nous?
8. Ils viennent aujourd'hui. Ils viendront demain.
9. J'ai seize ans. J'aurai seize ans.
10. Vous avez mal au foie. Vous aurez mal au foie.
11. Je ne peux pas y aller. Je ne pourrai pas y aller.
12. Nous pouvons partir bientôt. Nous pourrons partir bientôt.
13. Il pleut dans les Alpes. Il pleuvra dans les Alpes.
14. Tu vois les montagnes? Tu verras les montagnes?
15. Je ne vois rien. Je ne verrai rien.

D. *Transformation* (Near future → future)

1. Il ne va pas arriver à l'heure. → **Il n'arrivera pas à l'heure.**
2. Je vais venir demain. → **Je viendrai demain.**
3. Vous n'allez pas rentrer tard? →
4. Il va prendre ses vacances. →
5. Mon frère ne vas pas mettre la table. →
6. Nous allons partir cet après-midi. →
7. Vous allez venir chez nous? →
8. Il ne va pas faire beau samedi. →
9. Mon père va avoir quarante ans. →
10. Tu vas pouvoir partir ce soir. →
11. Mes grand-parents vont être contents. →
12. Elle va partir avec lui. →
13. Il va pleuvoir ce soir. →

E. *Transformation* (Present → future)

1. Il se met en colère. → **Il se mettra en colère.**
2. Il ne neige pas au bord de la mer. → **Il ne neigera pas au bord de la mer.**
3. La pluie ne cesse pas. →
4. Nous nous rendons sur la Côte d'Azur. →
5. Elles partent pour le Massif central. →
6. Il choisit le mois de juillet. →
7. Le ciel ne s'éclaircit pas. →
8. Tu viens faire du camping avec nous? →
9. Vous ne pouvez pas vous baigner. →
10. Tu vas en vacances au bord de la mer? →
11. Je suis en vacances au bord du lac d'Annecy. →
12. Nous avons les enfants avec nous. →
13. Vous voyez souvent vos beaux-parents? →
14. Ils font des progrès. →

Analyse Grammaticale

A. Tu arriveras bientôt?   **B.** Oui, j'arriverai dans une heure.

1	2	3
tu	arriveras partiras descendras	
vous	arriverez partirez descendrez	bientôt
il	arrivera partira descendra	
ils	arriveront partiront descendront	

1	2	3	4
	je (j')	arriverai partirai descendrai	
oui	nous	arriverons partirons descendrons	dans une heure
	il	arrivera partira descendra	
	ils	arriveront partiront descendront	

1. Is the action of the verbs (column 2 of Table A and column 3 of Table B) taking place in the present or to take place in the future? In what other way can future time be expressed?

2. Are the endings of the future tense the same for the three regular conjugations of verbs (**-er, -ir,** and **-re**)? What are the future endings? Which endings have the same pronunciation?

3. What is the stem to which these endings are added to form the future? Could we say that the future of regular verbs is formed by using the infinitive plus the future endings? Is this true of all three conjugations? What slight irregularity is there in forming the future of **-re** verbs?

NOTE: Some verbs have irregular future stems. You have met the most common of these in the dialogue **Après la pluie, le beau temps** (p. 320) and in the narrative **Bonnes vacances!** (p. 323). They are:

avoir — j'aurai	**aller — j'irai**	**pouvoir — je pourrai**
être — je serai	**voir — je verrai**	**pleuvoir — il pleuvra**
faire — je ferai	**venir — je viendrai**	

C. Anne est sérieuse, mais est-elle plus sérieuse que Guy?

1	2	3	4	5
Anne est	sérieuse	mais est-elle	plus { sérieuse / mauvaise }	que Guy
	mauvaise			
	bonne		meilleure	

D1. Non, elle travaille sérieusement, mais il travaille plus sérieusement qu'elle.

1	2	3	4	5
non, elle travaille	sérieusement	mais il travaille	plus { sérieusement / mal }	qu'elle
	mal			
	bien		mieux	

D2. Oui, Anne est la plus sérieuse.

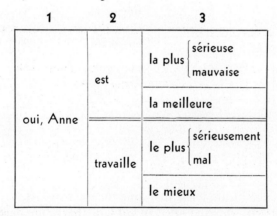

1	2	3
oui, Anne	est	la plus { sérieuse / mauvaise }
		la meilleure
	travaille	le plus { sérieusement / mal }
		le mieux

Table C

You have already learned the regular comparison of adjectives. What adjective (column 2) forms its comparative irregularly (column 4)?

Table D1

1. Is the comparative of adverbs formed in the same way as that of adjectives?

2. Do adverbs, like adjectives, show agreement of gender and number?

3. Which adverb (column 2) forms its comparative of superiority irregularly (column 4)?

NOTE: 1. The comparative of inferiority (**moins . . . que**) and of equality (**aussi . . . que**) would be formed by replacing the word **plus** by **moins** and **aussi**, for example: **Guy travaille moins sérieusement qu'Anne. Anne joue aussi adroitement que moi.**

2. The comparative of inferiority and equality of both the adjective **bon** and the adverb **bien** are formed regularly, for example: **Anne est aussi bonne que toi. Anne joue moins bien que lui.**

Table D2

1. In column 3, what word is added to the comparative (*more . . .*) to form the superlative (*most . . .*)?

2. Why is the article **la** used here with the adjective and **le** with the adverbs?

3. **Que** is of course not used in the superlative form.

Exercices de Contrôle

A. *Replace the subjects in the following sentences by the words in parentheses and make the necessary changes.*

> EXAMPLE: Mes parents prendront leurs vacances au mois d'août. (Guy)
> **Guy prendra ses vacances au mois d'août.**

1. Je te téléphonerai ce soir. (Jean-Claude)
2. Tu viendras nous voir bientôt? (vous)
3. Vous pourrez skier pendant des heures. (nous)
4. Est-ce que Jacqueline sera là? (tes sœurs)
5. Nous le verrons vendredi soir. (je)

B. *Complete the following sentences with the correct form of the future of the verbs given in parentheses.*

> EXAMPLE: Il ____ du soleil dans la matinée. (faire)
> **Il fera du soleil dans la matinée.**

1. Au cours de la journée le ciel ____. (s'éclaircir)
2. Le vent ____. (se lever)
3. Nous ne ____ pas skier demain matin. (pouvoir)
4. Madame Balard ____ dans un quart d'heure. (descendre)
5. Est-ce que Valérie Salanche ____ là? (être)
6. Ils ____ peut-être passer leurs vacances à Saint-Tropez. (aller)
7. J'espère que tu ____ nous voir bientôt. (venir)
8. Il y ____ un monde fou sur la plage. (avoir)

C. *Change the following sentences from the near future to the future.*

EXAMPLE: Nous allons prendre le train.
Nous prendrons le train.

1. Les enfants vont changer d'air.
2. Tu ne vas pas échapper à la foule.
3. Il va faire chaud ce week-end.
4. Nous n'allons pas pouvoir le voir ce soir.
5. Le temps va être pluvieux dans le reste de la région.
6. Le ciel va s'éclaircir au cours de la journée.
7. Vous allez vous rendre au bureau cet après-midi?
8. Il ne va pas pleuvoir.
9. Je vais venir te voir.
10. Elle ne va pas voir le Premier ministre aujourd'hui.

D. *Change the verbs in the following to the corresponding form of the future.*

EXAMPLE: Le temps est couvert et pluvieux.
Le temps sera couvert et pluvieux.

1. Cela dépend du temps.
2. La pluie cesse.
3. Ils passent leurs vacances en Provence.
4. Il y a un monde fou dans la cour.
5. Tu peux skier pendant des heures.
6. La radio passe un bulletin météorologique.
7. Le vent se lève.
8. Elle vient nous voir.
9. Le ciel s'éclaircit.
10. Je vois mes copains en classe.

E. *Change the verbs in the following to the corresponding form of the present.*

EXAMPLE: Ils parleront de leurs vacances.
Ils parlent de leurs vacances.

1. La température baissera.
2. Il y aura beaucoup de bonne neige.
3. Le temps sera couvert et pluvieux.
4. Il fera beau ce soir.
5. Ils prendront leurs vacances au mois d'août.
6. Nous nous lèverons tôt.
7. Tu pourras skier pendant des heures.
8. Elles viendront nous voir.
9. Vous irez à Saint-Tropez ce week-end?
10. Le ciel s'éclaircira.

Mise en Pratique

A. *With a classmate, prepare a short dialogue about the problem of water pollution. The outline below may help you.*

C'est l'été et il fait très chaud (35 degrés centigrade). Votre camarade, qui aime beaucoup nager, vous propose d'aller vous baigner.

VOTRE CAMARADE:	Allons _____.
VOUS:	D'accord, mais où _____?
VOTRE CAMARADE:	À _____.
VOUS:	À _____? Mais tu es fou (folle)! Tu ne sais pas que l'eau n'est pas _____.
VOTRE CAMARADE:	C'est vrai? Dans ce cas, allons à _____.
VOUS:	Mais là aussi, l'eau est pleine _____ et ça sent _____.
VOTRE CAMARADE:	Et _____? Là aussi, l'eau est _____?
VOUS:	Non, pas encore, mais ça viendra. Et puis, l'été il y a _____ monde.
VOTRE CAMARADE:	Ce que c'est assommant! On ne peut pas aller à _____ parce que _____. On ne peut pas aller à _____ parce que _____ et on ne peut pas aller à _____ parce que _____. Qu'est-ce que tu proposes maintenant?
VOUS:	_____.

B. *Prepare for class presentation a short weather report, real or imaginary.*

C. *With a classmate, prepare a short dialogue about your vacation plans.*

Narration

Siska et Bertrand passent leurs vacances à Knokke, en Belgique, dans la maison de famille de Bertrand. C'est la première fois depuis six ans qu'ils y reviennent. Siska écrit à des amis qui, comme elle et son mari, habitent Paris.

Chers Hélène et Christian,

Nous sommes ici depuix deux semaines, déjà! Comme le temps passe vite! C'est sans doute parce que nous sommes en train de nettoyer[1] un peu la maison. Ma belle-mère est maintenant trop âgée pour vivre seule dans une maison aussi vaste. Elle a quelqu'un qui vient l'aider quelques heures par jour, mais ce n'est pas assez. La maison est encore impressionnante, mais dedans tout est sale, tout a l'air abandonné. Le toit est en si mauvais état[2] que quand il pleut à verse, il pleut aussi dans les chambres du deuxième étage. Le parc est maintenant une forêt pleine de saletés jetées par des gens qui entrent sans permission. C'est une grande déception pour Bertrand de retrouver la maison de son enfance dans cet état.

Qu'allons-nous faire? Nous pensons[3] que la meilleure solution est pour nous de vivre ici, plutôt que de survivre à Paris dans un appartement trop petit, avec un travail qui nous ennuie. Ici, nous vivrons enfin loin de la foule et du bruit, en contact avec la nature: avec la mer, le ciel, le soleil, le vent. Il ne fait pas toujours chaud, l'été, à Knokke, le temps est quelquefois couvert; et l'hiver, il fait froid; mais l'air est toujours propre, toujours pur. Et puis il y a l'espace: vingt personnes peuvent vivre ensemble, confortablement, dans la maison, tant elle est spacieuse.

Comment vivrons nous? Nous inviterons nos amis (vous êtes invités) à venir vivre avec nous en commune. Nous mettrons nos économies en commun. Nous travaillerons la terre (le parc est énorme et la terre est bonne). Nous élèverons[4] des poulets. Nous mangerons une partie de nos légumes et de nos poulets, et nous vendrons le reste. Nous remettrons la maison en bon état. Enfin, puisque nous sommes tous artistes, nous ferons des objets d'art que nous vendrons très cher aux gens riches qui viennent en vacances ici, l'été. Nous deviendrons[5] riches. Nous serons heureux,[6] et nous aurons beaucoup d'enfants!

Nous vous attendons.

Siska

---

[1] *to clean*
[2] *shape*
[3] *think*
[4] *raise*
[5] *we'll get*
[6] *happy*

QUESTIONS

1. Où Bertrand et Siska passent-ils leurs vacances?
2. Est-ce qu'ils vont souvent à Knokke? Pourquoi, d'après vous?
3. Que font-ils depuis deux semaines? Est-ce qu'ils se reposent?
4. Qui habite dans la maison, maintenant?
5. Pourquoi l'intérieur de la maison est-il sale?
6. Que se passe-t-il quand il pleut à verse? Pourquoi?
7. Pourquoi le parc est-il plein de saletés?
8. Est-ce que Siska et Bertrand vont rentrer vivre à Paris?
9. Comment vivent-ils à Paris?
10. Pourquoi choisissent-ils de vivre à Knokke?
11. Est-ce qu'ils vivront seuls avec la mère de Bertrand? Avec qui veulent-ils vivre?
12. Que feront-ils pour gagner de l'argent?
13. Vous êtes Hélène ou Christian. Que répondez-vous à Siska: «J'arrive tout de suite» ou «Je préfère rester à Paris»?

Résumé Grammatical

A. Imperatives

-er verbs[1]	-ir verbs	-re verbs	être	reflexive verbs
donne	finis	attends	sois	dépêche-toi[2]
donnez	finissez	attendez	soyez	dépêchez-vous
donnons	finissons	attendons	soyons	dépêchons-nous

B. Object pronouns with the imperative (Order and forms)

With the affirmative imperative, object pronouns follow the verb in this order: direct object, indirect object, **y, en.**[3]

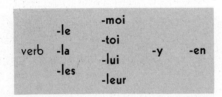

C. Future tense (Formation: infinitive + future endings)

-er	-ir	-re[4]
je parlerai	je finirai	je rendrai
tu parleras	tu finiras	tu rendras
il parlera	il finira	il rendra
nous parlerons	nous finirons	nous rendrons
vous parlerez	vous finirez	vous rendrez
ils parleront	ils finiront	ils rendront

---

[1] When followed by **y** or **en**, familiar imperatives of **-er** verbs add the letter **s**, for example, **vas-y.**

In **-er** verbs that have a mute **e** in the stem (**se lever**), the familiar imperative has a grave accent over the **e** of the stem, for example, **lève-toi, achètes-en.**

[2] **moi** and **toi** replace **me** and **te** when the object pronouns follow the verb, except when followed by **y** or **en**, for example, **donne-m'en** and **va-t'en.**

[3] With the negative imperative, object pronouns precede the verb in the normal order (see p. 293).

[4] **-re** verbs drop the **e** of the infinitive ending before the future endings.

Common irregular future stems:

aller — j'irai, etc.		pouvoir — je pourrai, etc.	
avoir — j'aurai, etc.		venir — je viendrai, etc.	
être — je serai, etc.		voir — je verrai, etc.	
faire — je ferai, etc.		pleuvoir — il pleuvra	

D. Irregular comparison of the adjective **bon**

Positive	Comparative	Superlative
bon (bonne)	meilleur(e)	le meilleur (la meilleure)

E. Adverbs

1. Formation of adverbs from adjectives:

Adjective	Adverb	Adjective	Adverb
facile	facilement	adroit	adroitement
habile	habilement	fou	follement
rapide	rapidement	furieux	furieusement
vrai	vraiment	sérieux	sérieusement

2. Common adverbs not formed from adjectives:

alors	bientôt	moins	tard
assez	demain	peu	tôt
aujourd'hui	ici	plus	trop
aussi	immédiatement	plutôt	
beaucoup	là	surtout	
bien	maintenant	tant	

F. Regular comparison of adverbs

Positive	Comparative	Superlative
facilement	plus facilement / aussi facilement / moins facilement	le plus facilement / le moins facilement
mal	plus mal / aussi mal / moins mal	le plus mal / le moins mal

G. Irregular comparison of the adverb **bien**

Positive	Comparative	Superlative
bien	mieux aussi bien moins bien	le mieux le moins bien

Exercices Écrits

A. *Rewrite the following sentences, changing from indirect to direct discourse.*

> EXAMPLES: Ma tante nous dit de venir la voir.
> **Venez me voir!**
>
> Tu me demandes de me dépêcher.
> **Dépêche-toi!**

1. Ma mère me dit de me lever de bonne heure.
2. Ton copain te demande de venir avec lui.
3. Je propose aux autres d'aller faire du camping sur la Côte d'Azur.
4. M. Laroche propose à sa famille de partir pour l'Alsace.
5. M. Perdrière demande à ses clients d'écouter la météo.
6. Il leur dit de s'amuser... et leur demande d'être gentils!

B. *Rewrite the following sentences, changing from indirect to direct discourse, and substituting the correct object pronouns for the underlined items.*

> EXAMPLES: Je demande à Guy de passer les jumelles à son frère.
> **Passe-les-lui, s'il te plaît.**
>
> Guy demande à la serveuse de lui donner du fromage.
> **Donnez-m'en, s'il vous plaît.**

1. Mon camarade me dit de choisir le cadeau.
2. Je propose aux autres d'aller au restaurant.
3. Maigret dit au voleur de rendre l'argent à Mme Leclerc.
4. Ma mère dit aux enfants de prendre des haricots verts.
5. Je dis au joueur d'attraper le ballon.
6. Je propose aux autres de prendre nos vacances au mois de juillet.
7. La vendeuse demande à Marie-José d'essayer les robes.
8. Mme Martin demande à son fils de passer la purée à Luc.

C. *Change the following imperatives from the affirmative to the negative.*

EXAMPLE: Donnez-le-moi!

Ne me le donnez pas.

1. Va-t-en!
2. Couche-toi à onze heures!
3. Dépêche-toi!
4. Achète-la-leur!
5. Allez-y!
6. Donne-m'en!
7. Passez-les-nous!
8. Achètes-en!

D. *Rewrite the following sentences in the future tense.*

EXAMPLE: Le ciel s'éclaircit.

Le ciel s'éclaircira.

1. Êtes-vous prêt à partir?
2. Mon frère rentre tard.
3. Qu'est-ce que je peux faire?
4. Elle ne lui répond pas.
5. Nos cousins viennent nous voir au mois d'août.
6. Le vent se lève.
7. Y a-t-il beaucoup de monde sur la plage?
8. Nous avons besoin de légumes.
9. Marie-Claire choisit le cadeau.
10. Nous allons à la piscine cet après-midi.
11. Qu'est-ce que tu lui achètes?
12. Je ne vois rien.

E. *Rewrite the following sentences replacing the underlined words by the correct form of the verbal expressions in parentheses.*

EXAMPLE: Ma sœur préparera le dîner. (mettre le couvert)

Ma sœur mettra le couvert.

1. Mon frère ira voir Jean-Claude demain. (venir nous voir)
2. D'après le bulletin météorologique il fera beau demain. (pleuvoir)
3. Tu joueras au tennis cet après-midi? (faire du foot)
4. Ils se coucheront tard. (se lever)
5. Je lui prêterai le magnétophone. (rendre)
6. Ils arriveront vers neuf heures. (partir)
7. Tu seras à Marseille? (aller)
8. Nous assisterons à ce match. (voir)

9. Quand est-ce qu'elle <u>ira</u> parler au professeur? (pouvoir)
10. Si tu manges trop, tu <u>seras malade</u>. (avoir mal à l'estomac)
11. Mon père se <u>mettra</u> en colère. (être)
12. Qui <u>achètera</u> le cadeau? (choisir)

F. *Complete the following by the correct form of the future of the verbs given.*

Nous (**partir**) en vacances quand mes grands-parents (**arriver**) du Canada. Nous (**aller**) tous ensemble passer deux semaines en Savoie, au bord du lac d'Annecy, puis nous (**descendre**) sur la Côte d'Azur. Mes grands-parents (**se reposer**) deux semaines à Antibes chez leurs amis les Fermigier, puis ils (**venir**) passer trois semaines avec nous à Saint-Tropez où nous (**rester**) tout le mois d'août. Nous (**remonter**) ensemble à Paris où ils (**passer**) deux semaines. Ils (**repartir**) le 15 septembre et je les (**accompagner**) en voiture au Havre d'où ils (**partir**) pour Montréal.

G. *Complete the following using the adverb formed from the adjective in parentheses.*

EXAMPLE: Elle gagne _____ tous les matchs. (facile)
Elle gagne facilement tous les matchs.

1. Il mange trop _____, il va avoir mal au ventre. (rapide)
2. J'écoute _____ ce qu'il est en train de dire. (distrait)
3. Nous mangeons _____, en famille. (simple)
4. Tu passes _____ trop de temps avec lui. (général)
5. Elle te regarde _____; tu ne lui plais pas. (froid)
6. Vous viendrez _____, j'espère? (prochain)
7. Nous nous promenons _____ le long de la Seine. (paresseux)
8. Jean-Pierre me plaît _____. (fou)
9. Est-ce qu'elle dort _____? (vrai)

H. *Rewrite the following sentences, using the verb in parentheses and the adverb corresponding to the adjective used in the sentences.*

EXAMPLE: C'est une femme distraite. (écouter)
Elle écoute distraitement.

1. C'est un homme simple. (parler)
2. C'est un ouvrier sérieux. (travailler)
3. C'est un mauvais étudiant. (étudier)
4. C'est une bonne nageuse. (nager)
5. C'est un skieur rapide. (skier)
6. C'est un joueur adroit. (jouer)
7. C'est une vendeuse habile. (vendre)
8. C'est un mari parfait. (faire la cuisine)

I. *Rewrite the following sentences using the form of the comparative indicated by the words in parentheses.*

> EXAMPLE: Je nage bien. Mon frère nage bien.   (aussi)
> **Je nage aussi bien que mon frère.**

1. Cécile travaille bien, et Guy travaille bien. (aussi)
2. Mon grand-père marche rapidement, mais pas ma grand-mère. (plus)
3. Je joue très mal au tennis ; mon cousin Jacques y joue très bien. (plus)
4. Ma sœur parle bien le français, moi je le parle mal. (moins)

J. *From the situation and elements given, form sentences which have either a comparative or superlative form of the adjective or adverb.*

> EXAMPLE: Ma mère fait bien la cuisine. Quand mon père fait la cuisine, il brûle tout.
>
> **a)** (mère / faire / bien / cuisine / père)
> **Ma mère fait mieux la cuisine que mon père.**
>
> **b)** (père / faire / bien / cuisine / mère)
> **Mon père fait moins bien la cuisine que ma mère.**

1. Je finis les devoirs en une heure. Marc finit les siens en une demi-heure.
   a) (je / travailler / rapidement / Marc)
   b) (Marc / travailler / rapidement / moi)
2. Mon frère gagne toujours. Moi, je ne gagne jamais.
   a) (frère / jouer / bien / moi)
   b) (frère / être / bon / joueur / moi)
3. Jean-Claude parle bien l'anglais. Sa sœur le parle très mal.
   a) (Jean-Claude / parler / bien / l'anglais / sœur)
   b) (sœur / le / parler / bien / lui)
4. Pour l'étudiant français ces exercices sont faciles. Nous les faisons avec difficulté.
   a) (nous / faire / ce / exercices / facilement / étudiant / français)
   b) (étudiant / français / les / faire / facilement / nous)
5. Tu nages bien. Ta sœur est une bonne nageuse.
   (sœur / nager / bien / toi)
6. Laurent court très rapidement. Il gagne toutes les courses à pied.
   (ce / être / bon / coureur / de l'équipe)
7. Mon frère fait mal ses devoirs. Il donne toujours des réponses très bêtes.
   (frère / répondre / bêtement / du monde)

Dictée / Compréhension

La Récréation

Que dit la météo?

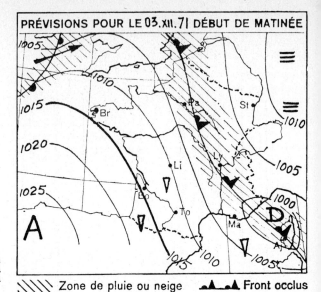

PRÉVISIONS POUR LE 03.XII.71 DÉBUT DE MATINÉE

||||| Zone de pluie ou neige ▲▲▲ Front occlus
▽ averses ●●● Front chaud ▲▲▲ Front froid

Evolution probable du temps en France entre le jeudi 2 décembre à 0 heure et le vendredi 3 décembre à 24 heures :

La perturbation située jeudi matin sur les îles Britanniques et le nord-ouest de la France traversera notre pays du nord-ouest au sud-est et s'accompagnera de pluies en plaine et de chutes de neige en montagne.

Vendredi 3 décembre, dans la matinée, le temps sera couvert et pluvieux dans tout le quart sud-est de la France, et il neigera en montagne. Les vents seront forts, de secteur nord, au voisinage de la Méditerranée et en mer. Il fera plus froid que la veille et très brumeux dans le Nord, la région parisienne et le Nord-Est. Des gelées apparaitront de l'Alsace à la Flandre.

Sur le reste de la France, le ciel sera variable. Les éclaircies seront assez belles dans l'Ouest. Par contre, des averses se produiront sur le Massif Central et les Pyrénées.

Au cours de la journée, la zone pluvieuse tendra à se localiser dans les régions comprises entre la Corse et les Alpes. Le temps restera brumeux et assez froid dans l'Est et le Nord, variable de la Manche occidentale et de l'Atlantique aux Pyrénées et au golfe du Lion, avec d'assez belles éclaircies et quelques averses passagères dans l'Ouest et le Sud-Ouest.

Les vents resteront assez forts près de la Méditerranée ; ils seront faibles et variables de la Flandre à l'Alsace et au Jura, et modérés, de nord-ouest, sur le reste du pays.

Températures (le premier chiffre indique le maximum enregistré au cours de la journée du 1er décembre; le second, le minimum de la nuit du 1er au 2) : Biarritz, 11 et 8 degrés ; Bordeaux, 11 et 4 ; Brest, 10 et 6 ; Caen, 9 et 2 ; Cherbourg, 8 et 5 ; Clermont-Ferrand, 6 et 1 ; Lille, 6 et 1 ; Lyon, 4 et 3 ; Marseille, 10 et 5 ; Nantes, 10 et 4 ; Nice, 14 et 5 ; Paris-Le Bourget, 6 et 2 ; Pau, 8 et 6 ; Perpignan, 11 et 7 ; Rennes, 9 et 4 ; Strasbourg, 5 et 1 ; Tours, 7 et 0 ; Toulouse, 8 et 4 ; Ajaccio, 14 et 6.

l'averse (f) *downpour, shower*
brumeux *foggy*
le chiffre *number*
la chute de neige *snowfall*
compris entre *between*
le début *beginning*
l'éclaircie (f) *clearing*
enregistré *recorded*
l'est (m) *east*
faible *weak;* **un vent faible** *a light wind*
la gelée *frost*
indiquer *to indicate*
la Manche *the English Channel*
le nord *north*
occidental *western*
occlus *occluded*
l'ouest (m) *west*
par contre *on the other hand, however*
passager *passing, brief*
la perturbation *disturbance*
la prévision *forecast*
se produire *to take place, to happen*
le sud *south*
tendre à *to tend to*
traverser *to cross*
le voisinage *area*

Quel temps fait-il?

$$C = \frac{5(F-32)}{9}$$

$$F = \frac{C \times 9}{5} + 32$$

Form two teams (A and B) and appoint a timekeeper and a scorekeeper. Each team selects one of its members as captain.

The captain of Team A asks Team B to find the maximum or minimum (high or low) Fahrenheit temperature for one of the French cities given in the last paragraph of the weather report on the preceding page. **(Quelle est la température maximum pour Strasbourg?)** Team B must correctly change the centigrade temperature given in the weather report (5° in the case of Strasbourg) to the corresponding Fahrenheit temperature. One minute is allowed for computation. Round off all fractions to the nearest whole degree.

If Team B answers correctly **(La température maximum pour Strasbourg est de 41 degrés)**, they win 5 points. If not, a member of Team A gives the correct answer and that team wins 5 points. In either case, the captain of Team B then asks Team A to find the Fahrenheit temperature (maximum or minimum) of another city, and the game continues.

An ambitious team may win 10 points by giving both the maximum and the minimum temperatures, even though only one or the other was requested by the opposing team. **(La température maximum pour Strasbourg est de 41 degrés; la température minimum est de 34 degrés.)**

The game may also be played in reverse, using the weather report from your local newspaper and changing the temperatures given from Fahrenheit to centigrade.

Exposés

A. *Follow the* exposés *below as you hear them on tape. Be prepared to answer questions based on these* exposés.

1. **Samedi prochain**
   Samedi prochain nous irons à la campagne. Nous ferons du ski et nous nous promènerons dans la forêt verte et blanche. Il fera froid mais il y aura du soleil et l'air sera frais et pur. Nous déjeunerons dans un petit restaurant au bord d'un joli lac. Nous passerons une journée formidable... s'il ne pleut pas.

2. **Mon sport préféré**
   J'aime beaucoup le basket. C'est un sport très amusant et c'est aussi un sport pour tout le monde, car il ne coûte pas cher. Pour jouer au basket, on n'a besoin que d'un ballon, un terrain et quelques amis.
   Chez nous toute la famille aime beaucoup regarder les matchs de basket à la télé. On ne s'ennuie jamais: le rythme est si rapide! Ma mère ne comprend rien au jeu, mais elle trouve ces grands jeunes hommes très beaux.

B. *Prepare an* exposé *about your weekend or holiday plans, or about your favorite sport. If you wish, you may use one of the* exposés *above as a model.*

Paris vu de la cathédrale Notre-Dame.

Paris

1

2

3

1. Notre-Dame de Paris se trouve dans une île —
   l'île de la Cité — au milieu de la Seine. L'île de
   la Cité est le plus ancien quartier de Paris.
   (Notre-Dame a été bâtie entre 1159 et 1345).
   La meilleure façon de voir Paris est de prendre
   un bateau-mouche (*tourist boat*) au pont de
   l'Alma et de remonter la Seine jusqu'à l'île de
   la Cité.

2. Une vieille boutique dans une vieille rue de
   Paris. Que vend cette dame? des vêtements?
   du saucisson? des voitures? des antiquités?
   D'après vous, pourquoi sa boutique s'appelle-t-
   elle "Trouvailles"?

3. Vieilles maisons parisiennes. Est-ce que ces
   maisons ont l'air d'être spacieuses? Combien
   de fenêtres y a-t-il à chaque étage? Qu'est-ce
   qui occupe le rez-de-chaussée de la maison à
   droite? Que vend-on dans une friterie? D'après
   vous, où se trouvent ces maisons? dans un
   quartier résidentiel ou dans un quartier
   ouvrier?

345

17
Les Obligations

Le travail
c'est la santé...

(*As you read the conversation below, keep the following questions in mind:* Pourquoi Joël téléphone-t-il au chef du personnel? Quel est le résultat de cette conversation?)

Joël et Marianne sont en train de lire Le Monde *à la terrasse d'un café. Marianne lit un article sur les grèves prévues pour la rentrée par les syndicats. Joël, lui, lit la section «offres d'emploi» des petites annonces.*

JOËL: Marianne, est-ce que tu peux me prêter deux pièces de vingt centimes? Je dois téléphoner et je n'ai pas de monnaie.

MARIANNE: Toi, tu n'es pas allé voir tes parents hier soir... Ne fais pas cette tête-là! Prends mon porte-monnaie et sers-toi.

JOËL: Merci. Attends-moi, je reviens tout de suite.

(*Au téléphone*)

JOËL: Allô! La compagnie Perrochon?

LA RÉCEPTIONISTE: Oui.

JOËL: Est-ce que je pourrais parler au chef du personnel, s'il vous plaît?

LA RÉCEPTIONISTE: Oui, ne quittez pas, je vous le passe.

LE CHEF DU PERSONNEL: Allô, oui! J'écoute. Qui est à l'appareil?

JOËL:	Joël Massillon. Je vois dans le journal que vous cherchez un veilleur de nuit. Je suis candidat.
LE CHEF DU PERSONNEL:	Alors venez vous présenter à mon bureau cet après-midi à deux heures.
JOËL:	Entendu, j'y serai. Au revoir, Monsieur.

(À la terrasse)

JOËL:	Ça y est! J'ai trouvé un gagne-pain!
MARIANNE:	On t'a engagé comme ça sans t'avoir vu?
JOËL:	Bien sûr! «Je suis venu, j'ai vu, j'ai vaincu». Le chef du personnel n'a pas pu résister au charme de ma voix.
MARIANNE:	... Et il t'a dit: «Ah! Monsieur Massillon, vous êtes le Président-Directeur Général que nous cherchons depuis vingt ans.»
JOËL:	On ne peut rien te cacher... Bon, je file, j'ai rendez-vous avec mon futur patron à deux heures. Je t'appellerai ce soir. Au revoir.

(Joël embrasse Marianne et part en courant.)

Langue et Culture

le travail c'est la santé is the first part of the popular saying: «**Le travail c'est la santé, ne rien faire c'est la conserver.**»

Le Monde: This daily newspaper published in Paris is considered to be one of the most impartial and authoritative in the world.

la grève: In France strikes are accepted as a legitimate tool of labor unions (**syndicats**) for getting higher wages and better working conditions.

la rentrée: French political and economic life comes to a standstill during the month of August. Early September marks «**la rentrée**», the resumption of all activities.

les syndicats: There are strong labor unions in France. Unlike American unions they can recruit directly in any industry at any level. French labor unions tend to be far more political than their American counterparts and to have strong ideological links with political parties. For example, **la C.G.T. (Confédération Générale du Travail),** which is the strongest union in France, has close ties with the French Communist party and **F.O. (Force Ouvrière)** has traditionally been close to the French Socialist party (**le Parti Socialiste**).

centimes: a hundred **centimes** = one **franc.** Although the rate of exchange fluctuates, one **franc** is usually worth about twenty cents. The abbreviation of **franc** is **F.**

la monnaie (*change*) should not be confused with **argent** (*money*). Example: **Est-ce que vous avez la monnaie de 10 F?** *Do you have change for ten francs?*

le porte-monnaie (*change purse*) is also used for a woman's wallet. A man's wallet is called **un portefeuille.**

Allô! This greeting is used only in telephone conversations. Notice the other telephone expressions in the dialogue, for example: «**Est-ce que je pourrais parler à . . .?**» «**Ne quittez pas, je vous le passe.**» «**Qui est à l'appareil?**»

je pourrais: This is a more polite form for **je peux.**

le bureau means not only *desk* but also as here, *study* or *office.*

le gagne-pain (*job*): This expression is like the English *breadwinner*, but it refers to the job itself, not to the person who holds the job. Another colloquial term for job is **un boulot.** French also has a number of other terms to refer to specific kinds of jobs: **une situation** = a position, **une place** = a non-professional position (skilled or unskilled labor), **un poste** = a position by appointment (teachers, ambassadors, etc.)

le Président-Directeur Général: The abbreviation, **le P.-D.G.,** is commonly used.

je file is a colloquial expression for **je m'en vais.**

appellerai: The future stem of the orthographic changing verb **appeler** has two **l**'s in all its forms.

Joël embrasse Marianne: When French people say hello or goodbye to friends or relatives they often kiss each other on both cheeks.

Les mésaventures d'un patriote

le 16 mai

Chère Maman et cher Papa,

Ça y est! La «perm» est finie et Gilles et moi avons retrouvé le régiment et ses gaietés. Ça n'a pas été sans mal: le voyage a été assez <u>mouvementé</u>. Nous avons eu tous les <u>ennuis</u> possibles avec la voiture de Gilles.

eventful; troubles

Entre Limoges et Tulle, nous avons dû nous arrêter plus de dix <u>fois</u> pour ne pas <u>surchauffer</u> le moteur. Nous avons fait <u>quatre-vingt-dix kilomètres</u> en quatre heures — un record! Nous avons quand même réussi à <u>atteindre</u> Tulle. Mais là, kaputt! le moteur s'est mis en grève totale et définitive. Devant tant de <u>mauvaise volonté</u>, Gilles a pris la décision héroïque d'abandonner sa guimbarde, ce qui ne m'a pas <u>déplu</u>, car Gilles <u>conduit</u> comme un fou.

times; overheat
55 miles (1 km = .6 mile)
arriver à

ill will

displeased; drives

Nous avons <u>poursuivi</u> notre voyage en <u>auto-stop</u>. Faire de l'auto-stop quand on porte un uniforme n'est pas difficile, mais avec notre chance habituelle, le premier automobiliste qui nous a <u>pris a crevé</u> au bout de dix kilomètres, et le deuxième <u>est tombé en panne</u> en pleine campagne après avoir conduit à <u>130</u> pendant une heure.

continued; hitchhiking

form of **prendre;** *had a flat*
broke down
80 (miles per hour)

Dégoûtés des voyages en voiture, nous avons fini par faire cinq kilomètres à pied jusqu'à la gare la plus proche. Là, on nous a dit: «Il ne passe qu'un train par jour pour le camp de Larzac. Le prochain train passe à cinq heures demain matin». Ne voulant pas dépenser notre argent pour une chambre d'hôtel, nous avons attendu le train, allongés sur un banc de la gare; et en bons militaires habitués à la dure, nous avons dormi à poings fermés!

stretched out

bench; used to

roughing it; soundly

Quel voyage! Tout ça pour retourner à la caserne! Et vous dites que les jeunes n'ont pas l'esprit patriotique... Qu'est-ce qu'il vous faut de plus?!

barracks

spirit

What more do you want?

Je vous embrasse bien affectueusement,

Jean-Loup

Langue et Culture

la «perm» is the short colloquial form of **la permission** (*leave*).

finie: The past participle of **finir** is used here as an adjective.

le régiment (literally *regiment*) is also used colloquially to refer to the army in general. For example, the expression **aller au régiment** is a synonym for **faire son service militaire. Le service militaire** in France is compulsory. Young men are drafted at the age of 18 or 19 to serve for a period of one year. Instead of doing military service, some Frenchmen of draft age who have the necessary education choose to spend two years teaching or giving technical assistance in France's former colonies. They are called **les coopérants.** In addition, some young men are allowed to declare themselves **objecteurs de conscience** (*conscientious objectors*) because of their religious beliefs.

Limoges is a small city in the Massif central famous for its fine china.

Tulle is a manufacturing town in the Massif central, best known for the production of military equipment.

kaputt is a German expression frequently used in French.

la guimbarde is a colloquial term for an old car, like the English word *jalopy*.

nous avons fini par . . .: Do not confuse **finir par** meaning *to end up by* (*doing something*) with **finir de** meaning *to finish* (*doing something*).

le camp de Larzac is an important military base located in the southern part of the Massif central.

QUESTIONS

1. Qui est-ce qui n'est plus en permission?
2. Comment s'est passé le voyage?
3. Pourquoi est-ce qu'ils ont dû s'arrêter plus de dix fois entre Limoges et Tulle?
4. Combien de kilomètres ont-ils fait en quatre heures?
5. Qu'est-ce qui est arrivé à Tulle?
6. Qu'est-ce que Gilles a décidé de faire?
7. Où le deuxième automobiliste est-il tombé en panne?
8. Comment ont-ils dû se rendre à la gare la plus proche?
9. Qu'est-ce qu'ils ont fait en attendant l'arrivée du train?

ET VOUS?

1. À votre avis, est-ce que Jean-Loup a l'air d'aimer le service militaire? Expliquez.
2. Est-ce que vous avez un ami (frère, cousin, etc.) qui fait son service militaire? Comment trouve-t-il le service militaire?
3. Est-ce que vous êtes pour le service militaire obligatoire?
4. Qu'est-ce que vous pensez du service militaire pour les femmes?
5. Est-ce que vous avez fait de l'auto-stop? Quand? Où? Pourquoi?
6. Est-ce que votre famille a une voiture ou une guimbarde? Quelle sorte de voiture est-ce? De quelle année date-t-elle?

Grammaire

Exercices Oraux

A. *Substitution*

1. J'ai trouvé un gagne-pain. (du travail / une situation)
2. Tu as trouvé une place? (une situation / un gagne-pain)
3. L'ouvrier a trouvé du travail. (du boulot / une place)
4. Le professeur a trouvé un poste. (du travail / une situation)

B. *Repetition and practice* (Verbs conjugated with **avoir**)

1. J'ai trouvé dix francs. Nous avons trouvé dix francs.
2. Tu as parlé à Marianne? Vous avez parlé à Marianne?
3. Il a engagé Joël. Ils ont engagé Joël.
4. J'ai réussi à le faire. Nous avons réussi à le faire.
5. Tu as fini par y aller? Vous avez fini par y aller?
6. Elle a attendu à la gare. Elles ont attendu à la gare.
7. J'ai entendu le téléphone. Nous avons entendu le téléphone.

8. Il a pu venir avec nous. Ils ont pu venir avec nous.

9. Elle a dit que oui. Elles ont dit que oui.

10. J'ai eu tous les ennuis. Nous avons eu tous les ennuis.

C. *Transformation* (Affirmative → negative)

1. J'ai parlé à Marianne. → **Je n'ai pas parlé à Marianne.**
2. Tu as payé la note? → **Tu n'as pas payé la note?**
3. Il a pris la décision. →
4. J'ai vu le journal ce matin. →
5. Nous avons fait cent kilomètres. →
6. Le voyage a été facile. →
7. Nous avons vu nos parents ce soir. →
8. Il a pu résister à son charme. →

D. *Repetition and practice* (Statement — question)

1. Il a vu Marianne. A-t-il vu Marianne?
2. Elles ont dû s'arrêter. Ont-elles dû s'arrêter?
3. Il a fait de l'auto-stop. A-t-il fait de l'auto-stop?
4. Elle a conduit la voiture. A-t-elle conduit la voiture?
5. Il a pu lui en parler. A-t-il pu lui en parler?
6. Ils ont été à Limoges. Ont-ils été à Limoges?
7. Elle n'a pas fait ce voyage. N'a-t-elle pas fait ce voyage?
8. Ils n'ont pas eu d'ennuis. N'ont-ils pas eu d'ennuis?

E. *Transformation* (Present → passé composé)

1. Jean-Loup retrouve le régiment. → **Jean-Loup a retrouvé le régiment.**
2. Elle a rendez-vous avec Joël. → **Elle a eu rendez-vous avec Joël.**
3. Je prends le train à midi. → **J'ai pris le train à midi.**
4. Tu réponds à sa lettre? →
5. Ils réussissent à atteindre Limoges. →
6. La petite dort à poings fermés. →
7. Qu'est-ce que vous dites? →
8. Tu fais de l'auto-stop? →
9. Tu vois ma voiture? →
10. Je dois partir. →

F. *Transformation* (Passé composé → present)

1. Qu'est-ce qu'il a dit? → **Qu'est-ce qu'il dit?**
2. Joël a embrassé Marianne. → **Joël embrasse Marianne.**
3. Il a eu des ennuis. →
4. J'ai été en permission. →
5. Nous l'avons attendu. →
6. Quel train avez-vous pris? →
7. Il a fini son service militaire. →

Analyse Grammaticale

A. Qu'est-ce que tu as fait hier?

1	2	3	4
qu'est-ce que	tu	as fait	hier
	vous	avez fait	
	elle	a fait	
	ils	ont fait	

B1. J'ai cherché un gagne-pain.

1	2
j'ai	cherché un gagne-pain
	regardé un film
nous avons	attendu le docteur
	rendu les livres
elle a	fini les devoirs
	dormi à poings fermés
ils ont	fait des courses
	vu le chef du personnel

Tables A and B1

1. In what column of Table A are the verb forms? Is the action of these verbs going on in the present or did it happen in the past?

2. This past tense **(le passé composé)** in column 3 of Table A is a compound tense — that is, it is composed of two parts: the auxiliary verb and the past participle. **Fait** is the past participle of the verb **faire.** What is the infinitive of the verb forms used as the auxiliary in this table? The passé composé of most French verbs is made up of the present forms of **avoir** + *past participle*. Remember that the verb **avoir** used in this way is called an auxiliary verb.

3. Which part of the passé composé (Table A, column 3) agrees in person and number with the subject? Which part remains unchanged?

4. Look at Table B1. In what column are the past participles? What are the infinitives of the past participles **cherché** and **regardé**? Could we then say that **-er** verbs (regular and irregular) form their past participle by dropping the infinitive ending (**-er**) and adding é?

5. What are the infinitives of **attendu** and **rendu**? How do regular **-re** verbs form their past participles?

6. What are the infinitives of **fini** and **dormi**? How do these **-ir** verbs form their past participles? Most **-ir** verbs follow this pattern.

7. Look at the forms **fait** and **vu** (column 2). These are the past participles of the verbs **faire** and **voir**. A number of French verbs form their past participles irregularly. Some of the most common are:

infinitive	past participle	passé composé
avoir	eu	j'ai eu
être	été	j'ai été
dire	dit	j'ai dit
pouvoir	pu	j'ai pu
devoir	dû	j'ai dû
prendre	pris	j'ai pris
conduire	conduit	j'ai conduit
lire	lu	j'ai lu
apprendre	appris	j'ai appris
comprendre	compris	j'ai compris
offrir	offert	j'ai offert
ouvrir	ouvert	j'ai ouvert

B2. Je n'ai rien fait.

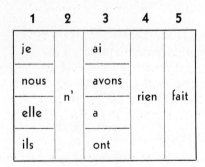

Table B2

1. Are these affirmative or negative statements? What are the words which show negation (columns 2 and 4)?

2. Around which part of the passé composé (the auxiliary verb **avoir** or the past participle) are the negative particles **(ne . . . rien)** placed? Most negative particles **(ne . . . pas, ne . . . jamais, ne . . . plus)** have the same position with any passé composé.

Exercices Oraux

A. *Repetition and practice* (Verbs conjugated with **être**)

1. Je suis allé(e) à Paris.   Nous sommes allé(e)s à Paris.
2. Tu es allé(e) à Paris?   Vous êtes allé(e)s à Paris?
3. Vous êtes allé(e) à Paris?   Vous êtes allé(e)s à Paris?
4. Il est allé à Paris.   Ils sont allés à Paris.
5. Elle est allée à Paris.   Elles sont allées à Paris.

B. *Transformation* (Affirmative → negative)

1. Je suis allé au bureau.   →   **Je ne suis pas allé au bureau.**
2. Tu es sortie hier soir?   →   **Tu n'es pas sortie hier soir?**
3. Nous sommes descendus en ville.   →   **Nous ne sommes pas descendus en ville.**
4. Ils sont retournés à la caserne.   →
5. Marianne est venue avec Joël.   →
6. Vous êtes partis tout de suite.   →

C. *Transformation* (Statement → question)

1. Elle est arrivée à l'heure.   →   **Est-elle arrivée à l'heure?**
2. Tu es parti avant moi.   →   **Es-tu parti avant moi?**
3. Ils sont descendus à la plage.   →
4. Elle est venue le voir.   →
5. Il est tombé en courant.   →

D. *Transformation* (Present → passé composé)

1. Vous partez tôt, Madame?   →   **Vous êtes partie tôt, Madame?**
2. Elles viennent nous voir.   →   **Elles sont venues nous voir.**
3. Ma grand-mère monte à sa chambre.   →
4. Tu restes chez ton oncle?   →
5. Elle vient à la réunion.   →
6. Mon frère et moi partons pour Limoges.   →
7. Je descends en ville.   →
8. Joël et moi allons au cinéma.   →

E. *Transformation* (Passé composé → présent)

1. Tu es arrivée à l'heure?   →   **Tu arrives à l'heure?**
2. Je suis parti tôt le matin.   →   **Je pars tôt le matin.**
3. Est-il descendu vous parler?   →
4. À quelle heure es-tu venue?   →
5. Tu es sortie sans lui?   →
6. Elles ne sont pas retournées à Limoges?   →

Analyse Grammaticale

A. Tu es resté à la maison hier soir?

	1	2	3	4
	tu	es	resté / restée	
	Gilles	est	resté	
	Claire	est	restée	à la maison hier soir
	tes parents	sont	restés	
	tes sœurs	sont	restées	

B. Non, je suis sorti avec Jean-Loup.

1	2	3	4	5
	je	suis	sorti / sortie	avec Jean-Loup
non	il	est	parti	
	elle	est	allée	
	ils	sont	descendus	en ville
	elles	sont	retournées	

Tables A and B

1. In what tense are the verb forms of these tables?

2. Look at column 2 of Table A and column 3 of Table B. Are these the same auxiliary verb forms as those used in Tables A and B1 on page 356? What is the infinitive of the auxiliary verb used in Tables A and B

here? A number of verbs, mostly verbs of motion, form their passé composé with the present of **être** as the auxiliary verb. The following are the most common verbs conjugated with **être**:

aller	retourner	arriver	entrer	monter	rester
venir	rentrer	partir	sortir	descendre	tomber

The verb **venir** has an irregular past participle: **venu.**

3. What is the infinitive of the verb forms in Table A column 3? What do we call this verb form? What does the different spelling of this past participle show? The past participle of verbs conjugated with **être** agrees in gender and number with the subject of the verb. When would you use **tu es resté** and when **tu es restée**?

4. Look at Table B column 4. What is the infinitive of each of these five verbs?

NOTE: The inverted order for questions with either **avoir** or **être** as auxiliary is: *auxiliary + pronoun subject + past participle.*

Examples:
Qu'**as-tu fait** hier?
Qu'**a-t-il fait** hier?
Qu'**ont-elles fait** hier?
Es-tu resté à la maison hier soir?
Tes parents **sont-ils restés** à la maison?

Exercices de Contrôle

A. *Make new sentences, substituting the subjects in parentheses for the underlined words.*

EXAMPLES: Je suis rentré tard hier soir.   (Marianne)
Marianne est rentrée tard hier soir.

Tu as pris le train?   (vous)
Vous avez pris le train?

1. Il a eu des ennuis.   (nous)
2. Nous avons fini le service militaire.   (mon frère)
3. Tu es arrivé au camp?   (Gilles et Jean-Loup)
4. Vous avez attendu à la gare?   (tes parents)

5. Ils ont fini par engager Joël. (je)
6. <u>Nous</u> sommes allées aux grands magasins. (mon fiancé et moi)
7. <u>Claire</u> a pu venir avec nous. (les enfants)
8. <u>Je</u> suis sortie avec Jean-François. (ma sœur)

B. *Make the following sentences negative.*

EXAMPLE: J'ai vu cet article.
Je n'ai pas vu cet article.

1. Les ouvriers ont fait grève.
2. Gilles a conduit la voiture de son père.
3. Nous sommes descendus en ville.
4. J'ai réussi à voir le chef du personnel.
5. Le voyage a été très beau.
6. Vous avez pris la bonne décision.
7. Elle est venue à la maison.
8. J'ai eu beaucoup d'ennuis.

C. *Use the inverted order in the following questions.*

EXAMPLES: Est-ce qu'il a pu résister au charme de ta voix?
A-t-il pu résister au charme de ta voix?

Tu n'es pas allée voir tes parents?
N'es-tu pas allée voir tes parents?

Est-ce que le voyage a été facile?
Le voyage a-t-il été facile?

1. Est-ce que tu as trouvé un gagne-pain?
2. Tu es sortie avec Jean-Loup?
3. Est-ce que ta sœur a fini ses devoirs?
4. Est-ce que vous avez dû vous arrêter?
5. Jean-Loup et Gilles sont retournés à la caserne?
6. Est-ce que le petit garçon a perdu la monnaie?
7. On a engagé Joël sans l'avoir vu?
8. Est-ce qu'ils sont arrivés avant votre départ?
9. Tu as pris la décision de partir tôt?
10. Est-ce que tu n'as pas fait ton service militaire?

D. *Complete the following with the past participle of the infinitive in parentheses.*

EXAMPLE: Il n'a pas (avoir) de difficulté.
Il n'a pas eu de difficulté.

1 Ma mère a bien (travailler).
2. As-tu (finir) tes devoirs?
3. Je n'ai rien (voir).

4. Les enfants ont (être) parfaits.
5. Qu'avez-vous (choisir), Monsieur?
6. Est-ce que vous avez (attendre) l'autobus?
7. Ma mère n'est pas (rentrer) du bureau.
8. On t'a (rendre) la monnaie?
9. Mes parents sont (partir) de bonne heure.
10. Elle n'a pas (pouvoir) arriver à l'heure.
11. Quel dessert a-t-elle (prendre)?
12. Ils ont (devoir) partir tout de suite.

E. *Change the following from the present to the passé composé.*

EXAMPLES: Gilles abandonne la voiture.
Gilles a abandonné la voiture.

La voiture tombe en panne.
La voiture est tombée en panne.

1. Je parle au professeur.
2. Leurs cousins vont au Canada.
3. Nous prenons la voiture.
4. Vous attendez vos parents?
5. Alain fait son service militaire.
6. Tu ne finis pas ton dessert?
7. Ma mère doit acheter son appartement.
8. Jean-Pierre et moi rentrons en ville.
9. Ton fils dort à poings fermés.
10. Vous venez en voiture, Claire?
11. Mes filles sont malades.
12. Qu'est-ce qu'elles ont?

F. *Change the verbs in the following sentences from the passé composé to the present.*

EXAMPLE: J'ai dû lui téléphoner.
Je dois lui téléphoner.

1. Tu n'es pas restée chez ton oncle?
2. Joël et Marianne ont pris un pot avec nous.
3. J'ai eu rendez-vous avec mon futur patron.
4. Quand sont-ils partis pour la caserne?
5. Je n'ai rien fait.
6. Est-ce que Jean-Loup est venu vous voir?
7. Elle est retournée à Limoges.
8. Pourquoi a-t-elle attendu?
9. Vous y êtes arrivés à l'heure?
10. Tu n'as pas bien dormi?
11. Il a dû partir tout de suite.
12. Je n'ai pas pu trouver son adresse.

Mise en Pratique

A. *With two classmates, complete the following telephone conversation.*

MME MAUGER: _____! Ici le 960–21–16.

JOËL: Allô, Madame Mauger? Ici Joël Lavigne. Est-ce que je _____ à Marianne, s'il vous plaît?

MME MAUGER: Mais oui, Joël. Ne _____. Je vous _____.

MARIANNE: Allô, Joël. Alors, ça a bien marché?

JOËL: Non, quand je _____, le chef du personnel m'a dit: «Trop tard! Nous venons d'_____ quelqu'un d'autre. »

MARIANNE: Oh, mon pauvre vieux! Tu n'as vraiment pas de _____. Que _____ maintenant?

JOËL: Je vais rentrer chez _____. Ils m'ont demandé de _____ l'été avec eux à _____.

MARIANNE: Je te verrai _____ ton départ?

JOËL: Bien sûr! Je ne pars que dans une semaine. J'_____ un billet* pour le 1er juillet.

MARIANNE: Tu as déjà _____ ton billet?

JOËL: Oui, après mon _____ avec le chef du personnel, je _____ à la gare.

MARIANNE: Je te vois demain au _____?

JOËL: Oui, vers 11 h 30, comme d'habitude. À demain.

MARIANNE: Au revoir. _____.

---

* *ticket.*

B. *With a classmate, make up a telephone conversation. Choose either of the situations below or make up your own. The list of words which follows the situation may be of help to you.*

1. You have just seen an ad in the newspaper for a summer or part-time job for which you would like to apply. You call the number given in the ad and speak to the **chef du personnel.**

VERBAL EXPRESSIONS	OTHER EXPRESSIONS	
venir de voir dans le journal	entendu	le (la) secrétaire
être candidat	le travail	la réceptioniste
avoir _____ ans	facile	l'ouvrier (*m*)
se présenter au bureau	difficile	le garçon
	le vendeur	la serveuse
	la dactylo	le veilleur de nuit

2. You have just returned from vacation. You call a friend to tell about the car trip home.

VERBAL EXPRESSIONS

partir de (pour)	tomber en panne
faire _____ kilomètres	prendre le train
devoir s'arrêter	passer la nuit
prendre la décision de	arriver
abandonner	ne pas pouvoir
faire de l'auto-stop	réussir à

OTHER EXPRESSIONS

le moteur	en pleine campagne
la voiture	en pleine nuit
la guimbarde	(dix) fois
«kaputt»	sans mal
à pied	quand même

Poésie

Déjeuner du matin

Il a mis le café	
Dans la tasse	*cup*
Il a mis le lait	*milk*
Dans la tasse de café	
Il a mis le sucre	*sugar*
Dans le café au lait	
Avec la petite cuiller	**cuillère**
Il a tourné	*stirred*
Il a bu le café au lait	
Et il a reposé la tasse	*put down*
Sans me parler	
Il a allumé	
Une cigarette	
Il a fait des ronds	*rings*
Avec la fumée	*smoke*
Il a mis les cendres	*ashes*
Dans le cendrier	
Sans me parler	
Sans me regarder	
Il s'est levé	
Il a mis	
Son chapeau sur sa tête	*hat*
Il a mis	
Son manteau de pluie	*raincoat*
Parce qu'il pleuvait	*was raining*
Et il est parti	
Sous la pluie	
Sans une parole	
Sans me regarder	
Et moi j'ai pris	
Ma tête dans ma main	
Et j'ai pleuré.	*cried*

JACQUES PRÉVERT

QUESTIONS

1. Qui est-ce qui parle? (le mari, le poète, la femme)
2. Quelle émotion est-ce que le mari montre? (la joie, l'indifférence, l'amour)
3. Quelle atmosphère est-ce que "la pluie" ajoute à la poésie? (la tristesse, la gaieté, la tension)
4. Quelle préposition est répétée pour indiquer l'atti tude du mari envers sa femme? (dans, sans, avec)
5. Comment est-ce que Prévert décrit ses personnages? (par leurs paroles, par leurs actions, par leurs idées)

18
L'Art et la Vie

La musique
adoucit les mœurs

(*As you read the conversation below, keep the following questions in mind:* Qu'est-ce que Gabrielle fait dans le métro? Pourquoi est-ce qu'elle s'en va dans une autre station?)

Paris, le métro à six heures du soir. La foule s'engouffre dans les longs couloirs de la station du Châtelet. La plupart des gens sont pressés de rentrer chez eux et prennent en courant les trottoirs roulants. D'autres, au contraire, marchent paisiblement et s'arrêtent même pour écouter une jeune guitariste, Gabrielle, qui joue un merveilleux morceau de musique. À la fin du morceau, Gabrielle fait la quête et un homme qui l'a écoutée avec admiration, M. Gavoty, en profite pour lui parler.

M. GAVOTY: Je vous ai écoutée avec un plaisir extrême, mais aussi avec surprise... Dites-moi: qui a écrit la sonate que vous avez jouée?

GABRIELLE: C'est moi qui l'ai écrite. Je suis guitariste, mais ma vraie vocation, c'est la composition.

M. GAVOTY: Vous êtes une musicienne remarquable. Où avez-vous fait vos études?

GABRIELLE: Je les ai faites ici — au Conservatoire —, en Alle-magne et aux États-Unis.

M. GAVOTY: Avec qui avez-vous étudié la composition?

GABRIELLE: Je l'ai étudiée avec Pierre Boulez.

M. GAVOTY: Pourquoi avez-vous choisi la guitare?

GABRIELLE: Je ne l'ai pas choisie. Mes parents l'ont choisie pour moi. Ils sont guitaristes eux-mêmes et je suis née pratiquement dans une guitare. Depuis, nous sommes inséparables.

Sur ces mots, Gabrielle s'excuse auprès de M. Gavoty et recommence à jouer. Elle ne joue pas longtemps, car un agent de police arrive sur les lieux, lui demande ses papiers et lui conseille de circuler si elle ne veut pas avoir une amende. Gabrielle s'en va, sa guitare sous le bras, pour aller s'installer dans une autre station de métro et gagner assez d'argent pour manger ce soir.

Langue et Culture

la station du Châtelet is one of the largest, busiest subway stops in Paris. A number of subway lines cross there and it is often necessary to walk long distances to change trains. The distances are so long that moving sidewalks (**trottoirs roulants**) have been installed.

même pour écouter: The word **même** here is used as an adverb meaning *even*. However, this word has a number of other uses, for example: **les mêmes** = *the same* (p. 211); **eux-mêmes** = *themselves*.

le Conservatoire (le Conservatoire national supérieur de musique) is the most prestigious music school in France. Like all universities and institutions of higher learning in France, it is run by the government. **Le Conservatoire** is located in Paris near the Gare St-Lazare.

Pierre Boulez is a distinguished contemporary French composer and conductor. One of his best known works is «Le marteau sans maître». He is currently music director of the New York Philharmonic.

je suis née: **Née** is the past participle of the verb **naître** (*to be born*) which forms its passé composé with the auxiliary **être**. The verb **mourir** (*to die;* past participle: **mort**) also forms its passé composé with the auxiliary **être**.

un agent de police is popularly referred to as **un flic** (*a cop*). In direct address, he is called **Monsieur l'Agent**.

Grammaire

Exercices Oraux

A. *Repetition and practice*

1. Elle a écrit la sonate?   Oui, elle l'a écrite.
2. Elle a écrit le livre?   Oui, elle l'a écrit.
3. Elle a écrit les sonates?   Oui, elle les a écrites.
4. Elle a écrit les livres?   Oui, elle les a écrits.
5. Il a fait la cuisine?   Oui, il l'a faite.
6. Il a fait le dîner?   Oui, il l'a fait.
7. Il a fait les gâteaux?   Oui, il les a faits.
8. Il a fait les tartes?   Oui, il les a faites.
9. Tu as pris la voiture?   Non, je ne l'ai pas prise.
10. Tu as pris le train?   Non, je ne l'ai pas pris.
11. Tu as pris les paquets?   Non, je ne les ai pas pris.
12. Tu as pris les lettres?   Non, je ne les ai pas prises.

B. *Repetition and practice*

1. C'est moi qui ai écrit la sonate.
2. C'est toi qui as écrit la sonate.
3. C'est lui qui a écrit la sonate.
4. C'est elle qui a écrit la sonate.
5. C'est nous qui avons écrit la sonate.
6. C'est vous qui avez écrit la sonate.
7. Ce sont eux qui ont écrit la sonate.
8. Ce sont elles qui ont écrit la sonate.

C. *Transformation* (Noun → pronoun)

1. C'est moi qui ai écrit la sonate.   →   **C'est moi qui l'ai écrite.**
2. C'est elle qui a fait les tartes.   →   **C'est elle qui les a faites.**
3. C'est toi qui as pris la monnaie.   →
4. C'est elle qui a écrit le livre.   →
5. Ce sont elles qui ont pris le train.   →
6. C'est nous qui avons fait la cuisine.   →
7. C'est vous qui avez écrit la sonate.   →
8. Ce sont eux qui ont mis la table.   →

D. *Substitution*

1. Quel train as-tu pris? (route)   **Quelle route as-tu prise?**
2. Elle joue la sonate que vous avez écrite. (morceau)   **Elle joue le morceau que vous avez écrit.**

3. Quels exercices a-t-il écrits? (phrases)
4. Où est l'argent que tu as pris? (monnaie)
5. Où est la salade qu'elle a faite? (dessert)
6. Quel gâteau as-tu fait? (tarte)
7. Quelles lettres avez-vous prises? (paquets)
8. Voici le magnétophone qu'il a pris. (guitare)
9. Quel pull a-t-il mis? (chemise)
10. Quelle boisson as-tu prise? (dessert)

E. *Transformation* (Question → negative answer)

1. As-tu pris la monnaie? → **Non, je ne l'ai pas prise.**
2. A-t-il pris l'argent? → **Non, il ne l'a pas pris.**
3. Avez-vous fait les devoirs? →
4. Est-ce qu'elle a fait les tartes? →
5. Est-ce que Gabrielle a écrit la sonate? →
6. As-tu mis le pull? →

F. *Transformation* (Present → passé composé → pronoun)

1. Tu fais la cuisine? → **Tu as fait la cuisine?** → **Tu l'as faite?**
2. Elle met le couvert. → →
3. Vous écrivez les phrases? → →
4. Il ne prend pas le train. → →
5. Ils font la quête. → →
6. Nous prenons la voiture. → →
7. Tu choisis la guitare? → →
8. Elle ne comprend pas l'analyse. → →

Analyse Grammaticale

A1. As-tu choisi un livre?

1	2	3
as-tu	choisi	un livre
		une guitare
		les disques
		les robes

A2. Quel livre as-tu choisi?

1	2	3	4
quel	livre		choisi
quelle	guitare	as-tu	choisie
quels	disques		choisis
quelles	robes		choisies

B. Voici le livre que j'ai choisi.

1	2	3	4	5
voici	le livre	que	j'ai	choisi
	la guitare			choisie
	les disques			choisis
	les robes			choisies

1. In Tables A1, A2, and B, is the verb **choisir** used in the present tense or in the passé composé? What auxiliary verb is used to form the passé composé of **choisir**?

2. In what column of Table A1 are the direct objects of the verb **choisir**? Do these direct objects precede or follow the verb?

3. In what columns of Table A2 are the direct objects of the verb? Do these direct objects precede or follow the verb?

4. Does the past participle in column 2 of Table A1 agree in gender and number with the direct objects which follow the verb (column 3)? What change is there in the forms of the past participle when the direct objects precede the verb (Table A2, column 4)? The reason for this change is that the past participle of verbs conjugated with **avoir** agrees in gender and number with a preceding direct object. If the direct object follows the verb there is no agreement.

5. Look at Table B. Do the forms of the past participle in this table show agreement for gender and number? In Table B the relative pronoun **que** is used as a direct object. In which column does it appear? Does **que** show any change of form to indicate gender and number? To what column does **que** refer? The nouns in column 2 are called the antecedents of the relative pronoun, and the relative pronoun (**que**), although it does not change form, carries the same gender and number as its antecedent.

6. For each of the following sentences, indicate the antecedent of **que,** and identify the gender and number of **que** and its antecedent.
   a) Voici le livre que j'ai choisi.
   b) Voici la guitare que j'ai choisie.
   c) Voici les disques que j'ai choisis.
   d) Voici les robes que j'ai choisies.

7. Do the past participles in Table B follow the same rule for agreement as in Table A2? Does the direct object precede, or follow the verb?

C. Jacqueline, avec qui as-tu étudié le piano?

1	2	3	4
Jacqueline, avec qui	as-tu	étudié	le piano
			la composition
			ces exercices
			ces sonates

D. Je l'ai étudié avec un professeur au Conservatoire.

1	2	3	4	5
je	l'	ai	étudié	avec un professeur au Conservatoire
			étudiée	avec Pierre Boulez
	les		étudiés	avec Marie-Claire
			étudiées	toute seule

1. In what tense is the verb **étudier** in these two tables? What words serve as direct objects of this verb? Does the past participle show agreement for gender and number? Is Table C more like Table A1 or Table A2?

2. In what columns of Tables C and D are the direct objects? What words in Table C (column 4) do **l'** and **les** in Table D stand for? Do the direct objects in Table D precede or follow the verb? Why does the past participle of the verb **étudier** show agreement?

NOTE:

Remember that the above rule for agreement of past participles in the passé composé does not apply to intransitive verbs conjugated with **être**. As you have already seen, the past participles of intransitive verbs conjugated with **être** agree in gender and number with the subject:

La voiture est tombée en panne.
Nous sommes descendus en ville.
Elles sont venues nous voir.

Exercices de Contrôle

A. *Complete the following with the correct form of the past participle in parentheses.*

1. (fait)   Jean-Loup n'a pas ____ la quête.
2. (trouvé)   Voici la monnaie que j'ai ____.
3. (composé)   C'est le morceau que Gabrielle a ____ pour nous.
4. (fait)   Quelles études a-t-il ____?
5. (mis)   Est-ce que tu as ____ ma lettre à la poste?
6. (mis)   Oui, je l'ai ____ à la poste ce matin.
7. (donné)   Je vais payer l'amende que l'agent m'a ____ hier.
8. (oublié)   Mes papiers? Je les ai ____ chez moi.

B. *Change the following sentences to questions using the inverted order.*

> EXAMPLES: Gabrielle a fait ses études au Conservatoire.
> **Gabrielle a-t-elle fait ses études au Conservatoire?**
>
> C'est toi qui l'as choisi.
> **Est-ce toi qui l'as choisi?**

1. Ses parents ont choisi la guitare.
2. Elle ne l'a pas choisie.
3. Ils t'ont attendue à la gare.
4. C'est lui qui l'a écrite.
5. Tu ne les as pas prises.
6. Son père lui en a parlé.

C. *Ask the question for which each of the following is the answer. Begin each question with a form of* **quel.**

> EXAMPLE: J'ai acheté cette guitare.
> **Quelle guitare as-tu achetée?**

1. Elle a écrit ces exercices hier soir.
2. J'ai mis ma chemise bleue.
3. Elle a fait ses études au Conservatoire.
4. Nous avons vu ce film à Paris.
5. Il a pris tes lettres.
6. J'ai essayé ce pull.

D. *Change the following sentences from the present to the passé composé.*

1. Quelle sonate joue-t-il?
2. Elle part à onze heures.
3. Tu la fais, toi-même?

4. Je ne le comprends pas.
5. Nous les voyons en classe.
6. Ils n'ont pas de difficultés.
7. Où est-elle?
8. Elles viennent vous voir?

E. *Answer the following questions in the negative, using the passé composé and* **déjà.**

> EXAMPLE: Est-ce que tu le verras demain?
> **Non, je l'ai déjà vu.**

1. Vous lui en parlerez ce soir?
2. Tu y vas aujourd'hui?
3. Est-ce que vous allez rendre la voiture?
4. Est-ce que vos parents partent bientôt?
5. Tu achèteras des légumes samedi?
6. Vous écrirez les lettres ce soir?

F. *Answer the following questions using object pronouns for the underlined words, and including the elements given in parentheses.*

> EXAMPLE: Où as-tu mis ma guitare? (dans ta chambre)
> **Je l'ai mise dans ta chambre.**

1. Est-ce que vous avez payé votre amende? (oui, hier)
2. Quand a-t-il fini ses études? (l'année dernière)
3. Où a-t-elle trouvé cette robe? (aux grands magasins)
4. Est-ce qu'on t'a demandé tes papiers? (non)
5. Quand ont-ils pris leurs vacances? (au mois d'août)
6. Où avez-vous étudié le piano? (au Conservatoire)

G. *Combine each of the following pairs of sentences by using* **que.**

> EXAMPLES: Regardez cette jupe. J'ai acheté cette jupe hier.
> **Regardez la jupe que j'ai achetée hier.**
>
> J'ai écrit une lettre ce matin. Où est-elle?
> **Où est la lettre que j'ai écrite ce matin?**

1. J'ai mis la monnaie sur la table. Où est-elle?
2. Écoutez la sonate. Pierre a écrit cette sonate.
3. Donnez-moi les tartes. Elle a fait ces tartes ce matin.
4. Jean-Louis a acheté une voiture. Je veux la voir.
5. Tu as pris la guitare. À qui est la guitare?

Je serai photographe

Geneviève, une jeune Haïtienne qui fait ses études à Paris, écrit à un ami resté à Port-au-Prince.

Cher Denis,

En me promenant le long des quais, il y a deux ou trois semaines, je me suis arrêtée dans une gallerie qui expose en ce moment les œuvres du photographe Jacques-Henri Lartigue.

Voir les photos extraordinaires que Lartigue a faites, comme ça, sans préparation, alors qu'il n'était qu'un ado-lescent, a été pour moi une révélation. «Pourquoi pas moi?» me suis-je demandé. Et je me suis précipitée dans un magasin pour acheter un bon appareil photographique et commencer immédiatement une brillante carrière de photographe. Hélas! Je me suis trouvée devant une ving-taine d'appareils, tous plus chers les uns que les autres.

was

about twenty

«Faut-il donc avoir un père banquier, comme Lartigue, pour faire de la photographie?» C'est la question que je me suis posée après m'être sauvée, déçue, du magasin.

banker

disappointed

Pour me consoler, je me suis acheté des boucles d'oreilles que je me suis payées avec l'argent que je garde, généralement, pour les fins de mois difficiles!

earrings

keep

En rentrant chez moi, j'ai rencontré mon amie Odile. Je lui ai parlé de Lartigue, de mon désir de faire de la photographie, de ma déception. Elle m'a dit: «Ne te décourage pas si facilement. J'ai un copain qui fait de la photo. Je vais lui en parler.» Le lendemain, elle m'a téléphoné pour m'inviter à dîner chez elle avec son copain Antoine, le photographe. C'est un type formidable! Nous avons tout de suite sympathisé. Il m'a donné des tas de conseils et de tuyaux. Et il m'a même prêté un de ses appareils photo pour que je m'exerce.

lots of; tips (slang)
so that I can practice

Depuis, je vis l'œil collé au viseur et j'adore ça! Antoine, qui développe mes photos dans sa chambre noire, dit que j'ai beaucoup de talent et il m'encourage à continuer. Je crois que j'ai enfin découvert ma vocation. Je montrerai aux gens le monde dans lequel ils vivent. Je serai photographe.

*I live with my eye
  glued to the viewfinder*

discovered

which

Langue et Culture

Haïti was the first black republic in history, becoming independent from France in 1804. Its capital is **Port-au-Prince.**

les quais are the streets along the Seine in Paris. **Se promener le long des quais** is a favorite activity of students, tourists, lovers, dreamers and other practitioners of the art of time-wasting. Along the quais there are book-stalls, art galleries and antique stores to browse in (especially if you don't have a **centime!**), cafés to meet friends in, and of course, a great view of one of the most beautiful cities in the world.

Jacques-Henri Lartigue was born near Paris in 1896, into a wealthy family of bankers and inventors. His father gave him a camera one Christmas and Lartigue, still a child, began capturing images of his world on film. The pictures he took as a child and a teenager—with no training at all and using a camera that is primitive by today's standards—are among the loveliest and most remarkable in the history of photography. These beautifully composed photographs make the world of the Lartigue family come alive again before our eyes: sometimes comical, often elegant, but always exciting and vivid.

un appareil photographique is a (still) camera. **Une caméra** is a movie camera.

j'ai enfin découvert ma vocation: Like most adverbs used with the passé composé, the adverb **enfin** may be placed either before or after the past participle; **j'ai découvert enfin ma vocation** is therefore also correct. However, the adverbs **bien** and **mal** are always placed before the past participle when used with the passé composé: **Il a bien étudié l'histoire. J'ai mal entendu.**

QUESTIONS

1. Comment s'appelle le photographe que Geneviève vient de découvrir?
2. Quel effet les photos de Lartigue ont-elles produit chez Geneviève?
3. Que s'est-elle demandé?
4. Qu'a fait Geneviève en sortant de la gallerie?
5. Pourquoi ne s'est-elle pas acheté d'appareil photographique?
6. Qu'est-ce qu'elle s'est acheté pour se consoler?
7. Avec quel argent se les est-elle payées?
8. Qui est-ce qui a un copain qui fait de la photo?
9. Pourquoi Odile invite-t-elle Geneviève et Antoine, ensemble, à dîner?
10. Comment Geneviève trouve-t-elle Antoine?
11. Est-ce qu'Antoine aide Geneviève? Comment?
12. Pourquoi Geneviève veut-elle devenir photographe?

ET VOUS?

Est-ce que vous faites de la photo?

Si vous en faites:
1. Quels sujets est-ce que vous aimez prendre en photo? Pourquoi?
2. Est-ce que vous développez vos photos vous-même? Pourquoi?
3. Est-ce que vous voulez devenir photographe professionnel? Pourquoi?

Si vous n'en faites pas:
1. Pourquoi?
2. Est-ce que vous aimeriez* en faire?
3. Est-ce que vous avez découvert votre vocation? Que serez-vous?

---

* would like.

Grammaire

Exercices Oraux

A. *Repetition and practice* (Reflexive verbs: present — passé composé)

1. Il se met à table.   Il s'est mis à table.
2. Elle se met à table.   Elle s'est mise à table.
3. Ils se mettent à table.   Ils se sont mis à table.
4. Elles se mettent à table.   Elles se sont mises à table.

5. Il s'asseoit.   Il s'est assis.
6. Elle s'asseoit.   Elle s'est assise.
7. Ils s'asseoient.   Ils se sont assis.
8. Elles s'asseoient.   Elle se sont assises.

9. Il ne se plaint pas.   Il ne s'est pas plaint.
10. Elle ne se plaint pas.   Elle ne s'est pas plainte.
11. Ils ne se plaignent pas.   Ils ne se sont pas plaints.
12. Elles ne se plaignent pas.   Elles ne se sont pas plaintes.

B. *Transformation* (Affirmative → negative)

1. Il s'est arrêté au café.   →   **Il ne s'est pas arrêté au café.**
2. Elle s'est levée tôt.   →
3. Nous nous sommes reposés.   →
4. Je me suis choisi un pantalon.   →
5. Ils se sont détendus cet après-midi.   →
6. Tu t'es assis près du Premier ministre?   →

C. *Transformation* (Present → passé composé)

1. Ma mère se met au lit.   →   **Ma mère s'est mise au lit.**
2. Jean se plaint du bruit.   →   **Jean s'est plaint du bruit.**
3. Elles s'asseoient sur mon lit.   →
4. Ma petite sœur ne se plaint pas du froid.   →
5. La grand-mère se met en colère.   →
6. Il ne se fait pas de café.   →
7. Je me demande pourquoi.   →

D. *Transformation* (Non-reflexive → reflexive)

1. J'ai demandé pourquoi.   →   **Je me suis demandé pourquoi.**
2. Elle a acheté une robe.   →   **Elle s'est acheté une robe.**
3. Ils ont fait un gâteau.   →
4. Qu'est-ce que tu as choisi?   →
5. Qu'est-ce qu'elle a mis?   →
6. Il a posé la question.   →

Analyse Grammaticale

A.

> Je me suis amusé(e).
>
> Tu t'es détendu(e).
>
> Vous vous êtes ennuyé(e).
>
> Il/On s'est approché.
>
> Elle s'est mariée.
>
> Nous nous sommes endormi(e)s.
>
> Vous vous êtes précipité(e)s.
>
> Ils se sont disputés.
>
> Elles se sont plaintes.

1. In what tense are the verbs of the sentences above?

2. What do we call the verbs which have a subject and an object referring to the same person? Are reflexive verbs conjugated in the passé composé with **avoir** or with **être**?

3. Are these reflexive pronouns used as direct or indirect objects?

4. Like the relative pronoun **que,** reflexive pronouns have antecedents — words to which they refer and with which they agree in gender and number. The antecedent of a reflexive pronoun is always the subject. The number and gender of reflexive pronouns are determined by the number and gender of the subjects.

5. Is there agreement of past participles in the sentences above? The past participle of a reflexive verb (always conjugated with **être** in the passé composé) agrees in gender and number with the preceding direct object.

B1.

Elle s'est posé la question.
Elle s'est acheté une robe.
Elle s'est choisi des jupes.
Elle s'est fait des chemisiers.

B2.

C'est la question qu'elle s'est posée.
C'est la robe qu'elle s'est achetée.
Ce sont les jupes qu'elle s'est choisies.
Ce sont les chemisiers qu'elle s'est faits.

1. In Table B1, what is the function of the reflexive pronouns? Direct or indirect objects?

2. Where are the direct objects? Before or after the verbs?

3. Do the past participles show agreement in gender and number? Why not?

4. In Table B2, what are the direct objects of the reflexive verbs? Do they precede or follow the reflexive verbs?

5. What are the antecedents of **que**?

6. Do the past participles of the reflexive verbs show agreement in gender and number with the preceding direct object?

NOTE: The grammar studied in Chapter 18 may be summarized by answering the following question: What is the rule for agreement of past participles in the passé composé of:

       a) reflexive verbs?
       b) verbs conjugated with **avoir**?
       c) intransitive verbs conjugated with **être**?

Exercices de Contrôle

A. *Complete the following sentences with the correct form of the past participle of the verb in parentheses.*

      EXAMPLE: (plaindre) Elle s'est _____ du bruit.
      Elle s'est plainte du bruit.

1. (mettre)   Marie-Louise s'est _____ au lit.
2. (acheter)   Je me suis _____ une bicyclette.
3. (plaindre)   Pourquoi ne se sont-elles pas _____?
4. (asseoir)   Jean-Paul et moi nous sommes _____ près de la porte.

5. (amuser) Elles ne se sont pas bien ___ hier soir.
6. (agrandir) Notre famille s'est beaucoup ___.
7. (plaindre) Claude et moi nous en sommes ___.

B. *Change the following sentences from the present to the passé composé.*

> EXAMPLE: Elle s'en va sans rien dire.
> **Elle s'en est allée sans rien dire.**

1. Elle se paye des boucles d'oreilles.
2. Je ne me présente pas au bureau.
3. Ta petite sœur s'ennuie à l'école?
4. Pourquoi ne s'asseoit-il pas?
5. Ils se mettent à table à sept heures.
6. La classe s'agrandit.
7. Qu'est-ce qui se passe?
8. Ils se sauvent du magasin.
9. Ils se promènent le long de la plage.
10. Il ne s'en plaint pas.
11. La foule s'engouffre dans un long couloir.

C. *Ask the question for which each of the following is the answer. Begin each question with a form of* **quel.**

> EXAMPLE: Notre voisin s'est offert cette voiture.
> **Quelle voiture s'est offerte votre voisin?**

1. Maman s'est acheté ces casseroles.
2. Le réalisateur s'est posé une question sans réponse possible.
3. Je me suis choisi une guitare pas trop chère.
4. Ma sœur s'est fait les chemisiers qui sont sur le lit.
5. Agnès s'est tricoté ce pull rouge.
6. Jean-Claude s'est trouvé une place de veilleur de nuit.

D. *In the following sentences make the verbs reflexive.*

> EXAMPLE: J'ai posé cette question.
> **Je me suis posé cette question.**

1. Il a acheté une cravate.
2. Elle a tricoté un pull à col roulé.
3. Pourquoi n'as-tu pas fait un gâteau?
4. Chacun a choisi un cadeau.
5. Voici les tartes que j'ai faites.
6. Quelle guitare as-tu choisie?

E. *Combine each of the following pairs of sentences by using* **que.**

EXAMPLE: Je me suis acheté cette jupe hier. Regarde.
Regarde la jupe que je me suis achetée hier.

1. Régis s'est offert des cravates. Les voici.
2. Les Chopinet se sont acheté une maison. Allez la voir.
3. Tu t'es tricoté un pull ravissant. Tu me le donnes?
4. Grand-mère s'est fait deux belles robes. Regarde.
5. Nous nous sommes trouvé un appartement. Venez le visiter.
6. Je me suis choisi un mari. Je veux te le présenter.

F. *In the following sentences omit the underlined words and make the verbs reflexive.*

EXAMPLE: Elle a amusé les enfants.
Elle s'est amusée.

1. Jean-Louis a promené le chien.
2. Cet enfant m'a ennuyée.
3. L'agent de police a arrêté la foule à la porte.
4. Nous avons retrouvé nos copains au café.
5. La mère a couché la petite Marie-Claire.
6. J'ai présenté Jean-Loup au chef du personnel.
7. Tu as fait mal à mon frère?
8. Je lui ai demandé pourquoi.

Mise en Pratique

A. *Change the following paragraph to the past.*

Gabrielle s'excuse auprès de M. Gavoty et recommence à jouer. Elle ne joue pas longtemps, car un agent de police arrive sur les lieux, lui demande ses papiers et lui conseille de circuler. Il ne veut pas lui donner une amende. Gabrielle s'en va, sa guitare sous le bras. Elle prend le métro et elle descend à une autre grande station, la station Montparnasse. Là, elle s'installe et continue à jouer.

B. *Prepare a short paragraph (in the passé composé) about some of the things you and/or your family did yesterday. Use a variety of subjects (**je, nous, mon père, mes frères,** etc.) and include at least one example of each of the following: verb with **avoir,** verb with **être,** reflexive verb. The list of verbal expressions and adverbs given below may be of help to you.*

VERBAL EXPRESSIONS

se lever tôt (tard)

prendre {le petit déjeuner / le train / l'autobus / le métro}

partir de chez moi

arriver {à l'heure / en retard / en avance}

faire {la cuisine / les devoirs / des courses / du foot / la queue}

aller {au lycée / à l'école / à l'aéroport / au cinéma / au cirque / au café / à la plage / au gymnase}

se rendre {au bureau / à la gare / à la poste}

assister {à un match / à une réunion}

rester à la maison
lécher les vitrines
dépenser trop d'argent
se promener
rencontrer des camarades
déjeuner en ville (à la cantine)
acheter
envoyer un cadeau
écrire une lettre
regarder le défilé
se détendre
avoir rendez-vous avec _____
se baigner
se retrouver au café
bavarder avec _____
descendre en ville
se disputer avec _____
s'ennuyer

plus tard	mais
enfin (finalement)	à ce moment
quelques moments après	tout à coup
à _____ heures	là
donc	alors
moi aussi	au bout d'une demi-heure
pour cela	

Poésie

Le message

La porte que quelqu'un a ouverte
La porte que quelqu'un a refermée
La chaise où quelqu'un s'est assis
Le chat que quelqu'un a caressé
Le fruit que quelqu'un a mordu   *bit into*
La lettre que quelqu'un a lue   *read*
La chaise que quelqu'un a renversée   *knocked over*
La porte que quelqu'un a ouverte
La route où quelqu'un court encore   *runs*
Le bois que quelqu'un traverse   **la forêt**
La rivière où quelqu'un se jette   *jumps into*
L'hôpital où quelqu'un est mort.

JACQUES PRÉVERT

QUESTIONS

1. Qu'est-ce que "quelqu'un" a fait avant de lire la lettre? (Nommez 5 actions)
2. Qu'est-ce que "quelqu'un" a fait après la lecture de cette lettre? (Nommez 5 actions)
3. Quel est le résultat de la dernière action?
4. D'après vous, qu'est-ce que "quelqu'un" a lu dans la lettre? Écrivez cette lettre.

Résumé Grammatical

PASSÉ COMPOSÉ

A. Formation with the auxiliary **avoir**

-er	-ir	-re
j'ai joué	j'ai fini	j'ai rendu
tu as joué	tu as fini	tu as rendu
il a joué	il a fini	il a rendu
nous avons joué	nous avons fini	nous avons rendu
vous avez joué	vous avez fini	vous avez rendu
ils ont joué	ils ont fini	ils ont rendu

B. Intransitive verbs (auxiliary **être**)

aller

je suis allé(e)	nous sommes allé(e)s
tu es allé(e)	vous êtes allé(e), allé(e)s
il est allé	ils sont allés
elle est allée	elles sont allées

Common verbs conjugated with **être**:

aller	entrer	monter	naître
venir	sortir	descendre	mourir
arriver	rester	revenir	
partir	tomber	retourner	

C. Reflexive verbs (auxiliary **être**)

s'amuser

je me suis amusé(e)	nous nous sommes amusé(e)s
tu t'es amusé(e)	vous vous êtes amusé(e), amusé(e)s
il s'est amusé	ils se sont amusés
elle s'est amusée	elles se sont amusées

D. Irregularly formed past participles

avoir — eu	mettre — mis	pouvoir — pu	conduire — conduit
être — été	offrir — offert	devoir — dû	naître — né
dire — dit	prendre — pris	lire — lu	vouloir — voulu
faire — fait	voir — vu	venir — venu	

E. Agreement of past participle

1. Verbs with **avoir**

The past participle agrees in gender and number with the preceding direct object. There are three types of sentences in which past participles show agreement with preceding direct objects.

a) Sentences with direct object pronouns

b) Direct objects modified by the interrogative adjective **quel, quelle,** etc.

c) Sentences with relative clauses introduced by **que** (direct object)

EXAMPLES: **Il les a finis.**
Quelle guitare a-t-elle choisie?
C'est la robe que j'ai faite.

2. Intransitive verbs with **être**

The past participle of intransitive verbs conjugated with **être** agrees in gender and number with the subject.

EXAMPLES: **Elle est partie hier soir.**
Ils sont allés au cinéma.

3. Reflexive verbs (with **être**)

The past participle of reflexive verbs agrees in gender and number with the preceding direct object.

EXAMPLES: **Elles se sont mises à table.**
Quelle guitare s'est-il choisie?
Elle s'est perdue.
C'est la table qu'il s'*est faite.

NOTE: 1. There is a change in pronunciation in the feminine (singular and plural) only where the past participle ends in **t** or **s** (**fait, plaint, écrit, pris, mis,** etc.).

2. The masculine plural of past participles ending in **-s** remains unchanged.

EXAMPLES: **Il s'est mis à table.**
Ils se sont mis à table.

---

* The reflexive pronoun may be an indirect object as well as a direct object.

Exercices Écrits

A. Complete the following sentences with the correct form of the auxiliary **avoir** or **être.**

1. Ils ____ passé cinq semaines sur la Côte d'Azur.
2. Qu'est-ce qui s'____ passé?
3. Elle ____ parlé au chef du personnel.
4. Gabrielle ____ née pratiquement dans une guitare.
5. Nous ____ restés chez ma grand-mère.
6. Où est le pull que tu t'____ tricoté?
7. Il n'____ pas descendu à la plage cet après-midi?
8. Où ____-tu été?
9. Nous nous ____ posé cette question.
10. À quelle heure ____-vous arrivé?
11. Jean-Luc ____ acheté une moto.
12. Mes cousins ____ venus nous voir.
13. S'____-t-il acheté la moto?
14. Nous nous ____ baignés dans la mer.

B. Rewrite the following sentences, replacing the underscored words by the words in parentheses and making the necessary changes.

1. Jean-Luc et Marie-Claire ne sont pas partis hier. (Françoise)
2. Quel pays ont-ils visité? (région)
3. Montre-moi la jupe que tu t'es tricotée. (pull)
4. Les enfants se sont précipités sur les hors-d'œuvre. (Annick)
5. C'est la musicienne que nous avons entendue. (morceau)
6. Le film n'a pas marché. (montre)
7. À quelle réunion êtes-vous allé? (assisté)
8. Nous les avons louées pour l'été. (la)
9. Il a atteint Limoges à midi. (arrivé à)
10. Geneviève s'est sauvée en courant. (Denis)

C. Change the following sentences from the present to the passé composé.

1. Où faites-vous vos études?
2. La foule s'engouffre dans les longs couloirs.
3. Ils sont guitaristes eux-mêmes.
4. Elle revient tout de suite.
5. Marianne ne peut pas lui prêter vingt francs.
6. Nous nous servons souvent de ses photos.
7. Mon oncle nous offre aimablement sa voiture.
8. Ma grand-mère s'impatiente.

9. Je lis un article dans *Le Monde.*
10. Ils doivent arriver vers huit heures.
11. Marianne va voir le chef du personnel.
12. Il a rendez-vous avec son futur patron.
13. Gilles prend la décision d'abandonner sa guimbarde.
14. Nous nous posons cette question.
15. Ils finissent par faire cinq kilomètres à pied.
16. Je les vois au ciné-club.
17. Quelle guitare se choisit-il?
18. Quelles tartes achètes-tu?
19. Voici la maison qu'ils louent.
20. Elles s'efforcent de se lever.

D. *Change the following sentences from the passé composé to the future.*

EXAMPLE: Elle est allée à Lyon.
Elle ira à Lyon.

1. J'ai vu Joël au bureau.
2. Qu'est-ce que tu as pris?
3. Ma mère nous a fait un bon repas.
4. J'ai été candidat.
5. Ils ont eu des difficultés.
6. Nous sommes allés à Haïti.
7. Je l'ai attendue à la gare.
8. Quand sont-ils venus vous voir?
9. Est-ce que Joël a pu parler au chef?
10. Elle s'est levée tard.

E. *From the elements given form correct sentences or questions in the passé composé.*

EXAMPLE: Je / la / voir / cinéma.
Je l'ai vue au cinéma.

1. Gabrielle / s'excuser / et / recommencer / jouer.
2. Quel / études / faire / tu / Conservatoire?
3. Voir / vous / lettres / je / écrire?
4. Ils / ne pas / s'ennuyer / Port-au-Prince.
5. Voiture / tomber / panne / plein / campagne.
6. Montrez / moi / exercices / vous / écrire.
7. C'est / question / ils / se / poser.
8. Je / la / acheter / Paris.

Dictée / Compréhension

La Récréation

Festival du film

The class divides into "production teams", each composed of five members. Each team selects one of its members to be the "director" and then chooses one of the plot outlines below. The director gives each team member one of the five questions to answer, taking one for himself. Team members may not consult with each other or with the director; each one prepares his or her answer separately. When all answers are prepared (3 or 4 minutes should be enough time), each team presents its film in turn. The director presents the beginning of his team's plot in his own words and asks the questions. He and his team-mates give the answers they have prepared. The funniest plot wins **le grand prix du festival.**

Toute seule à minuit dans une grande maison de campagne, Marie-Hélène entend quelqu'un dans le couloir. La porte s'ouvre...
1. Qui est-ce?
2. Que dit Marie-Hélène?
3. Que dit ce "quelqu'un"?
4. Que fait Marie-Hélène?
5. Comment finit le film?

Dans une petite ville du far-west un cow-boy attend un autre cow-boy.
1. Pourquoi?
2. Que fait le premier cow-boy en attendant?
3. Qu'est-ce qui se passe quand le deuxième cow-boy arrive?
4. Qu'est-ce qu'il dit?
5. Comment finit le film?

Deux hommes marchent sur la lune (the moon). *Tout à coup l'un d'eux crie «Regarde!»*
1. Qu'est-ce qu'il voit?
2. Que répond son ami?
3. Qu'est-ce qu'ils font?
4. Avec quoi?
5. Comment finit le film?

Marie et Luc s'aiment beaucoup. Les parents de Marie détestent Luc.
1. Pourquoi?
2. Qu'est-ce que Marie dit?
3. Que font les parents?
4. Quelle est l'attitude de Luc?
5. Comment finit le film?

J'ai fait ma valise...

One student begins game by saying **J'ai fait ma valise* et dans ma valise j'ai mis un pull à col roulé.** The next student repeats what the first student has said and adds one other object of his own choice (for example, **un poulet rôti**): **J'ai fait ma valise et dans ma valise j'ai mis un pull à col roulé et un poulet rôti.** The third student repeats and adds another object: **J'ai fait ma valise et dans ma valise j'ai mis un pull à col roulé, un poulet rôti et une guitare.** The game continues in this fashion. A student who forgets one or more items is "out". When there are three "outs" in a row, the game starts over again.

Le jeu des opposés

The class is divided into two teams. The first team gives a word in French (for instance **froid**). The second team (consulting among themselves) must give the opposite (**chaud**) within thirty seconds in order to win a point. If the second team does not answer correctly, the first team gives the answer, winning the point for themselves. Negation is not acceptable. For instance, the opposite of **monter** is **descendre** and not **ne pas monter**! Remember also that the opposite of an adjective is an adjective, the opposite of a verb is a verb, etc.

---

* J'ai fait ma valise = *I packed my bag.*

Exposés

A. *Follow the* exposés *below as you hear them on tape. Be prepared to ask and answer questions based on these* exposés.

1. Cette année, j'ai beaucoup cherché avant de trouver du travail pour l'été. J'ai commencé mes recherches au mois de mai et vers la fin du mois de juin j'ai trouvé une place de vendeuse dans un grand magasin. Alors, pendant deux mois j'ai vendu des chemises et des cravates. Avec l'argent que j'ai gagné je m'achèterai une guitare et un vélomoteur. S'il en reste un peu, je crois que j'offrirai une chemise et une cravate à papa.

2. J'ai beaucoup aimé la poésie "Déjeuner du matin" de Jacques Prévert. Je trouve que le poète décrit très bien et en peu de mots la situation qu'il a choisie. Il nous fait savoir des choses sans nous les dire. Par exemple, Prévert ne nous explique pas que l'homme n'aime plus la femme, mais nous le savons parce que l'homme ne lui parle pas, ne la regarde même pas. Le poète décrit le monde extérieur, mais sa façon de le décrire nous fait entrer dans la vie intérieure de cette femme qui pleure.

3. Je n'ai pas beaucoup aimé "Déjeuner du matin". Cette poésie est facile et agréable à lire, mais elle me laisse plutôt froid. Pour commencer, le poète prend dix lignes pour nous dire que l'homme boit son café. Et après? Après, le type fume une cigarette, met son manteau et sort. Une femme pleure. Pourquoi attend-elle le départ de l'homme pour pleurer? Je n'y ai rien compris. C'est comme quand on arrive au cinéma au milieu du film.

B. *Prepare an* exposé *about a summer job or about any topic suggested by chapters 17 and 18.*

or

Prepare an exposé *in which you explain why you like or dislike* "Déjeuner du matin" (*p. 366*) *or* "Le message" (*p. 390*).

Les Beaux-Arts

Portrait de Paul Gauguin par lui-même, peint en 1889. Remarquez le halo, les pommes (*apples*) et le serpent. D'après vous, qu'a voulu dire Gauguin en utilisant ces symboles? Gauguin est-il sérieux ou ironique quand il compare le saint et l'artiste? Comment sont les couleurs qu'utilise Gauguin? Pâles ou vibrantes? Est-ce que le dessin (*drawing*) est simple ou compliqué? Ce portrait est-il réaliste ou décoratif?

Cette sculpture fait partie de la façade de l'église de Vézelay (Bourgogne), bâtie vers 1100. Elle représente un des signes du zodiaque: le Sagittaire. Le Sagittaire est une créature mythologique mi-homme, mi-cheval, qui porte un arc qu'il dirige vers le ciel.

Cette grande rose de la cathédrale Notre-Dame de Paris date de 1250 environ. D'après vous, pourquoi est-ce qu'on appelle "rose" cet élément architectural? Vue de l'intérieur de la cathédrale, la rose est complètement différente : on ne voit plus que les couleurs magnifiques du vitrail (*stained glass*) éclairées par le soleil qui le traverse. Est-ce que le style utilisé ici est simple comme le style utilisé à Vézelay (p. 398)?

La terrasse à Sainte-Adresse par Claude Monet (1840–1926). Sainte-Adresse est un village situé près du grand port du Havre (Normandie) où est né Claude Monet. Monet peint ici un jardin où se reposent deux couples. L'un des couples est assis; l'autre est debout, près de la mer, indifférent au spectacle des bateaux qui passent. Quel temp fait-il? À quelle saison sommes-nous? D'après vous, quelle heure est-il?

19
Les Festivités

Visite-surprise
et surprise-partie

As you read the conversation below, keep the following questions in mind: Qu'est-ce qu'on fait à une surboum? Pourquoi Alain arrive-t-il plus tôt que prévu?

Alain Jobert fait ses études à Paris, à l'École polytechnique. De temps en temps — trop rarement, pense-t-il — il va passer quelques jours dans sa famille, à Bordeaux. Alain vient d'arriver à Bordeaux pour un court séjour, et il sonne à la porte de Mireille, une amie.

MIREILLE: Alain! Quelle surprise! Quand es-tu arrivé?

ALAIN: Je suis arrivé hier soir et je suis passé te voir immédiatement, mais ta mère m'a dit que tu étais en ville.

MIREILLE: Oui, mes cousins donnaient une surboum et j'y suis allée pour faire plaisir à Maman.

ALAIN: La surboum était réussie?

MIREILLE: Je crois. Les gens avaient l'air de s'amuser: ils dansaient, buvaient et fumaient avec un bel entrain.

ALAIN: Tu n'as pas l'air d'avoir partagé cet entrain?

MIREILLE : Oh, je ne connaissais personne, à part mes cousins. Et puis, la musique était assourdissante; il y avait une fumée à couper au couteau; il faisait une chaleur étouffante...

ALAIN : ...Et je n'étais pas là!

MIREILLE : J'allais le dire! Mais, dis-moi, je croyais que tu n'arrivais pas avant demain soir? Que s'est-il passé?

ALAIN : J'étais à une réunion politique mercredi soir et j'ai mentionné que j'allais passer quelques jours à Bordeaux. Quelqu'un a dit qu'il s'y rendait en voiture le lendemain, qu'il pouvait m'emmener si je voulais.

MIREILLE : Alors tu as sauté sur l'occasion! Quelle joie! Cela nous donne deux jours de plus!

une surprise-partie or in colloquial language **une surboum** is a planned get-together of young people at somebody's house. Unlike an American *surprise party*, **une surprise-partie** is no surprise to anyone.

l'École polytechnique or simply **Polytechnique** or colloquially **l'X** is one of a group of public graduate schools of extremely high standards called **les Grandes Écoles.** Students who wish to enroll in these schools usually spend two years of intensive studies after the **baccalauréat** to prepare for the very difficult entrance examinations. Most of these schools are in Paris.

Polytechnique is a graduate military school which offers superior training in science and engineering. Graduates of **Polytechnique (les polytechniciens)** command as much respect in their field as graduates of M.I.T. in America.

Bordeaux is an important commercial port on the Atlantic coast and the **Gironde** (mouth of the **Garonne** river). It is a beautiful city and the center of one of the most important wine-producing regions of France.

je suis passé: The verb **passer** when meaning *to pass by* is conjugated in the passé composé with the auxiliary **être.**

en ville here means *out* in the sense of *being invited out.*

réussie: The past participle of **réussir** is used here as an adjective.

une fumée à couper au couteau is an obvious figure of speech meaning *very smoky.*

buvaient is a form of the verb **boire.**

Grammaire

Exercices Oraux

A. *Read from the dialogue the sentences in which the verb is in the passé composé.*

B. *Read from the dialogue the other sentences which indicate past time.*

C. *Repetition and practice* (Singular — plural)

    1. J'avais froid hier soir.   Nous avions froid hier soir.
    2. Tu avais froid hier soir?   Vous aviez froid hier soir?
    3. Il avait froid hier soir.   Ils avaient froid hier soir.

4. Je choisissais toujours le plus cher.   Nous choisissions toujours le plus cher.
5. Tu choisissais toujours le plus cher.   Vous choisissiez toujours le plus cher.
6. Il choisissait toujours le plus cher.   Ils choisissaient toujours le plus cher.

7. J'étais fatigué(e).   Nous étions fatigué(e)s.
8. Tu étais fatigué(e)?   Vous étiez fatigué(e)s?
9. Vous étiez fatigué(e)?   Vous étiez fatigué(e)s?
10. Il était fatigué.   Ils étaient fatigués.
11. Elle était fatiguée.   Elles étaient fatiguées.

D. *Repetition*   (Present — imperfect)

1. Nous lisons le journal.   Nous lisions le journal.
2. Nous parlons au chef.   Nous parlions au chef.
3. Nous finissons le travail.   Nous finissions le travail.
4. Nous pouvons le voir.   Nous pouvions le voir.
5. Nous prenons le train.   Nous prenions le train.
6. Nous sommes distraits.   Nous étions distraits.

E. *Transformation*   (1ˢᵗ person plural present → 1ˢᵗ person singular imperfect)

1. Nous lisons le journal.   →   **Je lisais le journal.**
2. Nous parlons au chef.   →   **Je parlais au chef.**
3. Nous finissons le travail.   →
4. Nous pouvons le faire.   →
5. Nous prenons le train.   →
6. Nous sommes distraits.   →
7. Nous avons faim.   →
8. Nous nous ennuyons.   →

F. *Transformation*   (Present → imperfect)

1. Vous jouez de la guitare?   →   **Vous jouiez de la guitare?**
2. Ils prennent le train.   →   **Ils prenaient le train.**
3. Il fait mauvais.   →   **Il faisait mauvais.**
4. La classe s'agrandit.   →   **La classe s'agrandissait.**
5. Nous avons faim.   →
6. Ils attendent à la gare.   →
7. Tu prends du pain?   →
8. Vous lisez le journal?   →
9. Je viens te voir.   →
10. Je suis malade.   →
11. Claire s'ennuie.   →
12. Nous faisons du basket.   →
13. Mon père se détend.   →

Analyse Grammaticale

A. Qu'est-ce que tu faisais hier en m'attendant?

1	2	3
qu'est-ce que (qu')	tu faisais vous faisiez elle faisait ils faisaient	hier en m'attendant

B. Je regardais la télévision.

1	2
je	regardais la télévision finissais mes devoirs mettais le couvert
nous	regardions la télévision finissions nos devoirs mettions le couvert
elle	regardait la télévision finissait ses devoirs mettait le couvert
ils	regardaient la télévision finissaient leurs devoirs mettaient le couvert

1. Does the question in Table A show present, future or past time? This past tense is called the imperfect. It indicates action going on in the past.

2. Look at Table A, column 2. What four letters do the imperfect forms of **faire** have in common? These four letters **fais-** are the stem for the

imperfect. For all verbs in French except **être** the imperfect stem is formed from the first person plural of the present **(faisons)** minus the ending **-ons**. Note that the verb **être** forms its imperfect stem irregularly: **ét-**. Examples of the imperfect of **être**:

Je n'étais pas là.
La surboum était réussie.

3. Look at Tables A and B. Are the endings the same for **-er, -ir** and **-re** verbs? Which endings are pronounced the same?

Exercices de Contrôle

A. *Replace the subjects of the following sentences by the words in parentheses.*

1. Tu étais en ville.   (elle)
2. Mes cousins donnaient une surboum.   (nous)
3. La surboum était réussie.   (les chemisiers)
4. Les gens avaient l'air de s'amuser.   (le Général)
5. Mon père buvait tout seul dans son coin.   (je)
6. Nous ne partagions pas son entrain.   (vous)
7. J'allais le dire.   (tu)
8. Il s'y rendait en voiture.   (elles)

B. *Change the subjects and verbs of the following sentences from singular to plural.*

1. La voisine bavardait sans arrêt.
2. Je ne connaissais pas le patron.
3. Tu ne pouvais pas aller le voir?
4. Mon cousin voulait toujours danser avec Brigitte.
5. Je fumais beaucoup trop.
6. Tu faisais toujours du foot.
7. Ton invité n'en finissait pas de partir.
8. Je choisissais un appareil photographique.

C. *Change the following sentences from present to imperfect.*

EXAMPLE: Il fait une chaleur étouffante.
Il faisait une chaleur étouffante.

1. Je vais partir tôt le matin.
2. Il croit en toi.
3. Je ne connais personne à Bordeaux.
4. Elle peut m'emmener avec elle.
5. Tu ne veux pas y rester tout seul?

6. Nous n'arrivons pas avant 18 heures.
7. Il finit son dessert.
8. Nous ne sommes pas d'accord.
9. Je ne sais pas son nom.
10. La musique est assourdissante.
11. Il y a une fumée à couper au couteau.
12. On entend la musique jusqu'au coin de la rue.
13. Il fait froid et le temps est couvert et pluvieux.
14. Le ciel s'éclaircit et il fait du soleil.
15. Je ne vais pas bien; j'ai mal au foie.

D. *Answer the following questions using the elements given in parentheses.*

1. Est-ce que vous étiez chez vous hier soir? (non, en ville)
2. Qu'est-ce qu'on faisait à la surboum? (danser, boire)
3. Connaissiez-vous quelqu'un à la surprise-partie? (non, personne)
4. Quel air avait Mireille? (s'ennuyer)
5. Quelle musique jouait-on? (assourdissant)
6. Que faisait Alain à Paris? (étudier, l'École polytechnique)
7. Est-ce qu'il allait souvent à Bordeaux? (non, y, rarement)

Les noces

La marraine de Marie-Ange Fouquet n'a pas pu assister au mariage d'Agnès, la sœur <u>aînée</u> de Marie-Ange.

Tours, le 20 juin

Chère Marraine,

Ouf! Ça y est, ma sœur est mariée! Nous allons enfin pouvoir retrouver une vie normale, après ces semaines de folie collective.

Comme tu le sais, le mariage a eu lieu samedi. Il faisait un temps splendide et tout <u>s'est déroulé comme prévu</u>.

Nous nous sommes levés à l'<u>aube</u> pour avoir le temps de nous préparer tranquillement. Tranquillement! La sonnette de la grille n'arrêtait pas de sonner et les gens entraient avec des <u>fleurs</u>, des cadeaux, des plats, des bouteilles, etc . . . Finalement, vers dix heures et demie du matin, nous nous sommes tous retrouvés au salon, un peu <u>énervés</u> mais bien <u>habillés</u> et prêts à partir pour la mairie.

Agnès était absolument ravissante dans sa robe de <u>soie</u> blanche et dans le <u>voile de dentelle</u> que lui a donné Grand-mère. Maman, elle, était magnifique dans une longue robe bleu-lavande. Je n'étais pas mal non plus, <u>paraît-il</u>, dans la robe <u>bouton-d'or</u> que portaient toutes les demoiselles d'honneur.

Suivant la coutume familiale, nous sommes arrivés en retard à la mairie. Jean-Claude (le fiancé d'Agnès), sa famille et nos invités y étaient déjà, impatients de nous voir arriver. Monsieur le Maire a prononcé les <u>paroles rituelles</u>. Jean-Claude et Agnès ont signé l'acte de mariage. Tout le monde les a <u>félicités</u>. Et nous sommes allés <u>en cortège</u> à l'église, où <u>Monsieur le Curé</u> nous attendait pour célébrer la messe de mariage.

Agnès et Jean-Claude ont échangé <u>serments</u> et anneaux. Maman a pleuré, Papa l'a consolée et tout le monde s'est embrassé. Enfin, nous sommes sortis de l'église au milieu d'une foule de gens qui se pressait sur la place pour voir la mariée, l'applaudir et crier: «Vive la mariée!» *Long live the bride!*

Le déjeuner (nous étions une cinquantaine) s'est déroulé en plein air, dans notre jardin. Tout était délicieux, et nous avons mangé et bu tout l'après-midi. (J'ai tellement mangé et tellement bu que depuis je ne peux plus rien avaler!) *about fifty* / *so much* / *swallow*

À la fin du repas, des camarades de Jean-Claude, qui forment un petit ensemble de jazz, sont arrivés avec leurs instruments et nous avons dansé et chanté jusqu'à deux heures du matin. Agnès et Jean-Claude nous ont quittés vers minuit (ils sont allés passer leur lune de miel dans le Midi), et nos derniers invités sont partis vers trois heures du matin. Quelle journée! *sang* / *honeymoon*

Nous en avons fait un film, bien sûr. Nous te le montrerons quand nous viendrons te voir à la Baule dans un mois. C'est un chef-d'œuvre, tu verras! *masterpiece*

Malheureusement, cette année, je ne resterai que deux semaines à la Baule. Papa, fâché que je parle anglais «comme une vache espagnole», a décidé de m'envoyer passer quelque temps en Angleterre. Mon prof' d'anglais a demandé à des amis à elle, les Boyd, de me prendre chez eux, comme hôte payant, pendant six semaines. *unfortunately* / *atrociously (like a Spanish cow)* / *paying guest*

Je partirai le 5 août. Papa me conduira à Saint-Malo où je prendrai le bateau pour Southampton. Là, les Boyd m'attendront pour me conduire chez eux en Cornouailles. Comme tu le vois, six semaines ne seront pas de trop pour me remettre d'un tel voyage!... Mais, comme dit Papa: «Les voyages forment la jeunesse!» *boat* / *Cornwall* / *recover* / *youth*

Affectueux baisers de ta filleule, *kisses*

Langue et Culture

la marraine and **le parrain** are the sponsors at the baptism (**le baptême**) of their godchild (**le filleul** or **la filleule**). Very often the godchild is given the name of his/her godmother or godfather as a middle name. The godparents are very much part of the family. Many godchildren address their godparents as **Marraine** and **Parrain.**

Tours is a charming historical city and university center in the Loire valley.

la grille (*fence* or *gate*): In France even the most modest home has a garden or a yard enclosed by a wall or fence. This wall or fence is a symbol of French individualism and love of privacy; it is a way of saying: «Je suis ici chez moi. Fichez-moi la paix!» (*This is my house; leave me alone!*)

la mairie: When couples marry in France, they first have a civil ceremony at the City Hall. This civil ceremony is required by French law. Most couples choose to have a religious ceremony following the civil ceremony. Traditionally, the wedding party walks from the City Hall to the church.

le Midi: The southern part of France is often referred to as **le Midi** because of its generally warm and sunny climate.

dernier: The feminine of this adjective (like the adjective **premier**) ends in **-ère** (dernier — dernière).

la Baule is a famous summer resort on the southern coast of Brittany.

Saint-Malo is a beautiful walled city on the northern coast of Brittany.

Monsieur le Maire: This is the respectful way of referring to **le maire.** This formula is always used in direct address. Similarly **le curé** is addressed as **Monsieur le Curé** and **l'agent de police** as **Monsieur l'Agent.**

VRAI OU FAUX?

Some of the following statements are false. Change them to true statements and then read all the statements aloud.

1. Le parrain de Marie-Ange n'a pas pu assister au baptême d'Agnès.
2. Nous nous sommes couchés à l'aube pour pouvoir dormir tranquillement.
3. La sonnette sonnait sans arrêt.
4. Vers dix heures du soir, ils se sont tous retrouvés à la cuisine, prêts à partir pour la gare.
5. Agnès était absolument ravissante dans sa robe de dentelle bleu-lavande.
6. Les Fouquet arrivent toujours en avance.
7. Jean-Claude est le fiancé de Marie-Ange.
8. Toute la famille a signé l'acte de mariage.

9. Les Fouquet et leurs invités sont allés en cortège à l'église.
10. Monsieur le Curé a pleuré. Monsieur Fouquet l'a consolé.
11. Une foule de gens se pressait dans l'église pour applaudir Monsieur le Maire.
12. Le déjeuner était délicieux, mais Marie-Ange n'a rien mangé.
13. Jean-Claude et Agnès forment un petit ensemble de jazz.
14. Nos derniers invités sont partis vers sept heures du soir.
15. La marraine de Marie-Ange pourra voir le film du mariage quand les Fouquet iront à la Baule.
16. M. Fouquet parle anglais «comme une vache espagnole».
17. M. Fouquet conduira sa fille en voiture à Southampton.
18. Les Boyd habitent en Cornouailles.

QUESTIONS

1. Pourquoi Marie-Ange écrit-elle à sa marraine?
2. Est-ce que les Fouquet ont pu se préparer tranquillement? Pourquoi?
3. Que portait la mariée? la mère de la mariée? les demoiselles d'honneur? Marie-Ange?
4. Qu'est-ce qui s'est passé à la mairie?
5. Comment se sont-ils rendus à l'église?
6. Qu'est-ce qui s'est passé à l'église?
7. Qui attendait à la sortie de l'église?
8. Où s'est déroulé le repas de noces?
9. Comment les invités se sont-ils amusés après le repas?
10. Quel chef-d'œuvre Marie-Ange fera-t-elle voir à sa marraine?
11. Que va faire Marie-Ange pendant l'été?

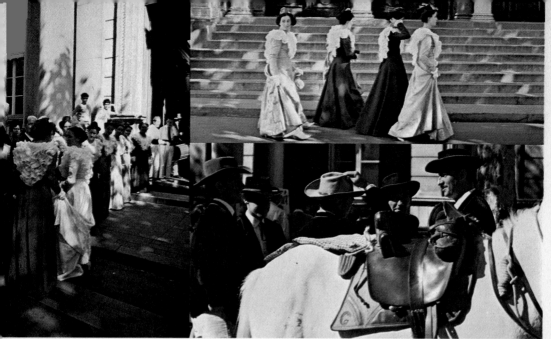

Un mariage à Avignon dans le Midi

Grammaire

Exercices Oraux

A. *Repetition* (Description in the past)

1. Le ciel était bleu.
2. Agnès était ravissante.
3. Les rues étaient longues.
4. Il faisait un temps superbe.
5. J'étais très fatigué après la longue promenade.
6. Elle me regardait longtemps sans rien dire.
7. Ma petite sœur bavardait sans arrêt.
8. Nous restions tout l'après-midi à la plage.
9. Pendant le voyage je regardais par la fenêtre.
10. Nous étudiions toute la soirée.

B. *Repetition* (Continuous or repeated action in the past)

1. Je le voyais trois fois par semaine.
2. De temps en temps nous nous retrouvions au café.
3. Quelquefois elle sortait avec Jean-Paul.
4. J'étais toujours en retard.
5. Elle se levait tous les jours à huit heures.
6. Je croyais que tu n'arrivais pas avant demain soir.

7. On ne savait pas ce qu'il pensait.
8. Nous avions soif mais il n'y avait rien à boire.
9. Tu étais toujours distrait.
10. Ils s'ennuyaient.
11. Elle ne pouvait pas danser.
12. Je ne voulais pas aller me promener.

C. *Transformation* (Present → imperfect)

1. Ils sont bien habillés. → **Ils étaient bien habillés.**
2. Nous finissons le travail. → **Nous finissions le travail.**
3. Nous sommes un peu énervés. →
4. Les demoiselles d'honneur portent des robes bouton-d'or. →
5. Es-tu prête à partir? →
6. Monsieur le Curé les attend à l'église. →
7. Les invités y sont déjà. →
8. Vous êtes une cinquantaine? →
9. La sonnette n'arrête pas de sonner. →
10. La foule applaudit la mariée et crie: «Vive la mariée!» →
11. Je ne sais pas ce qu'il pense. →
12. Tu ne vas pas bien? Tu es malade? →

D. *Repetition* (Imperfect with passé composé)

1. Il pleuvait quand je suis arrivé.
2. J'étais fatigué quand je suis arrivé.
3. On déjeunait quand je suis arrivé.
4. Tu lisais quand je suis arrivé.
5. Vous écriviez quand je suis arrivé.
6. Ils travaillaient quand je suis arrivé.
7. Elle se reposait quand je suis arrivé.
8. Il n'y avait pas de taxi quand je suis arrivé.

E. *Transformation and expansion* (Passé composé → imperfect)

1. La sonnette a sonné. (sans arrêt) → **La sonnette sonnait sans arrêt.**
2. Nous nous sommes levés à l'aube. (toujours) → **Nous nous levions toujours à l'aube.**
3. Ils sont arrivés en retard. (généralement) →
4. Les gens sont entrés. (sans arrêt) →
5. Le déjeuner s'est déroulé en plein air. (d'habitude) →
6. Papa m'a emmené à Saint-Malo. (tous les jours) →
7. Alain a passé quelques jours à Bordeaux. (tous les mois) →
8. Nous sommes allés la voir. (tout le temps) →
9. Mes cousins ont donné une surboum (tous les samedis) →
10. Ils sont allés à l'église. (ne . . . jamais) →

Analyse Grammaticale

A. Imperfect

Il faisait du soleil, la mer était bleue et l'air était pur.

B. Passé composé

| Alain est descendu du taxi, | il a couru dans la gare, | il a pris son billet, | il est monté dans le train. |

1. In which series of drawings (A or B) is there a description of a condition or state of being? In which series of drawings is there a succession of completed actions?

2. Which tense (imperfect or passé composé) is used to describe in the past a condition or state of being? Which tense is used to indicate a completed action?

C. Imperfect

Les gens entraient avec des fleurs, des gâteaux, etc.

D. Passé composé

Les gens sont entrés,   ils se sont assis,   ils ont mangé,   ils sont partis.

1. In which series of drawings (C or D) is the action of entering repeated an indefinite number of times? In which series of drawings does that same action occur only once?

2. Which tense (imperfect or passé composé) is used to indicate that an action has been repeated over and over again an indefinite number of times in the past? Which tense is used to indicate that an action took place once (or any *definite* number of times) in the past?

E. Imperfect and passé composé

Mme Blot attendait l'autobus   quand son mari   et l'a emmenée
                             est arrivé   en voiture.

1. Which action was taking place when another action occured?

2. Which tense is used to express an action that was taking place and was interrupted? Which tense is used for the action that interrupted the action taking place?

Exercices de Contrôle

A. *Reread the first half of* **Les noces** *(up to* «Vive la mariée!») *and justify the use of the imperfect or the passé composé each time these tenses are used.*

> EXAMPLES: **Le mariage a eu lieu samedi.**
> The passé composé is used because the action took place at a definite time in the past: **samedi** (*last Saturday*).
>
> **Il faisait un temps splendide.**
> The imperfect is used because this is a description of a weather condition.

B. *Complete the following paragraph with the appropriate form of the verbs given in parentheses.*

Hier, comme je ne **(avoir)** pas classe, je **(vouloir)** aller voir un film avec mon amie Monique, mais elle **(être)** malade. Alors je **(aller)** voir si Christine **(être)** chez elle, pour lui demander de venir avec moi. Malheureusement elle **(avoir)** des amies chez elle et ne **(pouvoir)** pas m'accompagner. Finalement, je **(aller)** au cinéma tout seul. Et c'est une chance, parce que j'y **(rencontrer)** une fille formidable!

Mise en Pratique

A. *Look at the narrative **Faire la cuisine n'est pas un jeu d'enfants** page 282. Rewrite this narrative in the past; start by changing **Ce soir** to **Hier soir.** For each verb in the present you will have to choose between the passé composé and imperfect; you may be called upon to justify your choice of tense. In a few cases either tense will be correct, but there will be a slight difference in emphasis.*

B. *Write a letter to a friend about some event (wedding, engagement party, birthday party, etc.) that took place recently. Be sure that your letter is not just an enumeration of actions but includes descriptions (of places, people, etc.) as well.*

Résumé Grammatical

A. Formation of the imperfect tense

travailler		être	
je **travaillais**	nous **travaillions**	j'**étais**	nous **étions**
tu **travaillais**	vous **travailliez**	tu **étais**	vous **étiez**
il **travaillait**	ils **travaillaient**	il **était**	ils **étaient**

The imperfect tense is made up of the stem of the first person plural of the present plus the imperfect endings: **-ais, -ais, -ait, -ions, -iez, -aient.**

For example: **finissons — ons + ais = finissais**

Pay special attention to the spelling of the imperfect of verbs ending in **-cer** and **-ger: je commençais — nous commencions; je mangeais — nous mangions.**

Être is the only verb which forms its imperfect stem irregularly and which must be learned by heart.

B. Uses of the imperfect

1. Description in the past   (**Le ciel était bleu.**)
2. Continued action in the past   (**Elle bavardait sans arrêt.**)
3. Repeated or habitual action over an indefinite period of time in the past (**Il allait au cinéma tous les jours.**)
4. Action going on in the past when another action took place   (**Nous mangions quand il est arrivé.**)

Exercices Écrits

A. *Complete the following sentences with the correct form of the verbal expression in parentheses. Use the imperfect.*

> EXAMPLE: Quand Jean-Paul est arrivé, nous ____.   (regarder la télé)
> **Quand Jean-Paul est arrivé, nous regardions la télé.**

1. Quand Jean-Paul est arrivé, nous ____.   (attendre à la gare)
2. Quand je l'ai vue, elle ____.   (parler à mon père)
3. Quand je suis entré, ils ____.   (finir leurs devoirs)

4. Quand nous sommes arrivés, ma mère _____. (préparer le déjeuner)
5. Quand tu as téléphoné, je _____. (être en ville)
6. Quand je suis rentré, la famille _____. (se mettre à table)
7. Quand je les ai vus, ils _____ ensemble. (prendre un pot)
8. Quand nous sommes partis, tu _____. (écrire les exercices)
9. Quand elle est arrivée, les enfants _____. (manger les tartes)

B. *Rewrite the following sentences in the imperfect and include the words given in parentheses.*

> EXAMPLE: Jean-Claude a gagné le match. (souvent)
> **Jean-Claude gagnait souvent le match.**

1. Elle a regardé par la fenêtre. (de temps en temps)
2. Nous nous sommes couchés tard. (le samedi)
3. Pauline a choisi le rouge. (toujours)
4. Je suis arrivé en retard. (d'habitude)
5. Elle a porté une jupe bleue. (généralement)
6. J'ai pris l'autobus. (tous les jours)
7. Est-ce que tu es allé à Bordeaux? (tous les mois)
8. Ils sont venus nous voir. (souvent)
9. Marie-Ange a écrit une lettre à sa marraine. (toutes les semaines)
10. Elles se sont réunies au café. (toujours)

C. *Change the following sentences to past time, making the correct choice between the imperfect and the passé composé.*

1. Pendant que j'attends, je me demande ce que le docteur va me dire.
2. Il se promène dans le parc; il y rencontre Estelle et Claude.
3. Mon père me dit que j'ai l'air distrait ce matin.
4. Pourquoi ne lui dites-vous pas ce que vous pensez?
5. Quand Joël arrive, Monique dort encore.
6. Il pleut quand je sors du bureau.
7. Quand je lui téléphone, il est toujours en ville.
8. Mon père me demande pourquoi je rentre tard.

D. *From the elements given, form sentences in past tenses (imperfect or passé composé).*

1. Ils / manger / quand / elle / arriver.
2. Elles / se disputer / quand / nous / partir / minuit.
3. Voici / photos / je / prendre / jour / mariage / mon / sœur.
4. Agnès / être / ravissant / robe / soie / et / voile / dentelle.
5. Hier / nous / se lever / aube / parce que / nous / ne / vouloir / pas / être / retard.

6. Ce / matin-là / sonnette / grille / ne / arrêter / pas / sonner.
7. Été / dernier / quand / nous / être / Paris / nous / visiter / Louvre.
8. Jean-Pierre / et / Odile / monter / quand / ils / entendre / Monsieur Ferrant / crier.
9. Nous / ne / pouvoir / pas / voir / Jean-Loup / pendant que / il / être / hôpital.
10. Tu / pleurer / quand / elle / te / voir.
11. Madame Lelouche / bavarder / avec / concierge / quand / nous / monter / la / voir.
12. Nous / aller / cortège / église / où / Monsieur le Curé / nous / attendre.

Dictée / Compréhension

La Baule

20
Lectures

La tombola

the raffle

À la fin de la classe, aujourd'hui, la maîtresse nous
a dit que l'école organisait une tombola, et elle a expliqué
à Clotaire qu'une tombola, c'était comme une loterie : les
gens avaient des billets avec des numéros, et les numéros
étaient tirés au sort, comme pour la loterie, et le numéro
qui sortait gagnait un prix, et que ce prix serait un vélomoteur.

La maîtresse a dit aussi que l'argent qu'on ramasserait en
vendant des billets servirait à fabriquer un terrain pour que
les enfants du quartier puissent faire des sports. Et là on
n'a pas très bien compris, parce qu'on a déjà un terrain
vague terrible, où on fait des tas de sports et, en plus, il y a
une vieille auto formidable, elle n'a plus de roues, mais on
s'amuse bien quand même, et je me demande si, dans le
nouveau terrain, ils vont mettre une auto. Mais ce qu'il y
a de chouette avec la tombola, c'est que la maîtresse a sorti
de son bureau des tas de petits carnets, et elle nous a dit :
— Mes enfants, c'est vous qui allez vendre les billets pour
cette tombola. Je vais vous donner à chacun un carnet,
dans lequel il y a cinquante billets. Chaque billet vaut un
franc. Vous vendrez ces billets à vos parents, à vos amis, et
même, pourquoi pas, aux gens que vous pourrez rencontrer

teacher (*elementary*)

drawn at random
would be

would collect
to build a playground
could

a terrific empty lot
wheels

great
books of tickets

which; costs

dans la rue et à vos voisins. Non seulement, vous aurez la
satisfaction de travailler pour le bien commun, mais aussi
vous ferez preuve de courage en surmontant votre timidité. *will show; overcoming*
Et la maîtresse a expliqué à Clotaire ce que c'était que le
bien commun, et puis elle nous a donné un carnet de billets
de tombola à chacun. On était bien contents.*

À la sortie de l'école, sur le trottoir, on était là, chacun avec
son carnet plein de billets numérotés, et Geoffroy nous
disait que, lui, il allait vendre tous les billets d'un coup à *at one time*
son père, qui est très riche.

— Ah oui, a dit Rufus, mais comme ça, c'est pas du jeu. Le *not fair*
jeu, c'est de vendre les billets à des gens qu'on ne connaît
pas. C'est ça qui est chouette.

— Moi, a dit Alceste, je vais vendre mes billets au charcu- *pork butcher*
tier, nous sommes de très bons clients et il ne pourra pas
refuser.

Mais tous, on était plutôt d'accord avec Geoffroy, que le
mieux c'était de vendre les billets à nos pères. Rufus a dit
qu'on avait tort, il s'est approché d'un monsieur qui passait,
il lui a offert ses billets, mais le monsieur ne s'est même pas

---

* The plural form **contents** is used because here **on** means **nous**.

arrêté, et nous, nous sommes tous partis chez nous, sauf   *except*
Clotaire qui a dû retourner à l'école, parce qu'il avait oublié
son carnet de billets dans son pupitre.   *desk*

Je suis entré dans la maison en courant avec mon carnet de
billets à la main.

— Maman! Maman! j'ai crié, Papa est là?

— C'est vraiment trop te demander d'entrer dans la maison
comme un être civilisé? m'a demandé Maman. Non, Papa   *human being*
n'est pas là. Qu'est-ce que tu lui veux à Papa? Tu as encore
fait une bêtise?   *You were bad again?*

— Mais non, c'est parce qu'il va m'acheter des billets pour
qu'on nous fabrique un terrain où nous pourrons faire des
sports, tous les types du quartier, et peut-être qu'ils y
mettront une auto et le prix c'est un vélomoteur et c'est une
tombola, je lui ai expliqué à Maman.

Maman m'a regardé, en ouvrant de grands yeux étonnés, et   *in surprise*
puis elle m'a dit :

— Je n'ai rien compris à tes histoires, Nicolas. Tu t'arran-   *stories*
geras avec ton père quand il sera là. En attendant, monte
faire tes devoirs.

Je suis monté tout de suite, parce que j'aime obéir à
Maman, et je sais que ça lui fait plaisir quand je ne fais
pas d'histoires. Et puis, j'ai entendu Papa entrer dans la   *I don't make a fuss*
maison, et je suis descendu en courant, avec mon carnet de
billets.

— Papa! Papa! j'ai crié. Il faut que tu m'achètes des billets,
c'est une tombola, et ils vont mettre une auto dans le terrain, et on pourra faire des sports!

— Je ne sais pas ce qu'il a, a dit Maman à Papa. Il est
arrivé de l'école plus excité que d'habitude. Je crois qu'ils
ont organisé une tombola à l'école, et il veut te vendre des
billets.

Papa a rigolé en me passant la main sur les cheveux.

— Une tombola! C'est amusant il a dit. Quand j'allais à l'école, on en avait organisé plusieurs. Il y avait eu des concours pour celui qui vendrait le plus de billets, et je gagnais toujours haut la main. Il faut dire que je n'étais pas timide, et que je n'acceptais jamais un refus. Alors, bonhomme, c'est combien tes billets? *several*
contests; the one
hands down
my little man

— Un franc, j'ai dit. Et comme il y a cinquante billets, j'ai fait le compte, et ça fait cinquante francs.

Et j'ai tendu le carnet à Papa, mais Papa ne l'a pas pris. *held out*

— C'était moins cher de mon temps, a dit Papa. Bon, eh bien, donne-moi un billet.

— Ah non, j'ai dit, pas un billet tout le carnet. Geoffroy nous a dit que son père allait lui acheter tout le carnet, et on a été tous d'accord pour faire la même chose!

— Ce que fait le papa de ton ami Geoffroy ne me regarde pas! m'a répondu Papa. Moi je t'achète un billet, et si tu ne veux pas, je ne t'achète rien du tout! Et voilà. *doesn't concern me*

— Ah ben ça, c'est pas juste! j'ai crié. Si tous les autres pères achètent des carnets, pourquoi tu ne l'achèterais pas toi? *Hey, that's not fair!*

Et puis, je me suis mis à pleurer, Papa s'est fâché drôlement, et Maman est arrivée en courant de la cuisine. *really*

— Qu'est-ce qu'il y a encore? a demandé Maman.

— Il y a, a dit Papa, que je ne comprends pas qu'on fasse faire ce métier aux gosses! Je n'ai pas mis mon enfant à l'école pour qu'on me le transforme en colporteur ou en mendiant! Et puis, tiens, je me demande si c'est tellement légal, ces tombolas! J'ai bien envie de téléphoner au directeur de l'école! *why they make kids do this kind of work*
door-to-door salesman
beggar
I really feel like

— J'aimerais un peu de calme, a dit Maman.

— Mais toi, j'ai pleuré à Papa, toi tu m'as dit que tu avais

vendu des billets de tombola, et que tu étais terrible! Pourquoi est-ce que moi je n'ai jamais le droit de faire ce que font les autres?

Papa s'est frotté le front, il s'est assis, il m'a pris contre ses genoux, et puis il m'a dit :

— Oui, bien sûr, Nicolas, mais ce n'était pas la même chose. On nous demandait de faire preuve d'initiative, de nous débrouiller quoi. C'était un bon entraînement qui nous préparait pour les dures luttes de la vie. On ne nous disait pas : «Allez vendre ça à votre Papa», tout bêtement...

— Mais Rufus a essayé de vendre des billets à un monsieur qu'il ne connaissait pas, et le monsieur, il ne s'est même pas arrêté! j'ai dit.

— Mais qui te demande d'aller voir des gens que tu ne connais pas? m'a dit Papa. Pourquoi ne t'adresserais-tu pas à Blédurt, notre voisin?

— J'ose pas, j'ai dit.

— Eh bien, je vais t'accompagner, m'a dit Papa en rigolant. Je vais te montrer comment on fait des affaires. N'oublie pas ton carnet de billets.

— Ne vous attardez pas, a dit Maman. Le dîner va être prêt.

Nous avons sonné chez M. Blédurt, et M. Blédurt nous a ouvert.

— Tiens! a dit M. Blédurt. Mais c'est Nicolas et machin!

— Je viens vous vendre un carnet de billets, c'est pour une tombola pour nous fabriquer un terrain où on va faire des sports et ça coûte cinquante francs, j'ai dit très vite à M. Blédurt.

— Ça va pas, non? a demandé M. Blédurt.

— Qu'est-ce qui se passe, Blédurt? a demandé Papa. C'est ta radinerie habituelle qui te fait parler, ou tu es fauché?

— Dis donc, machin, a répondu M. Blédurt, c'est la nouvelle mode ça de venir mendier chez les gens?

— Il faut que ce soit toi, Blédurt, pour refuser de faire plaisir à un enfant! a crié Papa.

— Je ne refuse pas de faire plaisir à un enfant, a dit M. Blédurt. Je refuse simplement de l'encourager dans la voie

terrific

I am never allowed

rubbed his forehead against his knees

to get along; training

just like that

I don't dare

don't be long

what's-his-name

usual stinginess; broke

the latest thing

it's just like you

dangereuse dans laquelle l'engagent des parents irrespon- *which*
sables. Et d'abord, pourquoi est-ce que tu ne le lui achètes *in the first place*
pas, toi, son carnet?

— L'éducation de mon enfant ne regarde que moi, a dit
Papa, et je ne t'accorde pas le droit de porter des juge-
ments sur des sujets que tu ignores d'ailleurs totalement! *know nothing at all about*
Et puis l'opinion d'un radin, moi... *cheapskate*

— Un radin, a dit M. Blédurt, qui te prête sa tondeuse à
gazon chaque fois que tu en as besoin. *lawn mower*

— Tu peux la garder, ta sale tondeuse à gazon! a crié Papa. *keep*
Et ils ont commencé à se pousser l'un et l'autre, et puis *push and shove each*
Mme Blédurt — c'est la femme de M. Blédurt — est arrivée *other*
en courant.

— Que se passe-t-il ici? elle a demandé.

Alors moi, je me suis mis à pleurer, et puis je lui ai expliqué
le coup de la tombola et du terrain des sports, et que per- *business*
sonne ne voulait m'acheter mes billets, que ce n'était pas
juste, et que je me tuerais. *would kill*

— Ne pleure pas, mon lapin, m'a dit Mme Blédurt. Moi, je *honey*
te l'achète, ton carnet.

Mme Blédurt m'a embrassé, elle a pris son sac, elle m'a
payé, je lui ai donné mon carnet, et je suis revenu à la maison, content comme tout.

Ceux qui sont embêtés maintenant, c'est Papa et M. Blé- *the ones who are unhappy*
durt, parce que Mme Blédurt a mis le vélomoteur dans la
cave, et elle ne veut pas le leur prêter. *cellar*

SEMPÉ and GOSCINNY

QUESTIONS

1. Qu'est-ce que c'est qu'une tombola?
2. Qu'est-ce qu'on va faire avec l'argent ramassé?
3. D'après la maîtresse, qui va acheter les billets?
4. Est-ce que Rufus a réussi à vendre un billet à un monsieur qui passait?
5. Qui n'a pas compris l'histoire de la tombola?
6. Pourquoi le père de Nicolas réussissait-il toujours à vendre beaucoup de billets quand il était jeune?
7. Combien de billets le père de Nicolas veut-il acheter à son fils?

8. Est-ce que Nicolas est content?
9. D'après vous, pourquoi est-ce que le père de Nicolas se fâche?
10. À qui propose-t-il de vendre les billets?
11. D'après M. Blédurt, pourquoi refuse-t-il?
12. Est-ce que le père de Nicolas trouve M. Blédurt généreux?
13. Qui finit par acheter les billets de Nicolas?
14. Qui est-ce qui a gagné le prix de la tombola?

Nouvelles inquiétantes

disturbing news

Voici un <u>conte</u> *de la France médiévale.*

tale

    La femme Marion attend depuis longtemps son mari qui est allé au marché acheter une vache. Finalement un voisin arrive et lui dit:

«Ha, pauvre Marion, ce ne sont pas de trop bonnes nouvelles que je vous apporte...

— Ho, mon Dieu...

— Oui. Votre homme <u>ramenait</u> une vache qu'il avait achetée à la <u>foire</u>...

was bringing back

fair

— Et alors?

— Alors, il l'a laissée échapper.

— Quel <u>malheur</u>!

misfortune

— Attendez. Il a couru après, et il l'a rattrapée.

— Ah, bon, bien!

—Attendez, attendez. La vache s'est débattue. Ils étaient sur la passerelle, les planches étaient mouillées, glissantes sous le pied, la vache est tombée dans le courant...

tried to get away
bridge; planks; wet; slippery
current

—Oh, malheur de malheur!

—Mais attendez. Votre homme n'avait pas lâché la corde.

let go of

—Ha, bon!

—Il est tombé aussi. Les eaux étaient hautes: elles les ont emportés tous les deux.

carried away

—On a retiré la vache?

pulled out

—On les a retirés, elle, lui. Seulement, pauvre Marion...

—Ho, dites vite, misère de nous! La vache est morte?

How unlucky we are!

—Non, mais votre pauvre homme, quand on l'a tiré de l'eau, c'était déjà trop tard. Noyé, oui, franc noyé... Ils sont là qui arrivent avec la civière. On vous le rapporte.

drowned, drowned indeed
stretcher

—Oui, mais ma vache?

—Elle, on vous la ramène. Elle avait repris pied sur le bord du ruisseau.

regained her footing
stream

—Dieu soit béni! Alors mon homme est mort?

Thank God!

—Eh, oui.

—Mais la vache n'a rien?

—Eh, non.

—Eh bien, avec votre manière d'amener les choses, voisin, vous pouvez vous vanter de m'avoir fait une belle peur.»

way of putting things
boast; real scare

HENRI POURRAT

VRAI OU FAUX?

1. Marion est allée acheter une vache.
2. Le voisin apporte de bonnes nouvelles.
3. La vache s'est échappée.
4. Le mari a rattrapé la vache.
5. Le voisin est tombé dans le courant.
6. Le mari n'avait pas lâché la corde.
7. Les eaux ont emporté Marion et le voisin.
8. On a retiré de l'eau la vache et le mari.
9. La vache s'est noyée.
10. Le mari est mort.
11. Marion s'inquiète plus pour la vache que pour son mari.

Familiale

La mère fait du tricot
Le fils fait la guerre   *is fighting (in the war)*
Elle trouve ça tout naturel la mère
Et le père qu'est-ce qu'il fait le père?
Il fait des affaires   *makes money (in*
Sa femme fait du tricot   *business)*
Son fils la guerre
Lui des affaires
Il trouve ça tout naturel le père
Et le fils et le fils
Qu'est-ce qu'il trouve le fils?
Il ne trouve rien absolument rien le fils
Le fils sa mère fait du tricot son père des affaires lui la
    guerre
Quand il aura fini la guerre
Il fera des affaires avec son père
La guerre continue la mère continue elle tricote
Le père continue il fait des affaires
Le fils est tué il ne continue plus   *is killed*
Le père et la mère vont au cimetière   *cemetery*
Ils trouvent ça naturel le père et la mère
La vie continue la vie avec le tricot la guerre les affaires
Les affaires la guerre le tricot la guerre
Les affaires les affaires et les affaires
La vie avec le cimetière.

JACQUES PRÉVERT

VOUS AVEZ COMPRIS?

Choose the appropriate completion for the following:

1. Les parents
    a) se rebellent contre la guerre.
    b) trouvent la guerre toute naturelle.

2. Le fils
   a) est sans opinion.
   b) se demande pourquoi il fait la guerre.

3. La mort de leur fils
   a) change complètement la vie des parents.
   b) ne change pas beaucoup la vie des parents.

4. Le poète se sert de la répétition dans ce poème
   a) pour montrer la monotonie de la vie de tous les jours.
   b) parce qu'il n'a rien d'autre à dire.

Mots

Bien placés bien choisis
Quelques mots font une poésie
les mots il suffit qu'on les aime   *it's enough*
on ne sait pas toujours ce qu'on dit
lorsque naît la poésie   **quand;** *is born*
faut ensuite rechercher le thème   *after that*
pour intituler le poème   *to find a title for*
mais d'autres fois on pleure on rit
en écrivant la poésie
ça a toujours kékchose d'extrême   **quelque chose**
un poème.

RAYMOND QUENEAU

VOUS AVEZ COMPRIS?

Choose the appropriate adverb from those in parentheses:

1. On sait ce qu'on dit quand on écrit une poésie.   (quelquefois, toujours, jamais)

2. On pleure quand on écrit une poésie.   (quelquefois, toujours, jamais)

3. Un poème a quelque chose d'extrême.   (quelquefois, toujours, jamais)

Le cancre

the dunce

Il dit non avec la tête
mais il dit oui avec le cœur   *his heart*
il dit oui à ce qu'il aime
il dit non au professeur
il est debout
on le questionne
et tous les problèmes sont posés
soudain le fou rire le prend   *he bursts out laughing*
et il efface tout   *erases*
les chiffres et les mots   *numbers*
les dates et les noms
les phrases et les pièges   *traps*
et malgré les menaces du maître   *in spite of; teacher*
sous les huées des enfants prodiges   *boos; over-achievers*
avec des craies de toutes les couleurs
sur le tableau noir du malheur   *unhappiness*
il dessine le visage du bonheur.   *draws happiness*

JACQUES PRÉVERT

VOUS AVEZ COMPRIS?

Choose the appropriate completion for the following.

1. Quand le professeur questionne l'élève,
   a) il répond avec politesse.
   b) il se rebelle.

2. Les enfants prodiges
   a) aiment beaucoup le cancre.
   b) se moquent du cancre.

3. Au tableau noir l'élève
   a) dessine avec des craies.
   b) écrit des chiffres et des mots.

4. Le poète
   a) comprend les sentiments du cancre.
   b) croit que le cancre est bête.

Appendices

FRANCE
ANCIENNES PROVINCES

ÉCHELLE EN MILLES
0   50   100   150
KILOMÈTRES
0   50   100   150

Capitale d'État ....⊛

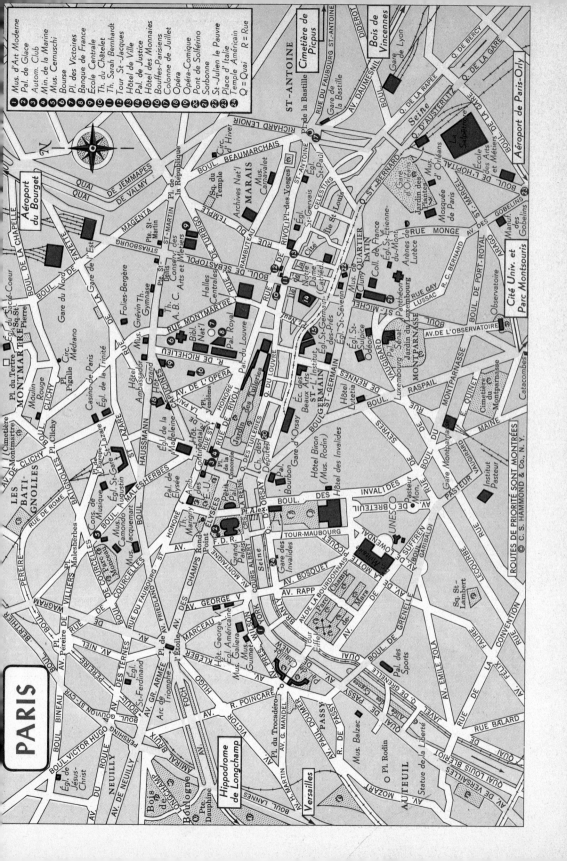

PARIS

Légende

- ① Mus. d'Art Moderne
- ② Pal. de Glace
- ③ Autom. Club
- ④ Min. de la Marine
- ⑤ Mus. Cernuschi
- ⑥ Bourse
- ⑦ Pl. des Victoires
- ⑧ Banque de France
- ⑨ École Centrale
- ⑩ Th. du Châtelet
- ⑪ Th. Sarah Bernhardt
- ⑫ Tour St-Jacques
- ⑬ Hôtel de Ville
- ⑭ Pal. de Justice
- ⑮ Hôtel des Monnaies
- ⑯ Bouffes-Parisiens
- ⑰ Colonne de Juillet
- ⑱ Opéra
- ⑲ Opéra-Comique
- ⑳ Pont de Solférino
- ㉑ Sorbonne
- ㉒ St-Julien le Pauvre
- ㉓ Place d'Italie
- ㉔ Temple Américain

Q = Quai   R = Rue

ROUTES DE PRIORITÉ SONT MONTRÉES
© C. S. HAMMOND & Co., N. Y.

À la claire fontaine

1. À la clai - re fon - tai - ne, M'en al - lant pro - me - ner, J'ai trou - vé l'eau si bel - le Que je m'y suis bai - gné; Il y a long - temps que je t'ai - me, Ja - mais je ne t'ou - blie - rai.

2. J'ai trouvé l'eau si belle
   Que je m'y suis baigné.
   Sous les feuilles d'un chêne
   Je me suis fait sécher.
   Il y a longtemps. . . . (*etc.*)

3. Sous les feuilles d'un chêne
   Je me suis fait sécher;
   Sur la plus haute branche

   Le rossignol chantait.
   Il y a longtemps. . . . (*etc.*)

4. Sur la plus haute branche
   Le rossignol chantait.
   Chante, rossignol, chante,
   Toi qui as le cœur gai.
   Il y a longtemps. . . . (*etc.*)

Ô Canada

Ô Ca - na - da! Ter - re de nos aï - eux,

Ton front est ceint de fleu - rons glo - ri - eux! Car ton

bras sait por - ter l'é - pé - e, Il ___ sait por - ter la

croix! Ton his - toire est une é - po - pé - e Des

plus bril - lants ___ ex - ploits. Et ta va - leur, de foi trem-

pé - e, Pro - té - ge - ra nos foy - ers et nos droits.

Pro - té - ge - ra nos foy - ers et nos droits.

2. Sous l'œil de Dieu, près du fleuve géant
    Le Canadien grandit en espérant.
    Il est né d'une race fière
    Béni fut son berceau.
    Le ciel a marqué sa carrière
    Dans ce monde nouveau
    Toujours guidé par sa lumière,
    Il gardera l'honneur de son drapeau.
    (*Repeat*)

Auprès de ma blonde

Refrain

Au - près de ma blon - de, qu'il fait bon, fait bon, fait bon!

Au - près de ma blon - de, qu'il fait bon res - ter. _____

Fine

1. Au jar - din de mon pè - re les lau - riers sont fleu -

ris, _____ Au jar - din de mon pè - re les

lau - riers sont fleu - ris! _____ Tous les oi - seaux du

D.C. al Fine

mon - de s'en vont y faire leurs nids. _____

2. La caill', la tourterelle, et la jolie
   perdrix, (*Repeat*)
   Et la blanche colombe qui chante jour
   et nuit.

   (*Refrain*)

3. Ell' chante pour les filles qui n'ont pas
   de mari, (*Repeat*)
   Ell' ne chant' pas pour moi, car j'en
   ai un joli.

   (*Refrain*)

Chevaliers de la Table Ronde

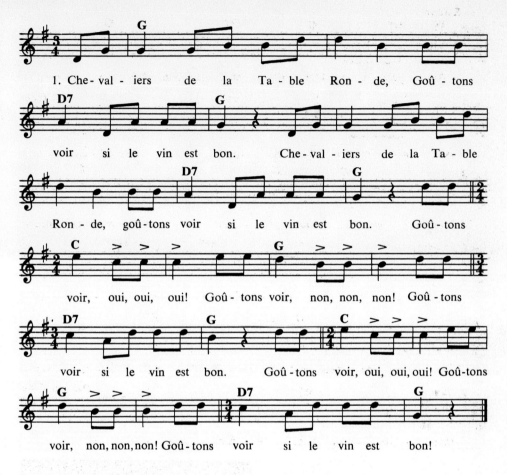

2. S'il est bon, s'il est agréable,
   J'en boirai jusqu'à mon plaisir!
   (*Repeat*)
   J'en boirai! — Oui, oui, oui. . . .
   (*etc.*)

3. Si je meurs, je veux qu'on m'enterre
   Dans la cave où il y a du bon vin!
   (*Repeat*)
   Dans la cave! — Oui, oui, oui. . . .
   (*etc.*)

4. Les deux pieds contre la muraille,
   Et la tête sous le robinet!
   (*Repeat*)

   Et la tête! — Oui, oui, oui. . . .
   (*etc.*)

5. Sur ma tombe je veux qu'on inscrive:
   "Ici gît le roi des buveurs!"
   (*Repeat*)
   Ici gît! — Oui, oui, oui. . . .
   (*etc.*)

6. La morale de cett' histoire,
   C'est de boire avant de mourir!
   (*Repeat*)
   C'est de boire! — Oui, oui, oui. . . .
   (*etc.*)

La Marseillaise

Al - lons, en - fants de la pa - tri - e, Le jour de

gloire est ar - ri - vé! Con - tre nous de la ty - ran -

ni - e, L'é - ten - dard san - glant est le - vé, L'é - ten -

dard san - glant est le - vé! En - ten - dez vous, dans les cam -

pa - gnes, Mu - gir ces fé - ro - ces sol - dats! Ils

vien - nent jus - que dans nos bras, É - gor - ger nos fils, nos com -

pa - gnes!   Aux ar - mes, ci - toy - ens!   For -

mez _____ vos ba - tail - lons!   Mar - chons,   mar - chons!

Qu'un sang im - pur a - breu - ve nos sil - lons! ___

Les Cloches

Wearily

1. **C**

Or - lé - ans,   Beau - gen - cy,   No - tre Da - me

de Clé - ry,   Ven - dô - me,   Ven - dô - me!

Quel cha - grin,   quel en - nui,   De comp - ter tou -

te la nuit, les heu - res, les heu - res!

CONJUGAISON DES VERBES

I. Regular Verbs

INFINITIVE	PRESENT		FUTURE	
travailler	je travaille	nous travaillons	je travaillerai	nous travaillerons
	tu travailles	vous travaillez	tu travailleras	vous travaillerez
	il travaille	ils travaillent	il travaillera	ils travailleront
finir	je finis	nous finissons	je finirai	nous finirons
	tu finis	vous finissez	tu finiras	vous finirez
	il finit	ils finissent	il finira	ils finiront
rendre	je rends	nous rendons	je rendrai	nous rendrons
	tu rends	vous rendez	tu rendras	vous rendrez
	il rend	ils rendent	il rendra	ils rendront

II. Verbs with Spelling Changes

INFINITIVE	PRESENT		FUTURE	
commencer[1]	je commence	nous commençons	je commencerai	nous commencerons
	tu commences	vous commencez	tu commenceras	vous commencerez
	il commence	ils commencent	il commencera	ils commenceront
changer[2]	je change	nous changeons	je changerai	nous changerons
	tu changes	vous changez	tu changeras	vous changerez
	il change	ils changent	il changera	ils changeront
acheter[3]	j'achète	nous achetons	j'achèterai	nous achèterons
	tu achètes	vous achetez	tu achèteras	vous achèterez
	il achète	ils achètent	il achètera	ils achèteront
préférer[4]	je préfère	nous préférons	je préférerai	nous préférerons
	tu préfères	vous préférez	tu préféreras	vous préférerez
	il préfère	ils préfèrent	il préférera	ils préféreront
envoyer[5]	j'envoie	nous envoyons	j'enverrai	nous enverrons
	tu envoies	vous envoyez	tu enverras	vous enverrez
	il envoie	ils envoient	il enverra	ils enverront

[1] *Like* **commencer**: exercer
[2] *Like* **changer**: manger, nager
[3] *Like* **acheter**: lever, mener, amener, emmener
[4] *Like* **préférer**: espérer, exagérer
[5] *Like* **envoyer**: ennuyer

CONJUGAISON DES VERBES

PASSÉ COMPOSÉ		IMPERFECT		IMPERATIVE
j'ai travaillé	nous avons travaillé	je travaillais	nous travaillions	travaille
tu as travaillé	vous avez travaillé	tu travaillais	vous travailliez	travaillons
il a travaillé	ils ont travaillé	il travaillait	ils travaillaient	travaillez
j'ai fini	nous avons fini	je finissais	nous finissions	finis
tu as fini	vous avez fini	tu finissais	vous finissiez	finissons
il a fini	ils ont fini	il finissait	ils finissaient	finissez
j'ai rendu	nous avons rendu	je rendais	nous rendions	rends
tu as rendu	vous avez rendu	tu rendais	vous rendiez	rendons
il a rendu	ils ont rendu	il rendait	ils rendaient	rendez

PASSÉ COMPOSÉ		IMPERFECT		IMPERATIVE
j'ai commencé	nous avons commencé	je commençais	nous commencions	commence
tu as commencé	vous avez commencé	tu commençais	vous commenciez	commençons
il a commencé	ils ont commencé	il commençait	ils commençaient	commencez
j'ai changé	nous avons changé	je changeais	nous changions	change
tu as changé	vous avez changé	tu changeais	vous changiez	changeons
il a changé	ils ont changé	il changeait	ils changeaient	changez
j'ai acheté	nous avons acheté	j'achetais	nous achetions	achète
tu as acheté	vous avez acheté	tu achetais	vous achetiez	achetons
il a acheté	ils ont acheté	il achetait	ils achetaient	achetez
j'ai préféré	nous avons préféré	je préférais	nous préférions	préfère
tu as préféré	vous avez préféré	tu préférais	vous préfériez	préférons
il a préféré	ils ont préféré	il préférait	ils préféraient	préférez
j'ai envoyé	nous avons envoyé	j'envoyais	nous envoyions	envoie
tu as envoyé	vous avez envoyé	tu envoyais	vous envoyiez	envoyons
il a envoyé	ils ont envoyé	il envoyait	ils envoyaient	envoyez

CONJUGAISON DES VERBES

III. Irregular Verbs

INFINITIVE	PRESENT		FUTURE	
aller	je vais	nous allons	j'irai	nous irons
	tu vas	vous allez	tu iras	vous irez
	il va	ils vont	il ira	ils iront
avoir	j'ai	nous avons	j'aurai	nous aurons
	tu as	vous avez	tu auras	vous aurez
	il a	ils ont	il aura	ils auront
boire	je bois	nous buvons	je boirai	nous boirons
	tu bois	vous buvez	tu boiras	vous boirez
	il boit	ils boivent	il boira	ils boiront
conduire	je conduis	nous conduisons	je conduirai	nous conduirons
	tu conduis	vous conduisez	tu conduiras	vous conduirez
	il conduit	ils conduisent	il conduira	ils conduiront
connaître[1]	je connais	nous connaissons	je connaîtrai	nous connaîtrons
	tu connais	vous connaissez	tu connaîtras	vous connaîtrez
	il connaît	ils connaissent	il connaîtra	ils connaîtront
devoir	je dois	nous devons	je devrai	nous devrons
	tu dois	vous devez	tu devras	vous devrez
	il doit	ils doivent	il devra	ils devront
dire	je dis	nous disons	je dirai	nous dirons
	tu dis	vous dites	tu diras	vous direz
	il dit	ils disent	il dira	ils diront
écrire[2]	j'écris	nous écrivons	j'écrirai	nous écrirons
	tu écris	vous écrivez	tu écriras	vous écrirez
	il écrit	ils écrivent	il écrira	ils écriront
être	je suis	nous sommes	je serai	nous serons
	tu es	vous êtes	tu seras	vous serez
	il est	ils sont	il sera	ils seront

[1] *Like* **connaître:** paraître
[2] *Like* **écrire:** décrire

CONJUGAISON DES VERBES

PASSÉ COMPOSÉ		IMPERFECT		IMPERATIVE
je suis allé(e)	nous sommes allé(e)s	j'allais	nous allions	va
tu es allé(e)	vous êtes allé(e)s	tu allais	vous alliez	allons
il est allé	ils sont allés	il allait	ils allaient	allez
j'ai eu	nous avons eu	j'avais	nous avions	aie
tu as eu	vous avez eu	tu avais	vous aviez	ayons
il a eu	ils ont eu	il avait	ils avaient	ayez
j'ai bu	nous avons bu	je buvais	nous buvions	bois
tu as bu	vous avez bu	tu buvais	vous buviez	buvons
il a bu	ils ont bu	il buvait	ils buvaient	buvez
j'ai conduit	nous avons conduit	je conduisais	nous conduisions	conduis
tu as conduit	vous avez conduit	tu conduisais	vous conduisiez	conduisons
il a conduit	ils ont conduit	il conduisait	ils conduisaient	conduisez
j'ai connu	nous avons connu	je connaissais	nous connaissions	connais
tu as connu	vous avez connu	tu connaissais	vous connaissiez	connaissons
il a connu	ils ont connu	il connaissait	ils connaissaient	connaissez
j'ai dû	nous avons dû	je devais	nous devions	
tu as dû	vous avez dû	tu devais	vous deviez	
il a dû	ils ont dû	il devait	ils devaient	
j'ai dit	nous avons dit	je disais	nous disions	dis
tu as dit	vous avez dit	tu disais	vous disiez	disons
il a dit	ils ont dit	il disait	ils disaient	dites
j'ai écrit	nous avons écrit	j'écrivais	nous écrivions	écris
tu as écrit	vous avez écrit	tu écrivais	vous écriviez	écrivons
il a écrit	ils ont écrit	il écrivait	ils écrivaient	écrivez
j'ai été	nous avons été	j'étais	nous étions	sois
tu as été	vous avez été	tu étais	vous étiez	soyons
il a été	ils ont été	il était	ils étaient	soyez

CONJUGAISON DES VERBES

III. Irregular Verbs

INFINITIVE	PRESENT		FUTURE	
faire	je fais	nous faisons	je ferai	nous ferons
	tu fais	vous faites	tu feras	vous ferez
	il fait	ils font	il fera	ils feront
lire	je lis	nous lisons	je lirai	nous lirons
	tu lis	vous lisez	tu liras	vous lirez
	il lit	ils lisent	il lira	ils liront
mettre[3]	je mets	nous mettons	je mettrai	nous mettrons
	tu mets	vous mettez	tu mettras	vous mettrez
	il met	ils mettent	il mettra	ils mettront
offrir[4]	j'offre	nous offrons	j'offrirai	nous offrirons
	tu offres	vous offrez	tu offriras	vous offrirez
	il offre	ils offrent	il offrira	ils offriront
partir[5]	je pars	nous partons	je partirai	nous partirons
	tu pars	vous partez	tu partiras	vous partirez
	il part	ils partent	il partira	ils partiront
plaindre	je plains	nous plaignons	je plaindrai	nous plaindrons
	tu plains	vous plaignez	tu plaindras	vous plaindrez
	il plaint	ils plaignent	il plaindra	ils plaindront
plaire	je plais	nous plaisons	je plairai	nous plairons
	tu plais	vous plaisez	tu plairas	vous plairez
	il plaît	ils plaisent	il plaira	ils plairont
pouvoir	je peux	nous pouvons	je pourrai	nous pourrons
	tu peux	vous pouvez	tu pourras	vous pourrez
	il peut	ils peuvent	il pourra	ils pourront
prendre[6]	je prends	nous prenons	je prendrai	nous prendrons
	tu prends	vous prenez	tu prendras	vous prendrez
	il prend	ils prennent	il prendra	ils prendront

[3] *Like* **mettre**: remettre
[4] *Like* **offrir**: ouvrir, couvrir
[5] *Like* **partir**: sortir, servir, dormir, sentir
[6] *Like* **prendre**: apprendre, comprendre, surprendre

CONJUGAISON DES VERBES

PASSÉ COMPOSÉ		IMPERFECT		IMPERATIVE
j'ai fait	nous avons fait	je faisais	nous faisions	fais
tu as fait	vous avez fait	tu faisais	vous faisiez	faisons
il a fait	ils ont fait	il faisait	ils faisaient	faites
j'ai lu	nous avons lu	je lisais	nous lisions	lis
tu as lu	vous avez lu	tu lisais	vous lisiez	lisons
il a lu	ils ont lu	il lisait	ils lisaient	lisez
j'ai mis	nous avons mis	je mettais	nous mettions	mets
tu as mis	vous avez mis	tu mettais	vous mettiez	mettons
il a mis	ils ont mis	il mettait	ils mettaient	mettez
j'ai offert	nous avons offert	j'offrais	nous offrions	offre
tu as offert	vous avez offert	tu offrais	vous offriez	offrons
il a offert	ils ont offert	il offrait	ils offraient	offrez
je suis parti(e)	nous sommes parti(e)s	je partais	nous partions	pars
tu es parti(e)	vous êtes parti(e)s	tu partais	vous partiez	partons
il est parti	ils sont partis	il partait	ils partaient	partez
j'ai plaint	nous avons plaint	je plaignais	nous plaignions	plains
tu as plaint	vous avez plaint	tu plaignais	vous plaigniez	plaignons
il a plaint	ils ont plaint	il plaignait	ils plaignaient	plaignez
j'ai plu	nous avons plu	je plaisais	nous plaisions	
tu as plu	vous avez plu	tu plaisais	vous plaisiez	
il a plu	ils ont plu	il plaisait	ils plaisaient	
j'ai pu	nous avons pu	je pouvais	nous pouvions	
tu as pu	vous avez pu	tu pouvais	vous pouviez	
il a pu	ils ont pu	il pouvait	ils pouvaient	
j'ai pris	nous avons pris	je prenais	nous prenions	prends
tu as pris	vous avez pris	tu prenais	vous preniez	prenons
il a pris	ils ont pris	il prenait	ils prenaient	prenez

CONJUGAISON DES VERBES

III. Irregular Verbs

INFINITIVE	PRESENT		FUTURE	
savoir	je sais	nous savons	je saurai	nous saurons
	tu sais	vous savez	tu sauras	vous saurez
	il sait	ils savent	il saura	ils sauront
venir[7]	je viens	nous venons	je viendrai	nous viendrons
	tu viens	vous venez	tu viendras	vous viendrez
	il vient	ils viennent	il viendra	ils viendront
voir	je vois	nous voyons	je verrai	nous verrons
	tu vois	vous voyez	tu verras	vous verrez
	il voit	ils voient	il verra	ils verront
vouloir	je veux	nous voulons	je voudrai	nous voudrons
	tu veux	vous voulez	tu voudras	vous voudrez
	il veut	ils veulent	il voudra	ils voudront

[7] *Like* **venir**: revenir

CONJUGAISON DES VERBES

PASSÉ COMPOSÉ		IMPERFECT		IMPERATIVE
j'ai su	nous avons su	je savais	nous savions	sache
tu as su	vous avez su	tu savais	vous saviez	sachons
il a su	ils ont su	il savait	ils savaient	sachez
je suis venu(e)	nous sommes venu(e)s	je venais	nous venions	viens
tu es venu(e)	vous êtes venu(e)s	tu venais	vous veniez	venons
il est venu	ils sont venus	il venait	ils venaient	venez
j'ai vu	nous avons vu	je voyais	nous voyions	vois
tu as vu	vous avez vu	tu voyais	vous voyiez	voyons
il a vu	ils ont vu	il voyait	ils voyaient	voyez
j'ai voulu	nous avons voulu	je voulais	nous voulions	
tu as voulu	vous avez voulu	tu voulais	vous vouliez	
il a voulu	ils ont voulu	il voulait	ils voulaient	(veuillez)

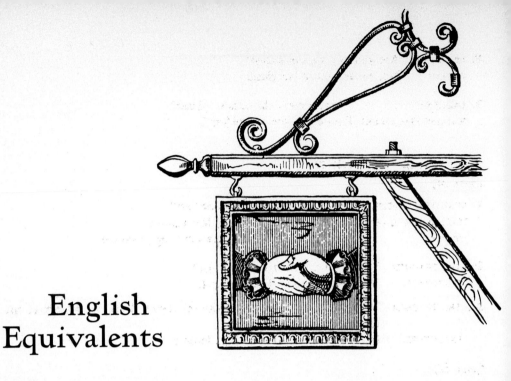

English Equivalents

CHAPTER 1 *The First Step*

(*page 6*)

1. MARIE-CLAIRE: Hi, Jean-Serge. How are you?
   JEAN-SERGE: OK. And you?

2. MONSIEUR LEGRAND: Hello, Mrs. (Martin). How are you?
   MADAME MARTIN: I'm fine, thank you. And you, Mr. (Legrand)?

3. MARIE-FRANCE: Is your mother feeling well today?
   JEAN-FRANÇOIS: Mom? No, she's sick, as usual.

4. MONSIEUR DUMAS: Are your parents well, Miss (Briand)?
   MADEMOISELLE BRIAND: My mother is quite well, but my father is sick.

5. MONSIEUR ROBERT: Are you kids all right?
   MARIE-JEANNE: Yes, we're all OK, Dad.

(*page 14*)

6. MONSIEUR LEBRUN: What's your name?
   KIKI: My name is Kiki.
   JACQUELINE: His (real) name is Christian. He is my little brother.

7. MARC: Are you on your brother's team?
   GUY: No, I'm not on his team.

8. FRANÇOISE: Are you in my sister's class?
   CLAIRE: No, we are not in her class.

9. LAURENT: Where are my classmates, please?
   MADAME GAUTHIER: They are in the school yard.

CHAPTER 2 *Forward!*
(*page 24*)

1. MONSIEUR CAMUS: Is there a tape recorder here?
   MADEMOISELLE LECLERC: Yes, it's on the desk, Mr. Camus.
   MICHEL: Hey! Watch out! That's our tape recorder.

2a. THE TEACHER: You don't understand, Françoise?
    FRANÇOISE: Yes, Mr. (Jérôme), I understand.

2b. THE TEACHER: Then go to the board and write this sentence: "I must listen to the teacher."
    FRANÇOISE: But there isn't any chalk, Mr. Jérôme!

(*page 32*)

3. THE TELEVISION: Good evening, ladies and gentlemen.
   MADAME GIRARD: Who is that?
   MARIE-CLAIRE: I don't know.
   JEAN-CLAUDE GIRARD: It's the Prime Minister.

4. MONSIEUR GIRARD: What's that?
   FRANÇOIS GIRARD: It's a motorcycle.
   MADAME GIRARD: I don't see anything. Where are my glasses?
   AGNÈS GIRARD: They are on the television.

5. MARIE-CLAIRE: Excuse me. I have to leave. Goodbye, everybody. See you tomorrow.
   MONSIEUR GIRARD: Why is she leaving?
   AGNÈS GIRARD: Because she's going to the Ciné-club with Laurent.

6. MONSIEUR GIRARD: And, François, you're leaving too? Where are you going?
   FRANÇOIS GIRARD: I'm going to the meeting. Goodbye. See you soon.

CHAPTER 3 *Friends*

One: **Is he your friend?** (*page 44*)

LAURENT: Do you know that guy near the window?
PAUL: Michel? Yes, I know him (very) well. He is a great guy.
LAURENT: Are you friends with him? You're going to introduce us?
PAUL: Yes, we are good friends. Let's go say hello to him.

Two: **To each his own** (*page 52*)

MARIE-LOUISE: So, what do you think of Alice?
JEAN-JACQUES: She isn't too bad-looking.
MARIE-LOUISE: Oh! You're exaggerating! She is very pretty.
JEAN-JACQUES: But certainly not very nice.
MARIE-LOUISE: So you don't like her?
JEAN-JACQUES: Of course not! How could anyone like such a snob?

CHAPTER 4 *Boys and Girls*

One: **The new girl** (*page 62*)

BERNARD: Hey! Here comes Béatrice.
CÉLINE: Béatrice? Who is she? I don't know her.
BERNARD: She is a new classmate of my sister. According to her, Béatrice is very <u>funny</u>. But personally, I think she is pretty <u>dumb</u>.

Variations

<u>funny</u>	<u>dumb</u>
amusing	boring
intelligent	silly

Two: **The fiancés** (*page 68*)

JACQUES: Hey! Here come Véronique and Serge. They are engaged, aren't they?
CHANTAL: Yes, and since then, they never even say hello to us any more. I think they are very rude.
JACQUES: Oh, love makes them <u>absent-minded</u>.
CHANTAL: But what does Véronique see in that big <u>lazy good-for-nothing</u>?
JACQUES: I don't know. In any case, they seem <u>to adore each other</u>.
CHANTAL: . . . when they are not fighting with each other!

Variations

<u>absent-minded</u>	<u>lazy good-for-nothing</u>	<u>to adore each other</u>
thoughtless	selfish guy	to love each other a lot
	boor	to get along very well

CHAPTER 5 *Brothers and Sisters*

One: **Brotherly love** (*page 86*)

ALICE: Do you have any brothers and sisters?
JACQUES: I have <u>two brothers</u> and a little sister.
ALICE: Poor Jacques! I have a little sister too. She <u>talks</u> all the time.
JACQUES: My sister has a big mouth too! She annoys everybody.

Variations

two brothers	poor Jacques	talks
a big brother	I feel for you	chatters
three brothers		asks questions

Two: **How old is he?** (*page 92*)

GEORGES: Where are you going now, *mon vieux*? To the stadium?
GUY: Yes, I have to meet my brother there. He is playing soccer with his friends.
GEORGES: You have a brother? How old is he?
GUY: He is twenty.
GEORGES: How lucky you are to have an older brother!
GUY: Your brother is younger than you?
GEORGES: Yes, he is (just) a kid.

Variations

*mon vieux**	to the stadium	is playing soccer	twenty	kid
ma vieille	to the gym	is playing volleyball	nineteen	baby
	to the swimming pool	is swimming	twenty-one	

CHAPTER 6 *The Family*

One: **The foreigner** (*page 102*)

PIERRE: You know what? Our family has just gotten bigger.
FRANÇOISE: You're kidding!
PIERRE: No, I'm not. We have a foreign student at our house.
FRANÇOISE: Where does he come from?
PIERRE: From Canada.
FRANÇOISE: How long is this Canadian going to stay with you?
PIERRE: The whole school year.

Variations

you're kidding	from Canada	to stay with	this Canadian
you're joking	from France	to live with	this Frenchman
you're putting me on	from the US		this American
	from Quebec		this *Québecois*
	from Haïti		this Haïtian

Two: **Oh, those kids!** (*page 112*)

AIMÉ: You know . . . I like your family. I like your aunt and uncle a lot.
JEAN-CLAUDE: They like you, too. They think you're very witty.

---

* **Mon vieux** (*m*) and **ma vieille** (*f*) which literally mean *old friend* are colloquial terms of address which have no real equivalents in American English.

AIMÉ: I'm glad. How many children do they have?
JEAN-CLAUDE: They have only one daughter, Chantal. My cousin has no brothers or
                sisters. Her parents give her everything she wants.
AIMÉ: Oh, that explains why she is so spoiled!
JEAN-CLAUDE: Only daughters are often like that.

Variations

witty	daughter, Chantal	cousin (*f*)	give
funny	son, Laurent	cousin (*m*)	give
nice			

wants	spoiled	daughters
asks for	unbearable	sons
	irritating	

CHAPTER 7 *Addresses*

One: **Where do you live?** (*page 134*)

M. BARRAULT: Where do you live? Near here?
JACQUELINE: We live at 248 General de Gaulle Street. It's near the town hall.
M. BARRAULT: What's your phone number?
JACQUELINE: 555-25-15.

Variations

near	Street	the town hall
far from	Avenue	the church
	Square	the market
	Boulevard	the station
		the highway
		the park
		the airport
		the bridge

Two: **An apartment in Paris** (*page 142*)

M. MARTIN: How are your cousins? Are they still looking for a house in town?
MME MARTIN: No, they've just bought a lovely little apartment overlooking the Seine.
M. MARTIN: A little apartment? Their children aren't going to live with them?
MME MARTIN: No. Jean-Marc is working in Canada and Béatrice is at the University of
              Montpellier.
M. MARTIN: When are your cousins going to be in this new apartment?
MME MARTIN: They're moving in in two weeks. For the moment, they are at their
              parents, *en province*.

Variations

in town	bought	moving in	in two weeks	*en province*
in the suburbs	found	moving out	in two weeks	in the country
in the neighborhood	rented		soon	
			next week	

CHAPTER 8 *Changes of Scene*

One: **New and beautiful** (*page 152*)

ANNE: Whew! I've had it!
GILLES: What's the matter with you?
ANNE: We just moved into our new house.
GILLES: What's it like? Big or small?
ANNE: It's a small house, but it's bigger than the old one.
GILLES: How many rooms are there?
ANNE: Seven, and a big terrace.
GILLES: Do you have a room of your own?
ANNE: Yes, I have a large room on the second floor.

Variations

I've had it	what's the matter with you?	new house	bigger
I'm exhausted	what's going on?	new villa	larger
I'm tired		new bungalow	more spacious

the old one	a big terrace	on the second floor
our old apartment	a big garden	on the first floor
	a small yard	under the roof (in the attic)

Two: **How do you get there?** (*page 160*)

PASCAL: Say, I need stamps. How do you get to the post office from here?
VALÉRIE: It's easy. At the next intersection, you take the first street on your left. It's the third building on your right.
PASCAL: You don't by any chance have any letters to mail?
VALÉRIE: No, but I can go with you and take the opportunity to call my grandparents.
PASCAL: Great! And on the way back, let's stop at the corner café to have something to drink. I'm dying of thirst.

Variations

I need	you take the first street on your left	letters
I need	you go straight down the street	cards
	you turn right	packages

to call	something to drink
to send a telegram	a glass (of something)
to send a *pneumatique*	something

CHAPTER 9 *Time*

One : **What time is it ?** (*page 182*)

BENOÎT: Oh darn! My watch has stopped. What time is it?
PHILIPPE: It's exactly one o'clock.
CÉCILE: Your watch is slow. It's a quarter past one by mine.
PHILIPPE: Are you sure yours is running OK? It's not fast?
CÉCILE: I'll call *l'horloge parlante* to be sure.
PHILIPPE: Where do you want to have lunch?
CÉCILE: Anywhere. I'm hungry. I want to eat right away.

Variations

my watch	one o'clock	quarter past	by mine (*f*)
my chronometer	eleven o'clock	half past	by mine (*m*)
	six o'clock	ten past	
		twenty past	

yours (*f*)	call *l'horloge parlante*	to have lunch	anywhere
yours (*m*)	turn on the radio	to have dinner	I don't care

Two : **On foot, on horseback and by car** (*page 190*)

THE REPORTER: How do you get to your job?
MME SIMON: I take the subway or (else) I go on my motorcycle.
THE REPORTER: What time do you leave the house in the morning?
MME SIMON: At ten to eight.
THE REPORTER: Do you get on the first train that comes along?
MME SIMON: Yes, if it's not too crowded. If it is, I wait for the next one.
THE REPORTER: And you get to work on time?
MME SIMON: Sometimes.

Variations

to your job	the subway	on my motorcycle
to the office	the bus	on foot
to school	the train	on my bicycle
to the factory	the trolley	by car
to the store	the trolley-bus	

ten	on time	sometimes
twenty	early	often
twenty-five	late	never
a quarter	in a half hour	

CHAPTER 10 *Punctuality*

One: **Departures** (*page 202*)

ISABELLE: Pardon (me), sir. From what <u>track</u> does the next <u>train</u> for Marseille leave?

TICKET AGENT: From track 6. It leaves at 1:45 p.m.

BRUNO: And the next train for Milan, please?

TICKET AGENT: It leaves at 1 p.m. from track 8.

ISABELLE: What time does it get to Milan?

TICKET AGENT: About midnight. Just a minute . . . at exactly ten minutes of twelve (11:50 p.m.).

. . .

BRUNO: Grandpa! Grandma! your train leaves at one o'clock! Hurry up; it's twelve thirty already.

M. PÉTRI: And at what time does yours leave, <u>children</u>?

ISABELLE: Ours leaves at quarter of two.

BRUNO: We have time to go with you to your train.

Variations

<u>track</u>	<u>train</u>	<u>children</u>
gate	plane	friends

Two: **"The courtesy of kings"** (*page 210*)

Jean-Claude Lebreton (17) usually has a good appetite and eats everything that is served to him. The family wonders why he is getting up from the table without finishing his dessert.

MME LEBRETON: You're not <u>finishing</u> your dessert? It's early. You have time.

JEAN-CLAUDE: No, (I don't). It's eight o'clock. [The clock has just struck eight.] I have to be <u>at the theater</u> in <u>ten minutes</u>.

MME LEBRETON: You're always late. Agnès hates to be kept waiting. She's going to be <u>furious</u>.

JEAN-CLAUDE: <u>Don't worry</u>. My date is with Marianne.

MME LEBRETON: Hey, Don Juan! Have a good time, but don't get home too late. You understand?

HÉLÈNE: He'll come home again in the middle of the night and wake up everybody on his way to bed.

Variations

<u>finishing</u>	<u>at the theater</u>	<u>ten minutes</u>	<u>furious</u>	<u>don't worry</u>
eating	at the movies	five minutes	cross	don't worry
	at the exhibition	a quarter of an hour	in a bad mood	don't worry
		a half hour	angry	

Dialogue One: The same characters, thirty years later. Jean-Claude is now 47 years old but his mother, Madame Lebreton, still treats him like a child.

Dialogue Two: Paulette, Gérard, Élise
The parents of Paulette (21), Gérard (16), and Élise (18) are not at home. While they are away, Paulette is in charge. She is very strict.

Dialogue Three: Isabelle, Gilles, M. Chéreau
Isabelle (12) now understands why her uncle Gilles seems absent-minded.

CHAPTER 11 *The Date*

A workday (*page 228*)

Two students, Françoise and Geneviève, meet. Today is September 15th, the first day of the school year, and there are lots of students in the school yard.

FRANÇOISE: What a day! Do you know your new schedule?
GENEVIÈVE: Yes, and it's surely starting off just great: three hours of <u>math</u> every Monday morning!
FRANÇOISE: Don't complain. I have three hours of <u>physics</u> every Saturday morning. My father is going to be furious.
GENEVIÈVE: Oh, it's a tough life having a house in the country.
FRANÇOISE: You can laugh, but without <u>his Saturday and Sunday</u> in the country, my father is impossible during the week.
GENEVIÈVE: What does your father do in the country?
FRANÇOISE: He eats and <u>sleeps</u>. But enough about my father! What day do you have outdoor sports?
GENEVIÈVE: <u>Wednesday</u> afternoons from two to four. And you?
FRANÇOISE: Me too. That's terrific! We can play basketball together.
                    (*Ding! Ding!*)
GENEVIÈVE: Oh, there goes the bell. What are you doing after school? Shall we meet at the exit?

Variations

<u>math(ematics)</u>	<u>physics</u>	<u>his Saturday and Sunday</u>
French	chemistry	his weekend
English	biology	
Social Studies	lab	
gym		

<u>sleeps</u>	<u>Wednesday</u>
rests	Tuesday
relaxes	Thursday
	Friday

Dialogue One: Habib, Nuri

These two friends are students in a large high school in Tunis. They are talking over their new schedule.

Dialogue Two: Sylvie, Christine

Today is the first day of school at the Imperial Park Lycée in Nice. Two high school students are discussing the schedule of classes which they have just received.

Dialogue Three: Réal, Benoît

These two cousins have just met each other in the yard of their high school in Quebec. They are talking over their schedule for the new school year.

CHAPTER 12 *Holidays and Birthdays*

Trouble always comes in threes (*page 242*)

While Monique is window-shopping along the boulevards, she meets Marie-José. Usually Marie-José looks <u>happy,</u> but today she seems <u>preoccupied.</u>

MARIE-JOSÉ: What a week! Thursday is my mother's birthday. Friday is my sister's saint's-day. And Saturday I am invited to a wedding.
MONIQUE: You are? Who's getting married?
MARIE-JOSÉ: A childhood friend, Gérard Clavel. I think you know him.
MONIQUE: Yes, I know [see] who you mean. Whom is he marrying?
MARIE-JOSÉ: A girl from Haïti whom he has known for three months.
MONIQUE: So it was love at first sight, eh? Are you going to give them a present?
MARIE-JOSÉ: Of course. I have to. And what's more, I have to get something for my mother and for my sister.
MONIQUE: I can help you pick out (something for them) if you want. I just love to shop.
MARIE-JOSÉ: Thanks a lot. You're very kind. But that's not the problem.
MONIQUE: Problem?
MARIE-JOSÉ: Yes. Who is going to help me pay for all these presents? You?!

Variations

<u>happy</u>
in a good mood

<u>preoccuppied</u>
in a bad mood

Dialogue One: Christian, Alain

While walking along rue Saint-Louis in Quebec, Alain meets his friend Christian.

Dialogue Two: Jacques, Agnès

On the way to rue Neuf in Brussels, Agnès meets her friend Jacques.

CHAPTER 13 Meals

Dinner is served! (*page 266*)

It is 7:30 in the evening; the Lenoir family is about to sit down for dinner.

M. LENOIR: H'mm. My, that smells good! What have you made for us today, Paulette?
MME LENOIR: A roast, some green vegetables and a fruit pie.
HERVÉ: Mom! I'm starved! Where are the *hors-d'œuvre*?
MME LENOIR: Here you are! The tomato salad is on the table. I'm bringing the *pâté*.
M. LENOIR: Pauline, where's your head? Isn't there anything to drink in the house?
MME LENOIR: What do you want to drink, Maurice? Mineral water?
M. LENOIR: Yes, and some red wine, since we are having (red) meat.
HERVÉ: Don't forget the coke, Mom. Is there any bread?
MME LENOIR: Bread . . . bread . . . Oh, darn it, there isn't any bread! Hervé! Run to the bakery and buy a *baguette*!

Variations

made	a roast	green vegetables	fruit pie
prepared	steaks	potatoes	strawberry pie
	soles		apricot pie

tomato salad	*pâté*	red	(red) meat
mushroom salad	sardines	white	fish
	shrimp		

Dialogue One: M. and Mme Lacaze, their daughter Annick (12).
The Lacaze family lives in a small town where the father is a druggist. It is noon.

Dialogue Two: M. and Mme Morizé, their son Daniel (15).
The Morizé family lives on a large farm in *la Beauce*. It is 6 p.m. Father and son have just come in; they are very tired after a day's work outdoors.

CHAPTER 14 Good Food

Who's giving the orders? (*page 280*)

Sunday, it's lunch time. M. and Mme Galand and their three children arrive at the restaurant "la Bonne Cuisine." This afternoon they are going to visit M. Galand's parents.

MME GALAND: What do you want, *les enfants**? Leg of lamb and green beans?
GÉRARD: I don't want any beans. I want French fries.
DOMINIQUE: And I want some pizza.
MME GALAND: No, you [won't] can't have any. It is very bad for you.

---

* **les enfants** and **mon petit (ma petite)** [p. 464] like **mon vieux (ma vieille)** are terms of direct address with no real equivalent in American English.

THE WAITER: What are you ladies and gentlemen going to have? An *aperitif*?

M. GALAND: No, five of today's special, a bottle of *beaujolais*, and a carafe of water, please.

. . .

THE WAITER: And for dessert?

M. GALAND: Cheese, pastry, and two coffees. And the check, please. We are in a hurry.

RÉMI: Dad! I'd like some chocolate ice cream.

M. GALAND: So that you can be sick to your stomach all afternoon? No, *mon petit*!*

Variations

do you want	leg of lamb	green beans	pizza	beaujolais
are you going to choose	chicken	rice	salami	beer
are you going to order	chops	peas	ham	cider

a carafe	pastry	coffees	chocolate	be sick to your stomach
a glass	cakes	expressos	lemon	have a bellyache
			vanilla	

Dialogue One: M. and Mme Beaumont and their children (Patrice, Luc and Marielle) are visiting the châteaux of the Loire (valley). They stop at a country restaurant for lunch.

Dialogue Two: M. and Mme Pontaven are taking their children (Yves, Annick and Joël) to Quimper to see the Pinder circus. They stop on the way for a quick lunch.

CHAPTER 15 *Sports*

May the best man win! (*page 304*)

Alain and Marie-Claude are at the Molitor pool watching a race.

ALAIN: I can't see anything from here. Can you lend me the binoculars? Give them to me.

MARIE-CLAUDE: Take them yourself. They're in the bag.

ALAIN: Wow! Jean-Paul is leading! Come on, Jean-Paul! You're the best!

MARIE-CLAUDE: Oh, be quiet! Christian is the best! Come on, Christian! Hurry up! Catch up to him!

ALAIN: Don't wear yourself out. Your (friend) Christian is a good swimmer, but Jean-Paul is better than he is. Look!

MARIE-CLAUDE: Oh, Jean-Paul is faster than Christian, but I think that Christian is making fantastic progress. You'll see, in a few months, he's the one who'll win all the races!

ALAIN: That's easy to say, *ma petite*, but in the meantime, your (friend) Christian has lost. Bravo, Jean-Paul!

Variations

swimmer	faster	races
player	more skilful (better)	matches
runner	more skilful (better)	races

Dialogue One: Guy, Nicole

Guy and Nicole meet near a tennis court to watch a match played by two of their friends. There's a lot of excitement, because of the great rivalry between the two players.

Dialogue Two: Jean-Paul's father, Christian's father

The two fathers watch with apprehension and joy as their sons vie for the grand prize in the bicycle race that takes place every year in their village. For them, it's a miniature *Tour de France.*

CHAPTER 16 *Weather and the Seasons*

Sunshine always follows the rain (*page 320*)

Christian Lemarque owns a small hotel in a ski resort in Savoie. A customer and friend, Jean-Claude Perdrière, calls him from Lyon.

JEAN-CLAUDE: Hello, Christian? This is Jean-Claude. How are you? How's business?

CHRISTIAN: Winter has come and business is very good, even better than last year. Are you coming to see us soon? This weekend, maybe?

JEAN-CLAUDE: It depends on the weather. That's why I'm calling you. Here it's cloudy and pouring. What's the weather like where you are?

CHRISTIAN: It's snowing right now. But according to the weather report, it will be nice this weekend. Wait, there's a weather report on the radio. Listen!

ANNOUNCER: The weather for our area: Friday morning it will snow in the mountains and the weather in the rest of the region will be cloudy and rainy. Winds will increase during the day, the skies will clear and the rain and snow will end. The temperature will drop 4 or 5 degrees (centigrade) during the night. On Saturday and Sunday, the weather will be fair and sunny throughout this area.

CHRISTIAN: Hello, Jean-Claude? Are you still there?

JEAN-CLAUDE: Yes. So you advise me to come?

CHRISTIAN: Of course. There'll be lots of good snow. It'll be sunny and you'll be able to ski for hours.

JEAN-CLAUDE: Will Valérie Salanche be there?

CHRISTIAN: Yes, she just called. She'll arrive sometime Friday evening.

JEAN-CLAUDE: OK then. Expect me for dinner Friday night. I'll get there about eight.

CHAPTER 17 *Obligations*

Work is health . . . (*page 348*)

Joël and Marianne are reading *Le Monde* in a sidewalk café. Marianne is reading an article about the strikes anticipated for September by the labor unions. Joël is reading the "help wanted" ads in the classified section.

JOËL:	Marianne, can you lend me two twenty-centime coins? I have to make a phone call and I don't have any change.
MARIANNE:	You didn't go see your parents last night . . . Don't make such a face. Take my change purse and help yourself.
JOËL:	Thanks. Wait for me, I'm coming right back.

(On the telephone)

JOËL:	Hello! Perrochon and Company?
RECEPTIONIST:	Yes.
JOËL:	May I speak to the Personnel Manager, please?
RECEPTIONIST:	Yes, hold on. I'll connect you.
PERSONNEL MANAGER:	Hello, who's calling?
JOËL:	Joël Massillon. I see in the newspaper that you are looking for a night watchman. I would like to apply.
PERSONNEL MANAGER:	In that case, come to my office this afternoon at two.
JOËL:	All right, I'll be there. Goodbye.

(In the café)

JOËL:	Well, that's it! I found a job.
MARIANNE:	They hired you (just) like that, without seeing you?
JOËL:	Sure! "I came, I saw, I conquered." The Personnel Manager couldn't resist the charm of my voice.
MARIANNE:	. . . And he said "Ah! Mr. Massillon, you are the President and General Manager we've been looking for for twenty years."
JOËL:	Nobody can hide anything from you . . . OK, I'm off. I've got an appointment with my future boss at two. I'll call you tonight. 'Bye.

(Joël kisses Marianne goodbye and rushes off).

CHAPTER 18 *Art and Life*

"Music hath charms . . ." (*page 370*)

Paris, the métro at 6 p.m. Crowds are pouring into the long corridors of the Châtelet station. Most people are in a hurry to get home and they run along the moving sidewalks. Some people, however, stroll along and even stop to listen to a young guitarist, Gabrielle, who is playing a marvelous selection. At the end of the piece, Gabrielle asks for donations, and a man who has listened in admiration, Mr. Gavoty, takes the opportunity to speak to her.

MR. GAVOTY: I listened to you with great pleasure, but also with surprise . . . Tell me: who wrote the sonata you played?

GABRIELLE: I wrote it myself. I'm a guitarist, but my real vocation is composition.

MR. GAVOTY: You are a remarkable musician. Where did you study?

GABRIELLE: I studied here at the Conservatory, in Germany and in the United States.

MR. GAVOTY: With whom did you study composition?

GABRIELLE: With Pierre Boulez.

MR. GAVOTY: Why did you choose the guitar?

GABRIELLE: I didn't choose it. My parents chose it for me. They are guitarists themselves and I was practically born in a guitar. Since then we've been inseparable.

At this point [after these words] Gabrielle excuses herself to Mr. Gavoty and begins to play again. She doesn't play for long, because a policeman arrives on the spot, asks to see her identification and advises her to move on if she doesn't want to get a summons. Gabrielle leaves, guitar under her arm, to go set up shop in another métro stop and earn enough money so she can eat tonight.

CHAPTER 19 *Festivities*

A surprise visit and an un-surprising party (*page 402*)

Alain Jobert is studying in Paris at the *École polytechnique*. Once in a while — too rarely, according to him — he goes to spend a few days with his family in Bordeaux. Alain has just arrived in Bordeaux for a short visit and he rings at his girl-friend Mireille's door.

MIREILLE: Alain! What a surprise! When did you get here?

ALAIN: I got here last night and I stopped by to see you right away, but your mother said you were out.

MIREILLE: Yes, my cousins were giving a party and I went to please my mother.

ALAIN: The party was a success?

MIREILLE: I think so. Everybody seemed to be having fun; they were dancing, drinking and smoking like crazy.

ALAIN: You don't seem to have shared their enthusiasm?

MIREILLE: Oh, I didn't know anyone except my cousins. And the music was deafening, the smoke was so thick you could cut it with a knife, and it was suffocatingly hot . . .

ALAIN: And I wasn't there!

MIREILLE: Just what I was going to say! But tell me, I thought you weren't arriving until tomorrow night. What happened?

ALAIN: I was at a political meeting Wednesday night and mentioned that I was going to spend a few days in Bordeaux. Someone said he was driving there the next day and could take me if I wanted.

MIREILLE: So you jumped at the chance! How wonderful! That gives us two extra days!

French-English Vocabulary

In this vocabulary, the gender of nouns has been indicated by the form of the article, or, where the article does not show gender, by the note *m.* or *f.* For adjectives, the feminine forms have been indicated.

Idiomatic expressions have been included under the major words in the phrase, usually a noun or verb, or both. For example, the phrase **faire attention** will be found under both **faire** and **attention.**

Certain words have been omitted from the vocabulary list:
1. obvious cognates, even though the spelling may be slightly different: *e.g.* **adorable, amuser.**
2. adverbs formed by adding **-ment** to the feminine of adjectives: *e.g.* **affectueusement.**
3. past participles used as adjectives, if the infinitive is given: *e.g.* **adouci.**
4. most geographical names.

Abbreviations

abbr.	*abbreviation*	*m.*	*masculine*
adj.	*adjective*	*past part.*	*past participle*
adv.	*adverb*	*prep.*	*preposition*
art.	*article*	*pron.*	*pronoun*
conj.	*conjunction*	*pl.*	*plural*
f.	*feminine*	*reflex.*	*reflexive*
fam.	*familiar*	*sing.*	*singular*

A

a: il a (*see* **avoir**) he has; **il y a** there is, there are

à at, for, in, of, on, till, to, with

abandonné (-e) forsaken

abandonner to leave, to give up, to abandon

abord: d'abord in the first place, to begin with

l'**abricot** *m.* apricot

absolument absolutely, decidedly

accompagner to accompany, escort

l'**accord** *m.* agreement, consent; **d'accord** agreed, OK; **être d'accord** to agree

accorder to give, to grant

acheter to buy

l'**addition** *f.* check, bill

additionner to add up

adieu goodbye

adoucir to soothe

s'adresser à to speak to

adroit (-e) skilful

l'**aéroport** *m.* airport

l'**affaire** *f.*: **les affaires** business; **faire des affaires** to make money

affectueux (-euse) tender, loving

affreux (-euse) hideous, awful

agaçant (-e) annoying, irritating

l'**âge** *m.* age

âgé (-e) old

l'**agent** *m.*: l'**agent de police** policeman

agrandir to enlarge; **s'agrandir** to grow bigger

ai: j'ai (*see* **avoir**) I have

ailleurs: d'ailleurs besides, moreover

aimable *adj.* nice, kind, pleasant

aimer to love, to like; **aimer bien** to like; **aimer mieux** to prefer

l'air *m.* air, look, appearance; **avoir l'air** to look, seem, appear; **changer d'air** to go away, to have a change of scene; **en plein air** outdoors, in the open air; **le plein air** outdoor sports

l'Allemagne *f.* Germany

aller to go; **aller bien (mal)** to be in good (bad) health; **aller bien (à quelqu'un)** to suit, be becoming; **s'en aller** to go away

allô hello (*in answering the phone*)

allongé (**-e**) stretched out

allumer to light

alors then; so; well then; **alors que** while, when

l'amande *f.* almond

l'amende *f.* summons

amener to introduce (*a subject*); to bring (*people*)

l'ami *m.*, l'amie *f.* friend

l'amour *m.* love

s'amuser to have a good time

l'an *m.* year; **avoir — ans** to be — years old

ancien (**-enne**) old, former

l'anglais *m.* English (language)

l'Angleterre *f.* England

l'année *f.* year

l'anniversaire *m.* birthday, anniversary

l'annonce *f.:* **petites annonces** classified ads

les antiquités *f.* antiques

août August

s'apercevoir (**de**) to notice, realize

l'apéritif *m.* before-dinner drink

l'appareil *m.:* **qui est à l'appareil?** who's calling?; **l'appareil photographique** (still) camera

appeler to call; **s'appeler** to be called, named

apporter to bring (*things*)

apprendre to learn; to teach

s'approcher (**de**) to get near (to)

après after, later; **d'après** according to

l'après-midi *m.* afternoon

l'arc *m.* bow

l'argent *m.* money

s'arranger avec to come to an agreement with

l'arrêt *m.* stop

arrêter to stop; **s'arrêter** to stop

l'arrivée *f.* arrival

arriver to arrive, to happen

l'arrondissement *m.* district, numbered zone in Paris

as: **tu as** (*see* **avoir**) you have

l'ascenseur *m.* elevator

l'asperge *f.* asparagus

s'asseoir to sit, sit down

assez enough, rather

l'assiette *f.* plate; **elle n'est pas dans son assiette** she isn't her usual self

assis (**-e**) seated

assister à to attend, be present at

assommant (**-e**) boring

assourdissant (**-e**) deafening

atteindre to reach, arrive at

attendre to wait (for), expect; **en attendant** while waiting, meanwhile

l'attention *f.* attention; notice; **attention!** look out! **faire attention** to pay attention

attraper to catch

au = à + le

l'aube *f.* dawn

aujourd'hui today

auprès de near

aussi also, too; **aussi—que** as—as

l'autobus *m.* bus (*city*)

l'autocar *m.* bus (*long-distance*)

l'automne *m.* autumn

l'automobiliste *m.* driver

l'autoroute *f.* expressway, highway

autre other; **quelqu'un d'autre** someone else

aux = à + les

avaler to swallow

avance: **en avance** early, ahead of time

avancer: **ma montre avance** my watch is fast

avant before; **avant de partir** before leaving

avec with

l'averse *f.* downpour, shower

avez: **vous avez** (*see* **avoir**) you have

l'avis *m.:* **à mon avis** in my opinion

avoir to have; **avoir — ans** to be — years old; **avoir besoin de** to need; **avoir chaud (froid)** to be (feel) warm (cold); **avoir de la chance** to be lucky; **avoir faim** to be hungry; **avoir l'air** to look, seem, appear; **avoir la charge de** to take care of; **avoir la langue bien pendue** to have a big mouth; **avoir lieu** to take place; **avoir mal** to ache; **avoir raison (tort)** to be right (wrong); **avoir rendez-vous** to have a date or appointment

avons: nous avons (*see* **avoir**) we have

avril April

B

la **baguette** a loaf of French bread

se **baigner** to swim

la **baignoire** bathtub

le **bain: la salle de bain** bathroom

le **baiser** kiss

baisser to lower; to drop

la **Balance** Libra (*sign of the zodiac*)

le **balcon** balcony

la **balle** ball (*tennis, etc.*)

le **ballon** ball, (*football, etc.*)

le **banc** bench

la **banlieue** suburbs

le **banquier** banker

le **basket** basket-ball

le **bateau** boat, ship

bâti *past part. of* **bâtir** built

le **bâtiment** building

bavarder to chatter

beau, bel *m.*, **belle** *f.* beautiful, pretty, handsome; **le beau-frère** brother-in-law; **les beaux-parents** in-laws; **le beau-père** father-in-law; **la belle-mère** mother-in-law; **la belle-sœur** sister-in-law; **le beau temps** good weather

beaucoup (de) much, a great deal, many

le **bébé** baby

le **Bélier** Aries (*sign of the zodiac*)

ben = bien: ah ben! oh, well!

bénir: Dieu soit béni!: Thank God!

le **besoin: avoir besoin de** to need

bête *adj.* stupid, foolish

le **beurre** butter

la **bicyclette** bicycle; **à bicyclette** on a bicycle

bien well; very; **eh bien** well then

le **bien commun** the good of all

bientôt soon, shortly; **à bientôt** so long, see you soon

le **bijou** (*pl.* **bijoux**) jewel

la **bijouterie** jewelry

le **billet** ticket; **le carnet de billets** book of tickets

blanc, blanche white

bleu (-e) blue

blond (-e) blond

le **bœuf** beef

boire to drink

la **boisson** drink, beverage

bon, bonne good; skilful; appropriate; **bon marché** cheap, inexpensive; **de bonne heure** early

le **bonbon** candy

le **bonheur** happiness

bonjour hello, good morning, good afternoon, how do you do

la **bonne** maid

bonsoir good evening

le **bord** shore, bank

la **bouche** mouth

la **boucle d'oreille** earring

le **boulanger** baker; la **boulangère** baker's wife

la **boulangerie** bakery

le **boulot** (*slang*) work, job

le **bourg** town

la **bourse** scholarship, fellowship

le **bout: au bout de** at the end of, after

la **bouteille** bottle

la **boutique** store

le **bras** arm

le **Breton**, la **Bretonne** inhabitant of Brittany

briller to shine

la **bru** daughter-in-law

le **bruit** noise

le **brûlé** something burning

brûler to burn

brumeux (-euse) foggy

brun (-e) brown, dark (hair)

le **buffet** sideboard

le **bulletin météorologique** weather report

le **bureau** (*pl.* **bureaux**) office, study, desk; **le bureau de tabac** tobacconist's

le **but: marquer un but** to score (a point)

buvant: en buvant while drinking

C

ça *pron.* that, it; **ça y est** that's that, OK

cacher to hide

le **cadeau** (*pl.* **cadeaux**) gift, present

le **cahier** notebook

le **camarade**, la **camarade** friend; **camarade de classe** classmate

la **caméra** movie camera

le **camp** military base

469

la **campagne** countryside; **en pleine campagne** out in the country

camper to camp (out)

le **Canadien,** la **Canadienne** Canadian, inhabitant of Canada

le **cancre** dunce

la **cantine** cafeteria

car for, because

le **car** bus (*long distance*)

la **carafe** pitcher

le **carnet: carnet de billets** book of tickets

le **carrefour** intersection

la **carte** postcard; menu

le **cas** case, matter; **en tous cas** in any case

la **caserne** barracks

la **casserole** saucepan, pot

la **cave** cellar

ce, cet *m.*, **cette** *f.*; **ces** *pl.* this, that; these, those

ce (c') *pron.* this, that, these, those; he, she, it, they; **ce que** (*direct object*) what; **tout ce que** everything; **ce qui** (*subject*) what

ceci *pron.* this

cela *pron.* that

la **cendre** ash

le **cendrier** ash-tray

certainement of course, sure

cesser to cease, stop

chacun each (one)

le **chagrin** regret, sorrow

la **chaise** chair

la **chaleur** heat

la **chambre** room

le **champignon** mushroom

la **chance** luck; **avoir de la chance** to be lucky; **bonne chance!** good luck!

la **chanson** song

chanter to sing

le **chapeau** hat

chaque each

le **charcutier** pork butcher

la **charge: avoir la charge de** to be in charge of, to be responsible for

le **château** (*pl.* **châteaux**) castle, palace

chaud: avoir chaud to be (feel) warm; **il fait chaud** it is warm (hot)

le **chauffage central** central heating

le **chaume: le toit de chaume** thatched roof

le **chef** head (*of a department*); **le chef du personnel** personnel manager

le **chef-d'œuvre** masterpiece

le **chemin** way, road; **chemin de fer** railroad

la **chemise** shirt

le **chemisier** lady's blouse or shirt

cher, chère dear, expensive; **coûter cher** to be expensive

chercher to look for; **aller chercher** to go and get, to go for

le **cheval** horse

le **cheveu** (*pl.* **cheveux**) hair; **aux cheveux noirs** with black hair

chez at, in the home of

chic *adj.* great, nice

le **chien** dog

le **chiffre** figure, number

la **chimie** chemistry

le **chocolat: une glace au chocolat** chocolate ice cream

choisir to choose, to pick out

la **chose** thing; **quelque chose** something

le **chou à la crème** cream puff

la **chute de neige** snowfall

le **cidre** (hard) cider

le **ciel** sky

le **cinéma** movies

la **cinquantaine** about fifty

cinquième fifth

circuler to move on

le **cirque** circus

le **citron** lemon

la **classe** class; classroom

la **clé** *or* **clef** (*pl.* **les clés**) key

le **client** customer

la **cloche** bell

le **cœur** heart; **avoir mal au cœur** to be seasick, nauseated

le **coin** corner

la **colère** anger; **être en colère** to be angry; **se mettre en colère** to become angry

coller to glue

la **colonie de vacances** summer camp

combien how much, how many

commander to order; to be in charge

comme as, just as; **comme ça** this way, like that

commencer to start, to begin

comment how

la **commode** chest of drawers, dresser

compléter to fill in

comprendre to understand

compris *past part. of* **comprendre**

le **compte: faire le compte** to add up

compter to count

concierge *f. or m.* (*see page 179*)

le **concours** contest

conduire to drive

le **congé** vacation; le **congé payé** paid
vacation

connaître to know, be acquainted with

conseiller to advise (*someone*)

conserver to maintain

contact: en contact avec in touch with,
close to

le **conte** tale, story

content (-e) pleased, glad, happy

continuer to continue, go on

contraire: au contraire on the contrary

contre: par contre on the other hand,
however

le **copain,** la **copine** friend

la **corde** rope, cord

corriger to correct

le **cortège** procession

le **costume** suit

la **côte** coast

côté: à côté de next to

la **côtelette** cutlet, chop

se **coucher** to go to bed

la **couleur** color

le **couloir** corridor

le **coup** blow, stroke; **coup de foudre** love at
first sight; **d'un coup** at one time; **tout
à coup** suddenly, all of a sudden

la **cour** courtyard

le **coureur** runner, racer

courir to run

le **cours** course, class

cours: au cours de in the course of, during

la **course** errand; (*sport*) race; **faire des
courses** to go shopping; to run errands

court (-e) short

le **couteau** (*pl.* **couteaux**) knife

coûter to cost; **coûter cher** to be expensive

le **couvert** place setting; **mettre le couvert** to
set the table

la **craie** chalk

la **cravate** tie

le **crayon** pencil

la **crevette** shrimp

crier to cry, shout

croire to believe; to think

la **cuiller** (la **cuillère**) spoon

la **cuillerée** spoonful

la **cuisine** kitchen; **faire la cuisine** to cook

la **cuisinière** stove

le **curé** parish priest

D

d'abord first of all

la **dactylo** typist

la **dame** lady, woman

dangereux (-euse) dangerous

dans in (*place, time*)

d'après according to

dater to date from

de *partitive art.* some, any; *prep.* of; from

le **débarras** storeroom

se **débattre** to struggle, try to get away

debout standing (up)

se **débrouiller** to manage (get along), to
overcome difficulties

le **début** beginning

décembre December

la **déception** disappointment

décider to decide, determine

la **décision: prendre une décision** to make a
decision

se **décourager** to become discouraged

découvrir to discover

décrire to describe

déçu (-e) disappointed

dedans inside

le **défilé** parade

définitif, définitive final, decisive

dégoûtant (-e) disgusting, nauseating

dégoûter to give (*someone*) a dislike for

le **degré** degree

déjà already

le **déjeuner** lunch; le **petit déjeuner** breakfast

déjeuner to eat lunch; to eat breakfast

demain tomorrow; **à demain** see you
tomorrow

demander to ask, ask for; se **demander** to
wonder

déménager to move out

le **demi,** la **demie** half; **midi et demi** twelve
thirty; **une heure et demie** one thirty

demi- *invariable prefix* half, **une demi-
heure** a half hour

la **demoiselle d'honneur** bridesmaid

la **dent** tooth

la **dentelle** lace

le **départ** departure

se **dépêcher** to hurry, be quick

dépenser to spend

déplaire (à) to displease

depuis since; for (*see page 243*)
dernier (-ère) last
le **dernier**, la **dernière** the last (one)
se **dérouler** to take place
des = de + les
descendre to go down, come down
désirer to wish, want
désolé (-e) sorry, sad, upset
dessiner to draw
se **détendre** to relax
deuxième second
devant in front of
devenir to become, get
le **devoir** exercise, homework
devoir ought, should, to have to
difficile *adj*. difficult
dimanche *m*. Sunday
dire to say, tell
diriger to direct
se **disputer** to argue, quarrel, fight
le **disque** record; le **tourne-disque** record player
distrait (-e) absent-minded, inattentive
le **docteur** doctor
donc then; **dis donc** well, say
donner to give; **donner sur** to look out on
dormir to sleep; **dormir à poings fermés** to sleep like a baby, sleep soundly
le **dos** back
le **doute: sans doute** probably
le **drapeau** flag
le **droit** right; **avoir le droit de** to be allowed to
droit: tout droit straight ahead
la **droite** right; **à droite** on the right
drôle *adj*. funny, odd
drôlement terribly
du = de + le
dû (due) *past part. of* **devoir**
dur (-e) hard, difficult
la **dure** hardship, roughing it

E

l'**eau** *f*. (*pl*. **eaux**) water
échanger to exchange
échapper to slip away; **échapper à** to escape from
l'**éclair** *m*. eclair (*pastry*)
l'**éclaircie** *f*. clearing
s'**éclaircir** to clear up
éclairé (-e) lit up

l'**éclat** *m*. burst
l'**école** *f*. school
l'**écolier** *m*., l'**écolière** *f*. elementary school student
l'**économie** *f*.: les **économies** savings
écouter to listen (to); **écoute: tu es encore à l'écoute?** are you still there (*on the phone*)?
s'**écraser** to splatter
écrire to write
effacer to erase, rub out
s'**efforcer (de)** to try to
l'**église** *f*. church
égoïste *adj*. selfish
l'**élève** *m. or f*. student, pupil
élever to raise; to bring up; **bien élevé** polite; **mal élevé** impolite
embêté (-e) annoyed
embrasser to kiss, hug
emménager to move in
emmener (quelqu'un) to take (someone)
l'**emploi** *m*. employment; l'**emploi du temps** program, schedule
l'**employé** *m*. clerk, employee
emporter (quelque chose) to take (something) away, carry off
en *prep*. in, at; by; on; **en attendant** while waiting; *pron*. some, any; of it (them); from it (them)
s'**endormir** to fall asleep
énervé (-e) worried, nervous
l'**enfance** *f*. childhood
l'**enfant** *m. or f*. child
enfin finally, in the end; after all
engager to hire; to involve
s'**engouffrer** to crowd, rush, to pour into
l'**ennui** *m*. trouble
ennuyer to bore; to annoy; s'**ennuyer** to be bored
ennuyeux (-euse) boring
ensemble together
l'**ensemble** *m*. the whole
ensoleillé (-e) sunny
ensuite next, then
entendre to hear; s'**entendre avec (quelqu'un)** to get along with (someone)
entendu OK
l'**entraînement** *m*. training
entre between
envie: avoir envie de to feel like, want to
environ: 1250 environ in about the year 1250

les **environs** *m.* vicinity
envoyer to send
épique *adj.* epic, heroic
épouser to marry
épuisé (-e) exhausted
l'**équipe** *f.* team
es: tu es (*see* **être**) you are
l'**escalier** *m.* stairs
l'**espace** *m.* space, room
l'**espèce** *f.* kind, sort
espérer to hope
l'**esprit** *m.* spirit
essayer to try; to try on
l'**essence** *f.* gasoline, gas
l'**est** *m.* east
est: il/elle est (*see* **être**) he/she (it) is
l'**estomac** *m.* stomach
et and
l'**étage** *m.* floor, story; **premier étage** 2nd floor; **deuxième étage** 3rd floor
était: il/elle était (*see* **être**) he/she (it) was
l'**état** *m.* state; shape; **les États-Unis** the United States
l'**été** *m.* summer
éteint (-e) extinguished, put out
êtes: vous êtes (*see* **être**) you are
l'**étoile** *f.* star
étonné (-e) amazed, astonished; in surprise
l'**étonnement** *m.* astonishment, amazement
étouffant (-e) stifling, suffocating
étourdi (-e) scatter-brained
étranger (-ère) foreign; **l'étranger** *m.* foreigner
être to be; **être à (quelqu'un)** to belong to (somebody); **être d'accord** to agree
l'**être** *m.* human being
l'**étude** *f.:* **les études** studies; **faire ses études** to study
l'**étudiant** *m.,* l'**étudiante** *f.* student
étudier to study
eu *past part. of* **avoir**
eux *m. emphatic pron.* they; them; **eux-mêmes** themselves; **chez eux** home; at home
exact (-e) punctual
l'**exactitude** *f.* punctuality
exagérer to exaggerate
excuser to excuse; **s'excuser** to apologize
l'**exemple** *m.* example
s'exercer to practice

expliquer to explain
l'**exposé** *m.* oral report
l'**exposition** *f.* exhibition
express: café express strong black coffee

F

fabriquer to make, prepare
fâché (-e) angry, annoyed
se **fâcher** to get angry
facile easy; smooth
la **façon** manner, way; **de toute façon** anyhow, in any case
la **faim** hunger; **avoir faim** to be hungry; **mourir de faim** to be starving
faire to do; to make; **faire des courses** to shop; to do errands; **faire de l'anglais** to study English; **faire du basket (du foot)** to play basket-ball (soccer); **faire la cuisine** to cook; **faire la queue** to stand in line; **faire preuve de** to show; **faire beau (mauvais)** to be nice (bad) weather; **ne t'en fais pas** don't worry, take it easy
familial (-e) family
la **famille** family; relatives
fatigué (-e) tired
se **fatiguer** to get tired; **ne te fatigue pas** don't wear yourself out
faut: il faut it is necessary; **il me (vous) faut** I (you) have to, I (you) need
le **fauteuil** armchair
les **félicitations** *f.* congratulations
féliciter to congratulate
la **femme** woman; wife
la **fenêtre** window
le **fer** iron; **le chemin de fer** railroad
ferai: je ferai (*see* **faire**) I will do (make)
la **ferme** farm
fermer to close
le **fermier** farmer
la **fête** holiday; celebration; saint's-day
le **feu** fire; stove
février February
filer to scram, run off
la **fille** girl; daughter; **la jeune fille** girl; **la petite-fille** granddaughter
le **filleul,** la **filleule** godchild
le **fils** (*pl.* **fils**) son; **le petit-fils** grandson
filtre: le café filtre black coffee; demitasse

473

la **fin** end

finalement finally, at last

finir to end, finish; **finir de** to finish (*doing something*); **finir par** to end up by (*doing something*)

la **fleur** flower

le **flic** (*slang*) cop

le **foie** liver

la **foire** fair, market

la **fois** time; **dix fois** ten times; **encore une fois** once more

la **folie** madness

la **force** strength, power; **de force** by force

la **forêt** forest

formidable *adj.* marvelous, great

fort: parler fort to speak loudly

fou, fol *m.,* **folle** *f.* mad, crazy; **un monde fou** a big crowd; **le fou rire** uncontrollable laughter

le **fou** madman; la **folle** madwoman

la **foule** crowd

le **four** oven

la **fourchette** fork

frais, fraîche fresh

la **fraise** strawberry

le **franc** franc (*French money*)

français (-e) French

le **français** French language; **le Français** Frenchman

frapper to knock

fraternel (-elle) brotherly

le **frère** brother; **le beau-frère** brother-in-law

frisé (-e) curly

les **frites** *f.* French fries

le **froid** cold; **avoir froid** to be cold (*person*); **faire froid** to be cold (*weather*)

le **fromage** cheese

le **front** forehead

la **fumée** smoke

fumer to smoke

furieux (-euse) furious, very angry

G

le **gagne-pain** livelihood, job

gagner to win; to earn

la **gaieté** fun

le **garçon** boy; waiter

la **gare** station (*railroad*)

gâté (-e) spoiled

le **gâteau** cake

la **gauche** left; **à gauche** on the left

gaucher (-ère) left-handed

gaver to stuff (*with food*)

les **Gémeaux** Gemini (*sign of the zodiac*)

le **gendre** son-in-law

le **genre** kind

les **gens** *m. or f.* people

gentil (-ille) nice

le **gigot** leg of lamb

la **glace** ice, ice-cream

la **gloire** glory

la **gorge** throat

le **gosse** kid, youngster

le **goût** taste

grand (-e) big, tall; **le grand magasin** department store

la **grève** strike; **faire grève** to be on strike; **se mettre en grève** to go on strike

la **grille** gate

la **grippe** flu

gris (-e) gray

gros (-osse) big, fat

le **gruyère** Swiss cheese

la **guimbarde** jalopy

H

habile *adj.* skilful

s'habiller to get dressed

habiter to live (in)

l'habitude *f.* habit, custom; **d'habitude** usually, as usual

habitué (-e) à used to; **en habituée** like one used to this

le **haricot: le haricot vert** green bean

hasard: par hasard by chance

haut (-e) high, tall; **à haute voix** aloud

hein? eh? what?

l'heure *f.* hour, time; **heures d'affluence** rush hour; **à quelle heure?** at what time?; **de bonne heure** early; **à l'heure** on time

heureusement fortunately

heureux (-euse) happy

hier yesterday

l'histoire *f.* history; story

l'hiver *m.* winter

le **hockey sur glace** ice hockey

l'homme *m.* man

l'honneur *m.* honor

l'hôpital *m.* hospital

l'horloge *f.* clock

les **hors-d'œuvre** *m.* appetizers, first course

l'humeur *f.* mood, spirits, humour

I

ici here
il he, it
l'**île** *f.* island
l'**imbuvable** (*slang*) impossible, insufferable
l'**immeuble** *m.* building
s'**impatienter** to become impatient, lose
　patience
importe: n'importe où anywhere
impressionant (-e) impressive
l'**incendie** *m.* fire
inquiétant (-e) alarming, disturbing
s'**inquiéter** to worry
l'**inquiétude** *f.* worry, anxiety
insensé (-e) crazy
s'**installer** to settle
insupportable *adj.* insufferable
l'**intention** *f.:* **avoir l'intention de** to intend
　to
inutile *adj.* useless
l'**invité** *m.*, l'**invitée** *f.* guest
irai: j'irai (*see* **aller**) I will go

J

jaloux (-ouse) jealous
jamais never, ever; **ne—jamais** never;
　plus jamais not anymore
le **jambon** ham
janvier January
le **jardin** garden
jaune *adj.* yellow
je (j') I; **j'y suis** I understand, I get it
jeter to throw; to drop
le **jeu** (*pl.* **jeux**) game, play; **c'est pas du jeu**
　it is not fair
jeudi *m.* Thursday
jeune *adj.* young
la **jeunesse** youth
la **joie** joy, delight
joli (-e) pretty
jouer to play; **jouer au foot** to play soccer;
　jouer de la guitare to play the guitar
le **joueur** player
le **jour** day; **tous les jours** every day
le **journal** (*pl.* **journaux**) newspaper
la **journée** day
juillet July
juin June
le **jumeau**, la **jumelle** twin
les **jumelles** *f.* binoculars

la **jupe** skirt
jusqu'à as far as, up to; till
juste *adj.* exactly

L

la (l') *definite art.* the; *object pron.* her; it
là there
laid (-e) ugly, homely
laisser to leave; to let (*someone do some-thing*), allow
le **lait** milk; **le café au lait** coffee with milk
lancer to throw
la **langue: avoir la langue bien pendue** to
　have a big mouth, to talk a lot
laquelle (*see* **lequel**)
se **laver** to get washed
le (l') *definite art.* the; *object pron.* him; it
lécher: lécher les vitrines to window-shop
le **légume** vegetable
le **lendemain** next day
lequel, laquelle; lesquels, lesquelles which
　(one)?, which; which (ones)?, which
les (*pl. of* **le, la**) *definite art.* the; *object
　pron.* them
leur *adj.* (*pl.* **leurs**) their; *object pron.* to
　them
leur: le leur, la leur, les leurs theirs
se **lever** to get up; **le vent se lève** the wind
　begins to blow
la **lèvre** lip
lieu: avoir lieu to happen, take place
la **ligne (d'un poème)** verse, line
le **Lion** Leo (*sign of the zodiac*)
lire to read
le **lit** bed
le **livre** book
la **location** rental
loin far; **loin de** far away from
long (-ue) long
le **long: le long de** along
longtemps a long time
lorsque when
louer to rent
lu *past part. of* **lire**
lui *object pron.* to him; to her; *emphatic
　pron.* he, him
lundi *m.* Monday
la **lune** moon; **lune de miel** honeymoon
les **lunettes** *f.* glasses
la **lutte** struggle
le **lycée** French secondary or high school

475

le **lycéen,** la **lycéenne** secondary school student

M

M. *abbr. for* **Monsieur**

ma *f.* my

le **machin** (*slang*) thing, watchamacallit; what's-his-name

madame *f.* (*pl.* **mesdames**) Mrs.; madam

mademoiselle *f.* (*pl.* **mesdemoiselles**) Miss

le **magasin** store; **le grand magasin** department store

le **magazine** magazine

le **magnéto** = **magnétophone** tape recorder

mai May

la **main** hand

maintenant now

le **maire** mayor

la **mairie** town hall, city hall

mais but; **mais non** oh no!

la **maison** house; **à la maison** at home

le **maître,** la **maîtresse** teacher (*elementary*)

mal bad, badly; **aller mal** to be sick

le **mal** pain, difficulty

malade *adj.* sick, ill

malgré in spite of

le **malheur** misfortune, bad luck; unhappiness

malheureusement unfortunately

manger to eat

la **manière** way, manner

le **marché** market; **bon marché** inexpensive, cheap

marcher to walk; to work, go, run (*machine*); **ça marche bien** things are going well; **qu'est-ce qui ne marche pas?** what is wrong?

mardi *m.* Tuesday

le **mari** husband

la **mariée** bride

se **marier** to get married

marquer: marquer un but to score (a point)

la **marraine** godmother

mars March

le **marteau** hammer

le **match** match, contest

le **matin** morning

la **matinée** morning

mauvais (-e) bad; **il fait mauvais** the weather is bad

me (m') *object pron.* me; to me; *reflex. pron.* myself

le **médecin** doctor, physician

meilleur (-e) better; **le meilleur** the best; the better

se **mêler de ses oignons** to mind one's own business

même *adj.* same; **-même** *pronoun* self: **eux-mêmes** themselves; **même** *adv.* even; **c'est ça même** that's just it; **quand même** for all that, just the same, anyway; **tout de même** just the same

la **menace** threat

le **mendiant** beggar

mendier to beg

le **menteur** liar

la **mer** sea; **au bord de la mer** at (to) the sea shore

merci thank you

mercredi *m.* Wednesday

la **mère** mother; **la belle-mère** mother-in-law; **la grand-mère** (*pl.* **les grands-mères**) grandmother

merveilleux (-euse) marvellous, wonderful

mes *pl. adj.* my

la **mésaventure** misadventure, misfortune

mesdames *pl. of* **madame**

mesdemoiselles *pl. of* **mademoiselle**

la **messe** mass

messieurs *pl. of* **monsieur**

mesurer to measure

les **mesures** *f.* measurements

la **météo** = **météorologie** meteorology, weather report

météorologique: le bulletin météorologique weather report

le **métier** craft, work

le **métro** subway

mettre to put; to set; to put on; **mettre le couvert** to set the table; **se mettre au lit** to go to bed; **se mettre à table** to sit down to eat; **se mettre en colère** to get angry; **se mettre en grève** to go on strike

le **meuble** piece of furniture

meurs (*see* **mourir**)

mi- *invariable prefix* half

midi midday, noon; **l'après-midi** *m.* afternoon

mien: le mien, la mienne, les miens, les miennes mine

mieux *adv.* better; **aimer mieux** to prefer; **faire de son mieux** to do one's best; **la façon de donner vaut mieux que ce qu'on donne** the way you give is more important than what you give

le **milieu: au milieu de** in the midst of, in the middle of

le **militaire** soldier

le **mille-feuille** napoleon (*pastry*)

le **millier** a thousand

mince *adj.* thin, slim

le **ministère** government office or department

ministre: le Premier ministre Prime Minister

minuit *m.* midnight

mis *past part. of* **mettre**

Mlle *abbr. for* **mademoiselle**

Mme *abbr. for* **madame**

la **mobylette** motorbike

moche *adj.* (*slang*) ugly

les **mœurs** *f.* manners, customs

moi *emphatic pron.* I; me

moins *adv.* less

le **mois** month

mon *m. adj.* my

le **monde** world; people; **un monde fou** a big crowd; **tout le monde** everybody, everyone

la **monnaie** coin; change; **le porte-monnaie** change purse

monsieur *m.* mister, sir; gentleman, man

la **montagne** mountain

monter to go up; to climb; to get on (*a train*)

la **montre** watch

montrer to show

se **moquer de** to laugh at, to make fun of

le **morceau (de musique)** piece (of music)

mordre to bite (into)

mort *past part. of* **mourir**

le **mot** word

le **moteur** motor, engine

la **moto** motorcycle

mouillé (-e) wet

mourir to die; **je meurs de faim (soif)** I am very hungry (thirsty)

mouvementé (-e) eventful

moyen (-enne): de taille moyenne of medium height

musclé (-e) muscular

le **musicien,** la **musicienne** musician

N

nager to swim

le **nageur,** la **nageuse** swimmer

naître to be born

naturel (-elle) natural, normal

ne—jamais never

ne—ni—ni neither—nor

ne—pas not

ne—personne no one

ne—que only

ne—rien nothing

né *past part. of* **naître**

la **neige** snow

neiger to snow

nettoyer to clean

neuf, neuve brand-new

le **neveu** nephew

le **nez** nose

la **nièce** niece

les **noces** *f.* wedding

noir (-e) black, dark

le **nom** name

non no; not; **non plus** not either, neither

le **nord** north

nos *pl. adj.* our

la **note** check, bill

noter to write down

notre *sing. adj.* our

nôtre: le nôtre, la nôtre, les nôtres ours

nous we; us, to us

nouveau, nouvel *m.,* **nouvelle** *f.* new

la **nouvelle** news; new girl

novembre November

noyé (-e) drowned

la **nuit** night; **commencer à faire nuit** to get dark; **en pleine nuit** in the middle of the night

le **numéro** number

numéroté (-e) numbered

O

obéir (à) to obey

obligatoire *adj.* compulsory

obligé (-e) obliged, have to

occupé (-e) busy

octobre October

l'**œil** *m.* (*pl.* **yeux**) eye

l'**œuf** *m.* egg; **l'œuf dur** hard-boiled egg

offrir to offer, give

l'**oignon** *m.* onion; **se mêler de ses oignons** to mind one's own business

l'**oiseau** *m.* bird
on *pron.* one, someone, people, we, they
ont: ils (elles) ont (*see* **avoir**) they have
l'**or** *m.* gold
l'**oreille** *f.* ear
oser to dare
ou or; or else
où where; **n'importe où** anywhere
oublier to forget
l'**ouest** *m.* west
oui yes
l'**ouvrier** *m.* worker, workman
ouvrir to open; **s'ouvrir** to open

P

le **pain** bread; **le gagne-pain** livelihood
paisiblement quietly, calmly
la **panne: tomber en panne** to break down
le **pantalon** trousers, slacks
le **paquet** package, parcel
par through; on, in; per (*day, week*); **par hasard** by chance
parce que because
pardon! excuse me!
paresseux (-euse) lazy
parfait (-e) perfect
parler to speak, talk
la **parole** word
le **parrain** godfather
part: à part except
partie: faire partie de to be part of
partir to depart, go away; to leave
partout everywhere
le **pas** step
pas de no, not any
passager (-ère) passing, brief
passer to spend (*time*); to walk by, to go past; to go on; **se passer** to happen
la **pâtisserie** pastry; pastry shop
la **patrie** native land
le **patron** employer, boss
pauvre *adj.* poor, unfortunate
le **pavillon** a small suburban house, bungalow
payer to pay (for)
le **pays** country, land, region
le **paysage** countryside
la **peau** skin, complexion
peindre to paint
la **peine** difficulty, trouble; **avoir peine à** to be scarcely able to

pendant during, for (*time*); **pendant que** while
pendu: avoir la langue bien pendue to have a big mouth
penser to think; **penser de** to have an opinion about
perdre to lose
le **père** father; **le beau-père** father-in-law; **le grand-père** grandfather
la **permission** (military) leave; permission
personne: ne—personne no one
le **personnel: le chef du personnel** personnel manager
petit (-e) small; little; **la petite-fille** granddaughter; **le petit-fils** grandson; **les petits-enfants** grandchildren
peu: très peu very little; **trop peu** too little; **un peu** a little, somewhat
la **peur** fear; **avoir peur de** to be afraid of; **faire peur à quelqu'un** to frighten someone
peut: il/elle peut (*see* **pouvoir**) he/she (it) can
peut-être perhaps
peux: je/tu peux (*see* **pouvoir**) I/you can
la **phrase** sentence
la **pièce** room; coin
le **pied** foot; **à pied** on foot
la **piscine** swimming pool
le **placard** closet
la **place** square; room, seat; job
la **plage** beach
plaindre: je te plains I feel sorry for you; **se plaindre (de)** to complain (about)
plaire à to please; to like; **il (elle) me plaît** I like him (her); **s'il te (vous) plaît** please
plaisanter to joke
le **plaisir** pleasure, delight; **faire plaisir à** to please
plat (-e) straight (*hair*)
le **plat** dish; platter; **le plat du jour:** speciality of the day
plein (-e) full, complete; **en pleine nuit (campagne)** in the middle of the night (country); **le plein air** outdoor sports
pleurer to cry
pleut (*see* **pleuvoir**)
pleuvoir to rain; **il pleut** it's raining; **il pleuvra** it will rain
pleuvra (*see* **pleuvoir**)
la **pluie** rain

la **plupart (de)** most

plus more; **plus fort** louder; **en plus** what's more, besides; **non plus** neither, not either; **ne—plus** no more, not anymore

plusieurs several

plutôt rather

pluvieux (-euse) rainy, wet

la **poésie** poetry, poem

le **poing: dormir à poings fermés** to sleep soundly (like a baby)

le **pois: les petits pois** green peas

le **poisson** fish

les **Poissons** Pisces (*sign of the zodiac*)

la **politesse** politeness, courtesy

la **pomme** apple; **pomme de terre** potato

le **pont** bridge

la **porte** door

le **porte-monnaie** purse, change-purse

porter to carry; to wear; **porter des jugements** to pass judgment

poser to ask (*questions*)

la **poste** post office

le **poste** post, position by appointment (*teacher, ambassador, etc.*)

le **pot: prendre un pot** (*slang*) to have something to drink

le **poulet** chicken

pour for, to, in order to

le **pourboire** tip

pourquoi why

pourrai (*see* **pouvoir**)

poursuivi *past part. of* **poursuivre**

poursuivre to continue, go on with

pousser to push, shove

pouvoir can, to be able (to), may; **on peut** one can; **je n'en peux plus** I've had it, I am absolutely exhausted; **je pourrai I** will be able

pratiquement practically, almost

se **précipiter** to rush, rush around; to dig into (*food*)

premier (-ère) first

prendre to take

préparer to prepare; **se préparer** to get ready

près de near, close to

présenter to present, introduce

presque almost

pressé (-e) in a hurry

prêt (-e) ready; **prêt à** ready to

prêter to lend

preuve: faire preuve de to show

prévu (-e) foreseen, anticipated, planned

prier: je t'en prie please

principal (-e): la rue principale main street

le **printemps** spring

pris *past part. of* **prendre**

le **prix** (*pl.* **prix**) price, cost; prize

prochain (-e) next

proche *adj.* near, close

se **produire** to take place; to happen

le **professeur** teacher; professor

profiter de to benefit from; **il en profite pour...** he takes this opportunity to...

le **progrès: faire des progrès** to improve, to progress

la **promenade** walk

se **promener** to take a walk, to stroll

promettre to promise

proposer to propose, suggest

propre *adj.* clean

le **propriétaire** owner

le **proviseur** headmaster, principal of a high school

pu *past part. of* **pouvoir**

puis then, afterwards; besides

puisque since, because

le **pull** sweater

la **purée** mashed potatoes

Q

le **quai** embankment; street along a waterfront; platform

quand when; **quand même** anyway

le **quart** quarter

le **quartier** neighborhood

quatrième *adj.* fourth

que *pron.* which, that, whom; what?

que *adv.* how; **oh! qu'elle est dure...** oh! how difficult it is...

que *conj.* that; than (*in comparison*)

qu'est-ce que? *pron.* what?

qu'est-ce qui? *pron.* what?

qu'est-ce que c'est? what's that?

le **Québecois** inhabitant of Quebec

quel (-elle) what; which

quelque *adj.* some, a few; **quelque chose** something; anything

quelquefois sometimes

quelqu'un someone; **quelqu'un d'autre** someone else

479

la **quête** collection

la **queue: faire la queue** to stand in line

qui *pron.* who; whom; which; that; who?

qui est-ce que? *pron.* whom?

qui est-ce qui? *pron.* who?

quitter to leave, to depart; **ne quittez pas** just a moment, hold on (*on the telephone*)

quoi what

R

raison: avoir raison to be right

ramasser to collect

ramener to bring back

le **rang** row

rapide *adj.* fast

rapidement fast, quickly

se **rappeler** to remember

rapporter to bring back

rattraper to catch up with

ravissant (-e) pretty

le **rayon** department (*in a store*)

recevoir to get, receive

la **recherche** search

rechercher to look for

la **recommandation** instruction; advice

recommencer to begin again

la **récréation** fun and games, recess

réellement really

le **refus** refusal

regarder to look at; to watch; **ça ne me regarde pas** that doesn't concern me

le **régime: être au régime** to be on a diet

remarquer to notice; **faire remarquer à** to point out to

remercier to thank

remettre to put back

remonter to go back; to go up

rencontrer to meet; **se rencontrer** to meet (each other)

le **rendez-vous** date; meeting, appointment

rendre to cause to be; to return, give back; **se rendre à** to go to

la **rentrée des classes** the beginning of the school year

rentrer to return, to go (come) home

repartir to leave again, to go back

le **repas** meal

répéter to repeat

répondre to answer

la **réponse** answer

reposer to put down; **se reposer** to rest, relax

la **résidence secondaire** vacation home

résister à to resist

rester to stay

le **retard** delay; **en retard** late

retarder to be slow (*watch*)

retourner to return, go back

retrouver to meet; to join; to go back to; **se retrouver** to meet (each other)

la **réunion** gathering, assembly, meeting

se **réunir** to meet, come together

réussi (-e) successful

réussir à to succeed (in)

réveiller to wake; **se réveiller** to wake up

revenir to return, come back

revoir: au revoir! good bye! so long!

le **rez-de-chaussée** ground floor

riche *adj.* rich, wealthy

rien nothing; **ne—rien** nothing

rigoler (*slang*) to laugh, joke, kid around

le **rire** laughter; **le fou rire le prend** he bursts out laughing

rire to laugh

rivaliser to compete

la **rivalité** rivalry, competition

la **robe** dress

le **roi** king

le **roman** novel

le **rond: le rond de serviette** napkin-ring

la **ronde** round

la **rondelle** puck (*hockey*)

la **rose** rose; rose window

le **rôti** roast

rouge *adj.* red

roulé: un col roulé turtleneck

rouspéter to complain, grumble

le **rouspéteur** grumbler

la **route** road; **en route** on the way

roux (-ousse) red (*hair*); red headed

la **rue** street; **la rue principale** main street

le **rythme** rhythm

S

sa *f. adj.* his, her, its

le **sac** bag, handbag

sage *adj.* good

sais (*see* savoir)

sale *adj.* dirty, filthy

la **saleté** dirt, filth

la **salle** room; **la salle à manger** dining-room; **la salle de bain** bathroom; **la salle de séjour** living room

samedi *m.* Saturday

sans without; **sans doute** probably

la **santé** health

le **saucisson** salami

sauter: sauter sur l'occasion to jump at the chance

sauver to rescue, save

savoir to know; **je sais** I know

scolaire *adj.* school (*year*)

se *reflex. pron.* himself; herself, itself; themselves

secondaire *adj.* secondary, minor

le **séjour** stay, visit

la **semaine** week

sentir to smell; **ça sent bon** it smells good

septembre September

serai: je serai (*see* être) I will be

sérieusement earnestly, conscientiously

sérieux (-euse) serious

servir to serve; **sers-toi** help yourself; **se servir de (quelque chose)** to use (something)

la **serveuse** waitress

le **service: faire le service** to serve; **faire son service (militaire)** to do one's military service

la **serviette** napkin

ses *pl. adj.* his, her, its

seul: tout seul, toute seule all alone

seulement *adv.* only

si *conj.* if, whether; **s'il vous (te) plaît** please

si *adv.* yes; of course

sien: le sien, la sienne, les siens, les siennes *pron.* his, hers, its

sinon if not

la **situation** situation, job

situé (-e) situated

le **ski: faire du ski** to go skiing; **la station de ski** ski resort

skier to ski

la **société** company

la **sœur** sister; **la belle-sœur** sister-in-law

la **soie** silk

la **soif** thirst; **je meurs de soif** I am very thirsty

le **soir** evening; **ce soir** tonight; **hier soir** last night

la **soirée** evening

sois: sois gentil be good

le **sol: le sous-sol** basement

le **soleil** sun; **il fait du soleil** the sun is shining

la **somme** sum, amount

sommes: nous sommes (*see* être) we are

son *m. adj.* his, her, its

sonner to ring

la **sonnette** door-bell

sont: ils/elles sont (*see* être) they are

la **sorte** kind, sort; **toutes sortes** all sorts

la **sortie** exit

sortir to go out; to take out

le **souci** worry; **se faire du souci** to worry

soudain suddenly

le **sourire** smile

sous under, beneath; **sous la pluie** in the rain; **le sous-sol** basement

souvent often

spacieux (-euse) spacious, roomy

le **speaker** announcer

spirituel (-elle) witty, amusing

le **sportif** sports enthusiast

le **stade** stadium

la **station: la station de ski** ski resort

stop: faire de l'auto-stop to hitchhike

la **stupeur** amazement, astonishment

le **stylo** fountain pen

le **sucre** sugar

le **sud** south

suggérer to suggest, propose

suis: je suis (*see* être) I am; **j'y suis** I get it, I understand

suite: tout de suite immediately, at once

suivant (-e) following

suivre to follow

sur on, upon; **donner sur** to look out on

sûr (-e) sure, certain; **bien sûr** certainly, of course, definitely

la **surboum** (*slang*) party

surchauffer to overheat

surmonter to overcome

surprendre to surprise

surtout above all, especially

le **surveillant** proctor

sympa = sympathique *adj.* (*slang*) nice

le **syndicat** labor union

T

ta *f. adj.* your

le **tabac: le bureau de tabac** tobacconist's

le **tableau** picture; blackboard

la **taille** size; stature, height; **de taille moyenne** of medium height

se **taire** to be silent; **tais-toi!** shut up! keep quiet!

tant (de) so much, so many

la **tante** aunt

tard late; **plus tard** later, later on; **trop tard** too late

la **tarte** pie

le **tas** lots of

la **tasse** cup

le **Taureau** Taurus (*sign of the zodiac*)

te *object pron.* you, to you; yourself

tel (-elle): un tel voyage such a trip

tellement very

le **temps** time; weather; **de temps en temps** from time to time; sometimes; **l'emploi du temps** program of courses, schedule

tenter to attempt

le **terrain** playground; lot

la **terrasse** terrace

la **terre** land

terrible *adj.* terrible, dreadful; terrific

tes *pl.* (*fam.*) your

la **tête** head; **avoir mal à la tête** to have a headache; **être en tête** to be at the head of; to be first; **ne fais pas cette tête** don't make that face

le **thon** tuna

tien: le tien, la tienne, les tiens, les tiennes yours

tiens! *interjection* hey! look!

le **timbre** stamp

timide *adj.* timid, shy

la **timidité** shyness

le **tiroir** drawer

toi *emphatic pron.* you; **toi-même** yourself

les **toilettes** *f.* toilet

le **toit** roof; **toit de chaume** thatched roof

la **tomate** tomato

tomber to fall; **tomber en panne** to break down (*machine*)

la **tombola** lottery, raffle

ton *m.* your

le **ton** tone of voice

le **tort: avoir tort** to be wrong

tôt early

toujours always

la **tour** tower

le **tour: faire un tour en voiture** to take a ride

touriste *m. or f.* tourist

le **tourne-disque** record player

tourner to turn; to stir

tout (-e) (*pl.* **tous, toutes**) *adj.* all; **tout le monde** everyone; **de toute façon** anyhow, in any case; *pron.* everything

tout *adv.* completely, entirely, quite; **tout (-e) seul (-e)** alone; **tout à coup** suddenly, all at once; **tout de même** just the same; **tout de suite** at once, right away; **tout droit** straight ahead

le **train** train; **être en train de** to be in the process of

traiter to treat

le **travail** (*pl.* **travaux**) work; job, occupation; **les travaux pratiques** lab periods

travailler to work; **travailler la terre** to till, cultivate the land

le **travailleur: bon travailleur** hard worker

traverser to cross; to go through

très very

la **tribu** tribe

le **tricot** knitting; **faire du tricot** to knit

tricoter to knit

troisième *adj.* third

trop (de) too; too much

le **trottoir** sidewalk; **trottoir roulant** moving sidewalk

trouver to find; to think of; **comment la trouves-tu?** what do you think of her? **se trouver** to find oneself; to be

tu (*fam.*) *subject pron.* you

le **tuyau** (*slang*) tip, hint

le **type** guy; **un chic type** a great guy

typique *adj.* typical

U

un one

un, une *indefinite art.* one, a, an

unique *adj.* only; **le fils unique** only son

l'**usine** *f.* factory

V

va (*see* **aller**) **il va** he goes; **comment va ta mère?** how is your mother?

les **vacances** *f.* vacation

la **vache** cow; **parler comme une vache espagnole** (*slang*) to speak a language very badly

vaincre to conquer; **j'ai vaincu** I conquered

vais: je vais (*see* **aller**) I go; **je vais bien** I'm fine

se **vanter** to boast

vas (*see* **aller**) **vas-y!** go ahead! go on! **comment vas-tu?** how are you?

vaste *adj.* big

vaut: la façon de donner vaut mieux que ce qu'on donne the way you give is more important than what you give

le **veilleur de nuit** night watchman

le **vélomoteur** motorbike

le **vendeur** salesman

la **vendeuse** saleswoman

vendre to sell

vendredi *m.* Friday

venir to come; **venir de** + *infinitive* to have just (*done something*)

le **vent** wind; **entrer en coup de vent** to dash in

le **ventre: avoir mal au ventre** to have a belly ache

verrai: je verrai (*see* **voir**) I will see

le **verre** glass; **prendre un verre** to have a drink

vers about; towards

verse: il pleut à verse it's pouring

le **Verseau** Aquarius (*sign of the zodiac*)

vert (-e) green; **les haricots verts** green beans

le **vestibule** entry-way

les **vêtements** *m.* clothes

veux: je veux (*see* **vouloir**) I want

la **viande** meat

la **victoire** victory

la **vie** life

viendrai: je viendrai (*see* **venir**) I will come

la **Vierge** Virgo (*sign of the zodiac*)

vieux, vieil *m.*, **vieille** *f.* old

la **villa** villa, country house

la **ville** town; **être en ville** to be out (*at a party, dance, etc.*)

le **vin** wine

la **vingtaine** about twenty

le **visage** face

vis: je vis (*see* **vivre**) I live

le **viseur** viewfinder

la **visite: rendre visite à** to pay a visit to, to call on

vite quickly

la **vitesse** speed; **en vitesse** quickly

la **vitrine** shop-window; **lécher les vitrines** to window-shop

vivre to live; **vive la mariée!** long live the bride!

voici here is (are)

la **voie** track; road, path

voilà here is (are), there is; **et voilà!** and that's that!

le **voile** veil

voir to see

le **voisin**, la **voisine** neighbor

la **voiture** car, auto

la **voix** voice; **à haute voix** aloud

le **voleur** thief

la **volonté** will; **la mauvaise volonté** unwillingness, ill will

vont: ils vont (*see* **aller**) they go; **ils vont bien** they are fine

vos *pl.* your

votre your

vôtre: le vôtre, la vôtre, les vôtres yours

voudrais: je voudrais (*see* **vouloir**) I would like

vouloir to want; **ils ne veulent pas d'elle** they don't want anything to do with her

vous you; to you, yourself, yourselves

le **voyage** trip

voyez: vous voyez (*see* **voir**) you see

voyons: nous voyons (*see* **voir**) we see

vrai (-e) true

vraiment truly, really

vu *past part. of* **voir**

Y

y there; to it, at it, on it, in it; **y aller** to go there; **il y a** there is, there are; **j'y suis!** I get it!

les **yeux** (*pl. of* **œil**) eyes

Z

zut alors! darn it!

Grammar Index

(The numbers in bold face refer to the pages of grammar review called "Résumé Grammatical".)

interrogation: formation of questions 8–9; inverted order 16–17; with **est-ce que** 8–9; interrogative adjectives **254**; interrogative adverbs **254**; interrogative pronouns 234–235, 248, **254**; **n'est-ce pas** 69

se lever: future 322; present 221

mettre: present 284, **292**

naître: passé composé 372, **392**

near future 146

negation: **ne . . . jamais** 192; **ne . . . pas** 25–26

nouns: regular plurals 35; plural of nouns ending in **-s** 113; plural of **travail** 230; plural of nouns ending in **-x** 246; used in general sense 272–273; used in a partitive sense 272–274

numerals: cardinal 40, 93, 136; ordinals 164–165

offrir: present 243; past participle 357, **392**

on 52

orthographic changing verbs: **appeler** 15, 351; verbs ending in **-cer, -ger, -oyer, -uyer** 170; **-er** verbs with mute e in stem **(acheter) 221, 255**; **-er** verbs with é in stem **(préférer) 292**

partir: present 206–207, **221**; verbs like **partir** 206–207, **221**

partitive: article 272–274, **292–293**; in negative sentences 273, **292–293**; after expressions of quantity 274, **293**; pronoun **en** 286–287, **293**

past participle: of regular verbs 356–357, **391–392**; irregular 356–357, **391–392**; agreement with auxiliary **être** 360–361, **391–392**; agreement with auxiliary **avoir** 374–376, **391–392**; reflexive verbs (agreement) 385–386, **391–392**

passé composé: with **avoir** 356–357, 374–376, **391–392**; irregularly formed past participles 356–357, **391–392**; with **être** 360–361, **391–392**; reflexive verbs 385–386, **391–392**; usage 356–357, 415–417

plaire à 113

plurals: adjectives 72–73, **77–78**; nouns 35, 113, 230, 246

possession: **de** + noun 14; possessive adjectives 95–96, 146, 206, **220**; use of **mon, ton, son** before feminine nouns 138–139; possessive pronouns 186–188, 206, **220**

pouvoir: future 329, **337**; passé composé 357, **392**; present 156, **170**; use of **pourrais** 351; with complementary infinitive 156

prendre: passé composé 357, **392**; present 164–165, **170**

present: of regular **-er** verbs 138–139, 146, **170**; **-ir** verbs 214, **220**; **-re** verbs 194, **220**; orthographic changing verbs 15, **170, 221, 255, 292**; irregular verbs, see infinitive form of each verb; reflexive verbs 194–195, **221**; with **depuis** 243

present participle with **en** 243

pronouns: adverbial **y** 194–195, **221**; demonstrative: **ce** + **être** + noun 72–73; emphatic 236, **255**; indefinite **on** 52; interrogative 234–235, 248, **254**; partitive 286–287, **293**; personal: subject 36, **123**; direct object, indirect object 116–117, **123**; normal order of 287, **293**; with imperative affirmative 310–311, **336**; possessive 186–188, 206, **220**; relative: **ce qui, ce que** 235

reflexive verbs: imperative 311, **336**; passé composé 385–386, **391–392**; present 194–195, **221**

savoir: present 247, **254**

si instead of **oui** 25–26

time (telling time) 185, 186–187, 204

tu: distinction in use of **tu** and **vous** 6, 48–49

venir: future 329, **337**; passé composé 360–361, **391–392**; present 108, **123**; **venir de** + infinitive (immediate past) 146–147

voir: future 329, **337**; present 247, **254**; passé composé 357, **392**

vouloir: present 156, **170**; + complementary infinitive 156; past participle **392**

vous: distinction in use of **vous** and **tu** 6, 48–49

y 194–195, **221**

Illustration Credits

(The numbers refer to pages in the text.)

The Bettman Archive—119. Samuel Chamberlain—129 bottom, 134, 178 center left, 278, 279, 326. Courtesy of the French Cultural Services—315 bottom right. Courtesy of the French Government Tourist Office—179 bottom, 268, 321, 421. Courtesy of the French West Indies Tourist Board—131 top, 166. Bert Gore—33, 51 (top left & right, bottom left), 58, 70 (top left, bottom right & left), 82 (center right, bottom right), 91, 99, 114, 133, 142, 160 right, 162 bottom, 168 right, 169 (left, center), 173, 184 top left, 190, 201, 219, 242 right, 243 left, 253, 262 top left, 265, 345 right, 372. Grafocarte-Editions—224 (modèle déposé, reproduction interdite). Idéréa: J. J. Sempé—424–427. Helena Kolda—51 center, 67, 70 right center, 76, 82 top right, 85, 97, 110 bottom right, 111 (top right, bottom right & left), 136, 141, 144, 149, 151, 159, 162 top, 167, 168 left, 177, 178 (top, right), 184 (center right & left), 210, 227, 241, 243 right, 246, 262 left center, 263 (left, right center, bottom), 266, 268 insert, 276, 280, 289, 317, 319, 325, 345 top, 358 bottom, 367, 388, 398 bottom, 408, 412, 413, 423. Magnum: Bruno Barbey—350 left, 351 left; René Burri—128, 350 right; Cornell Capa—351; Ph. De Andrade—335; Elliott Erwitt—238, 300, 344, 366; Charles Harbutt—178 bottom; Magnum—358 top right; Costa Manos—345 bottom, 399 top left; Marc Riboud—315 top right, 348, 349; D. Stock—129 top; Arthur Tress—130 center. The Metropolitan Museum of Art: Terrace at Sainte-Adresse by Claude Monet (Contributions from Various Individuals Supplemented by Museum Purchase Funds, 1967)—399 bottom. Monkmeyer Press Photo Service: Hilda Bijur—130 top & bottom; Roger Coster—70 center; Sarah Errington—122; Mimi Forsyth—1, 19, 101; Toje Fujihira—131 center right, 369, 439; Abe Halperin—110 top right; Dick Huffman—358 top left; Edith Reichmann—83, 106, 193, 197, 202, 262 right; J. Gerard Smith—61, 169 right. Courtesy of the National Gallery of Art, Washington, D.C.: Louis Guillaume by Paul Cézanne (Chester Dale Collection)—82 top left (detail); Algerian child by follower of Eugène Delacroix (Chester Dale Collection)—82 bottom left (detail); The Artist's Studio by Jean-Baptiste Corot (Widener Collection)—385; Self-portrait by Paul Gauguin (Chester Dale Collection)—398 top; La Camargo dancing by Nicolas Lancret (Andrew W. Mellon Collection)—401 (detail); Woman with a cat by Auguste Renoir (Gift of Mr. and Mrs. Benjamin E. Levy)—440 (detail). Courtesy of the New York Public Library: The Picture Collection—150, 352, 430, 433, 443; The Prints Division—103, 212, 442; The Technical Division—181, 182. Photo Researchers: Bettina Cirone—399 top right; Victor Englebert—438; Robert Isear—131 center left; Sue McCartney—232; John G. Ross—ii–iii. Courtesy of the Quebec Government House—102, 121, 131 bottom, 306, 315 left. Rapho-Guillumette: Jacques-Henri Lartigue—379–383. Dorka Raynor—43, 51 bottom right, 418. Courtesy of the Swiss National Tourist Office—129, 152, 179 center, 184 (top right, bottom right & left), 230, 263 top right, 320, 322. François Vikar—148, 160 left, 179 top, 262 bottom, 333, 347. Barbara Woshinsky—242 left.

Line drawings by Bert Tanner—2–5, 10–13, 18, 20–23, 28–31, 34, 38, 40–41, 44, 52, 62, 68, 75, 79, 86–87, 90, 92, 112, 125, 126, 172, 174–175, 196, 209, 216–217, 223, 244, 250, 258, 259, 260, 296, 297, 298, 304–305, 316, 341, 343, 364–365, 370–371, 394, 395, 396, 402–403, 410, 415–417, 421.

Cover design by Bill Ronalds.

11 525